El pensamiento creativo

Paidós Plural

Títulos publicados:

1. S. R. Covey - *Los 7 hábitos de la gente altamente efectiva*
2. E. De Bono - *La revolución positiva*
3. E. De Bono - *Manual de sabiduría*
4. E. De Bono - *El pensamiento lateral*
5. E. De Bono - *El pensamiento práctico*
6. E. De Bono - *Cómo atraer el interés de los demás*
7. E. De Bono - *El pensamiento creativo*
8. E. De Bono - *Aprende a pensar por ti mismo*
9. N. Branden - *La autoestima en el trabajo*
10. J. Jaworski - *Sincronicidad*
11. L. Glass - *Cómo expresarse correctamente*
12. E. De Bono - *El pensamiento paralelo*
13. E. De Bono - *Ideas para profesionales que piensan*
14. S. R. Covey y otros - *Primero, lo primero*
15. E. De Bono - *Simplicidad*
16. M. Priante - *Grafología para la selección y evaluación de personal*
17. W. Bennis y B. Nanus - *Líderes*
18. B. Tracy - *Viaje hacia el éxito*
19. M. Landsberg - *El tao de la motivación*
20. L. Lively - *¡Hágalo ahora!*
21. E. De Bono - *Seis pares de zapatos para la acción*
22. E. De Bono - *Más allá de la competencia*
23. J. O. Whitney y T. Packer - *La lección de Shakespeare*
24. L. Richmond - *El trabajo como práctica espiritual*
25. M. Levy - *Escritura y creatividad*
26. J. Muñoz Redón y M. Güell - *¿Por qué el queso atrae a los ratones?*
27. R. Ailes y J. Kraushar - *Tú eres el mensaje*
28. M. Silberman y F. Hansburg - *Inteligencia interpersonal*
29. P. Holden - *Ética para managers*
30. R. J. Leider y D. A. Shapiro - *El trabajo ideal*
31. D. Borge - *El pequeño gran libro del riesgo*
32. M. Breier y A. A. Brott - *El ejecutivo de Internet al segundo*
33. R. Charan - *Lo que tu jefe quiere que sepas*
34. D. A. Dinnocenzo y R. B. Swegan - *Calma.com*
35. N. Klein - *No logo*

Edward De Bono

El pensamiento creativo

El poder del pensamiento lateral para la creación de nuevas ideas

PAIDÓS
Barcelona • Buenos Aires • México

Título original: *Serious Creativity. Using the Power of Lateral Thinking to create New Ideas*
Publicado en inglés por The McQuaig Group, Inc.

Traducción de Ofelia Castillo

Cubierta de Victor Viano

Para más información sobre los programas y los talleres de formación del doctor De Bono, se ruega contactar con Diane McQuaig, de The McQuaig Group Inc., 132 Rochester Ave, Toronto M4N 1P1, Canadá. Tel. 416 488 0008. Fax: 416 488 4544.
Email: dmcquaig@debono.com o www.edwdebono.com.

Quedan rigurosamente prohibidas, sin la autorización escrita de los titulares del «Copyright», bajo las sanciones establecidas en las leyes, la reproducción total o parcial de esta obra por cualquier método o procedimiento, comprendidos la reprografía y el tratamiento informático, y la distribución de ejemplares de ella mediante alquiler o préstamo públicos.

© 1992 by McQuaig Group Inc.
© 1994 de todas las ediciones en castellano,
 Ediciones Paidós Ibérica, S.A.,
 Mariano Cubí, 92 - 08021 Barcelona
 y Editorial Paidós, SAICF,
 Defensa, 599 - Buenos Aires
 http://www.paidos.com

ISBN: 84-493-0713-9
Depósito legal: B-22.453/2002

Impreso en A & M Gràfic, S. L.,
08130 Sta. Perpètua de Mogoda (Barcelona)

Impreso en España - Printed in Spain

Indice

Nota sobre el autor 9
Introducción 13

Parte I
La necesidad de pensamiento creativo

Los beneficios 27
La necesidad teórica de creatividad 35
La necesidad práctica de creatividad 49
Información y creatividad 57
Ideas erróneas acerca de la creatividad 65
Las fuentes de creatividad 83
El pensamiento lateral 95
Percepción y procesamiento 101
Diseño y análisis 109
Los usos del pensamiento creativo 115

Parte II
El pensamiento lateral
Instrumentos y técnicas

Los Seis Sombreros para pensar 127
La pausa creativa 139

El foco	145
El cuestionamiento	161
Alternativas	181
El abanico de conceptos	195
Los conceptos	205
Provocación	215
El movimiento	223
Cómo presentar las provocaciones	239
La aportación del azar	257
Técnicas de sensibilización	267
Aplicación de las técnicas del pensamiento lateral	275
Cosechar	301
El tratamiento de las ideas	309
Resultados formales	319
Trabajo individual o de grupo	325

Parte III
La aplicación del pensamiento creativo

Aplicación	333
Creatividad cotidiana y creatividad específica	335
La lista creativa de éxitos	343
Introducción de la creatividad	351
La responsabilidad	357
Estructuras y programas	367
La enseñanza	381
Formatos	395
Evaluación	409
Resumen	425
Apéndice I. Las técnicas del pensamiento lateral	431
Apéndice II. Notas sobre el uso de las técnicas del pensamiento lateral	441
Apéndice III. Lista de control de la recopilación	447
Apéndice IV. Tratamiento de la Lista de Control de Ideas	451
Indice analítico	455

Nota sobre el autor

En opinión de muchos, el doctor Edward de Bono es la principal autoridad mundial en lo que se refiere a la enseñanza directa del pensamiento creativo. Su experiencia en este campo abarca 25 años y se ha desarrollado en 45 países.

En una entrevista publicada por el *Washington Post* el 30 de septiembre de 1984, Peter Ueberroth, el organizador de los Juegos Olímpicos celebrados ese año en la ciudad de Los Angeles, afirmó que, gracias al empleo que hizo del pensamiento lateral, los Juegos, antes desdeñados por todas las ciudades del mundo, pasaron a ser codiciados por muchas de ellas. En una recepción que tuvo lugar en Melbourne, John Bertrand, el capitán que participó en 1993 en el exitoso intento australiano de conquistar la Copa América, le dijo al doctor de Bono que él y su tripulación habían utilizado el pensamiento lateral en todo momento. Ron Barbaro, presidente de Prudential Insurance, atribuyó su innovación de los "beneficios en vida" al uso del pensamiento lateral. Se trata de la innovación más importante que se haya producido en los últimos 120 años en el negocio de los seguros de vida.

El doctor Edward de Bono es el creador del concepto de "pensamiento lateral", que hoy forma parte oficialmente de la lengua inglesa y ha sido incluido en el *Oxford English Dictionary*, con mención de su origen. También inventó la palabra *po* como signo de las operaciones de provocación.

El pensamiento lateral es una aproximación sistemática al pensamiento creativo por medio de técnicas formales que pueden emplearse deliberadamente. Esas técnicas se basan en el comportamiento del cerebro humano. El comportamiento autoorganizador de las redes neurales fue postulado por de Bono en 1969, en *The Mechanism of Mind*. Hoy esta idea goza de amplia aceptación; su reciente libro, *I Am Right, You Are Wrong*, incluye tres introducciones de otros tantos físicos galardonados con el Premio Nobel.

El doctor de Bono obtuvo una beca Rhodes para cursar estudios en la Universidad de Oxford y ha integrado el cuerpo docente de las universidades de Oxford, Cambridge, Londres y Harvard. Ha escrito 40 libros y su obra ha sido traducida a 25 idiomas, entre ellos el japonés, el coreano, el ruso, el chino, el árabe, el hebreo, el bahasa, el urdu y los principales idiomas europeos. Ha realizado dos series de televisión que tuvieron amplia difusión en el mundo.

Su programa de pensamiento CoRT se usa en muchos países para la enseñanza directa del pensamiento como asignatura escolar. Su empleo, que se está difundiendo en Estados Unidos, es, en algunos países, obligatorio en todas las escuelas.

Entre sus clientes se encuentran las cinco mayores corporaciones del mundo, así como otras muy conocidas, por ejemplo Citicorp, NTT (Japón), Ericsson (Suecia), Ciba-Geigy (Suiza), BHP (Australia), Total (Francia), Heineken (Holanda), Montedison (Italia), Kuwait Oil Company (Kuwait), Petronas (Malasia) y Vitro Fama (México). Fundó el International Creative Forum, que reúne a las principales corporaciones de distintos ramos y cuyo objetivo es el estudio de la creatividad seria. En el momento de escribir estas líneas, se cuentan entre los miembros de esta entidad IBM, Du Pont, Prudential, Merck, British Airways, Guinness y BAA.

La obra del doctor de Bono ha consistido en esencia en crear técnicas de pensamiento sencillas, prácticas y eficaces. Un buen ejemplo es el método de los Seis Sombreros para Pensar, utilizado hoy día por las corporaciones más importantes a causa de su sencillez y aptitud para cambiar hábitos de pensamiento.

En esta importante obra, el doctor de Bono pone al día sus 25 años de experiencia en la enseñanza directa del pensamiento creativo. El libro incluye asimismo material que nunca había sido publicado anteriormente.

Introducción

Si me siento a pensar y me digo: "Necesito una idea nueva de [inserte aquí el campo del que la necesita]", ¿qué debo hacer?

Podría investigar y tratar de elaborar una idea nueva lógicamente.

Podría pedir prestada o robar una idea de otra persona.

Podría quedarme tranquilamente sentado haciendo girar los pulgares y esperando la inspiración.

Podría pedirle a una persona creativa que produjese una idea para mí.

Podría convocar urgentemente a un grupo de movilización mental.

Pero también podría aplicar sistemáticamente una técnica deliberada de pensamiento lateral (como por ejemplo, la técnica de las palabras al azar); entonces, en 10 o 20 segundos, tendría algunas ideas nuevas.

Hace ya 25 años que empecé a trabajar en el campo del pensamiento creativo. Y ahora ha llegado el momento de ponerlo todo en orden y actualizarlo; de clarificar y reformular diversas técnicas que se han debilitado durante el proceso; de aplicar la enorme riqueza de experiencia acumulada durante todo este tiempo que he enseñado el pensamiento creativo en muchos países, y dentro de diferentes culturas, a gente vinculada a la educación, al gobierno y a otros ámbitos de la sociedad.

¿Qué ha sucedido durante estos 25 años en este importante campo? En algunos aspectos, han sucedido muchas cosas, y en otros, muy pocas.

En 1969, escribí un libro titulado *The Mechanism of Mind*,* en el que afirmé que las redes nerviosas del cerebro humano podían funcionar como un sistema de información autoorganizado. En aquel momento esas ideas eran bastante extrañas. Hoy en día son fundamentales y ha surgido una disciplina académica que estudia el comportamiento de los sistemas autoorganizados. Uno de mis libros más recientes (*I Am Right, You Are Wrong*) tiene introducciones escritas por tres físicos que obtuvieron el Premio Nobel. Los ordenadores se basan en el mismo principio. En este caso, la ciencia ha demostrado lo que es un modelo conceptual.

Actualmente, muy pocas personas saben que la creatividad humana es absolutamente necesaria desde el punto de vista matemático ya que la percepción humana funciona como un sistema autoorganizado. Estos sistemas requieren creatividad y también provocación.

El pensamiento creativo interesa mucho más hoy que hace 25 años. Casi toda las empresas importantes se promocionan diciendo que son "una empresa creativa". Se habla muchísimo de la importancia fundamental de la creatividad pero, según mi experiencia, tanta charla no siempre va acompañada de un esfuerzo serio por usar la creatividad.

Durante los últimos diez años, el mundo de los negocios se ha dedicado a tres actividades importantes. La reestructuración que incluía las adquisiciones, las fusiones, la compra de acciones por influencia, las divisiones, etcétera. Supuestamente, el crecimiento y la rentabilidad debían conseguirse por medio del poder adquisitivo. Los banqueros prosperaban y también prosperaban

---

* Viking Penguin, Nueva York, 1991, y Londres, 1990.

algunas de las nuevas estructuras. Después, se dedicaban a la reducción de costos, un juego que aún está en vigencia. Si se podían reducir los costos, el balance final sería mucho mejor. Pero esta reducción es un arma de doble filo. Uno puede visualizar los objetivos y medir los logros. Las ganancias aumentan. Pero llega un momento en que se ha adelgazado tanto que ya no queda grasa, y entonces se empieza a perder músculo.

La última actividad de las empresas era apostar por la calidad (y por la mejor atención de los clientes). Esta apuesta es altamente recomendable y requiere gran creatividad.

Pero ¿qué sucede cuando su empresa es delgada y competente? ¿Qué debe hacer esta organización? ¿Y si sus competidores son tan delgados y competentes como usted? En ese caso, su eficacia para reducir los costos ya no será una ventaja tan grande. Los ejecutivos más capaces saben muy bien que la esperanza está en la creatividad. Incluso las economías de Japón y Alemania, que han puesto tanto énfasis en la calidad, están empezando a mostrar gran interés por la creatividad.

Lamentablemente, pocos gobiernos se han dado cuenta de que el cambio creativo es tan importante para ellos como lo son sus negocios. Es sumamente necesario encontrar mejores maneras de hacer las cosas y adoptar nuevos conceptos sobre servicios públicos. Los gobiernos de Singapur, Malaysia, Australia y Canadá empiezan a tomar conciencia de esa necesidad. Otros todavía creen que bajar los gastos es suficiente. Pero el público reclama algo más que una reducción de los costos.

En el terreno de la educación, si bien se empieza a introducir la enseñanza de las técnicas del pensamiento, todavía se ha avanzado muy poco en la enseñanza del pensamiento creativo. Se da por sentado que creatividad pertenece al mundo del "arte" y que es una cuestión de talento. Esta idea es tan anticuada que casi podríamos tildarla de medieval.

En cuanto al resto de la sociedad, no se le pide con tanta frecuencia que haga cambiar las cosas, de modo que por lo general se conforma con describirlas y discutirlas.

Sin embargo, existe un grupo cada vez más numeroso de individuos que se han dado cuenta de que el futuro reclama un pensamiento mejor y de que ese pensamiento mejor exige creatividad.

Existen buenas razones para explicar por qué todavía no hemos presentado una seria atención a la creatividad.

La primera y la más poderosa de esas razones es que toda idea creativa valiosa siempre debe ser lógica a posteriori. Si una vez formulada, la idea no resulta lógica, entonces no podremos estimar su valor y la consideramos simplemente una idea "alocada". Si toda idea creativa valiosa es lógica a posteriori, entonces es natural suponer, y afirmar, que se ha podido llegar a tales ideas a través de la lógica; y en consecuencia, que la creatividad es innecesaria. Culturalmente, ésta es la principal razón por la que nunca hemos prestado mayor atención a la creatividad. Incluso añadiría que el 95 por ciento de los académicos del mundo todavía piensan así. Lamentablemente, esta mentalidad es errónea por completo.

En un sistema de información pasivo (un sistema organizado externamente), es correcto afirmar que toda idea que una vez formulada resulta lógica debe ser accesible a la lógica en primer lugar. Pero eso no es así en un sistema de información activo (un sistema autoorganizado) en el que la asimetría de las pautas significa que una idea puede ser lógica e incluso obvia a posteriori, pero invisible para la lógica del proceso. Es lamentable que sólo accedan a esto aquellos que son capaces de pasar del paradigma de los sistemas organizados externamente al paradigma de los sistemas autoorganizados. Más adelante, trataré de nuevo este punto. La mayoría de las personas son incapaces de hacer este cambio de paradigma y, por lo tanto, deben seguir creyendo en la eficacia de la lógica.

También hay gente que cree en la importancia y en la realidad de la creatividad, pero que sostiene que en ese terreno no se puede hacer nada porque la creatividad es una cualidad casi mística, que algunas personas poseen y otras no. En esta idea reina una considerable confusión entre la creatividad artística (que muchas veces no es creatividad) y la capacidad de modificar conceptos y percepciones. Existe la creencia tácita de que las nuevas ideas dependen de una combinación fortuita de hechos y circunstancias y de que tales confluencias no pueden ser planificadas. Se cree que las ideas simplemente aparecen, que siempre será así y que eso no puede modificarse. Lo único que se puede hacer es buscar gente creativa y pedirle que trabaje.

Por otra parte, un número cada vez mayor de personas creen que las técnicas de pensamiento creativo pueden ser perfeccionadas mediante el esfuerzo y la atención. Aquí tropezamos con dos dificultades.

Como la inhibición —es decir, el miedo a equivocarse o a no tener razón— impide arriesgarse a ejercer la creatividad, se cree que basta con eliminar las inhibiciones de una persona para que sea creativa. Este concepto se ha afianzado mucho, sobre todo en Estados Unidos, y ha obstaculizado en cierta medida el perfeccionamiento de los métodos de desarrollo del pensamiento creativo. Lo cierto es que, si se hacen esfuerzos para liberar a una persona a fin de que su creatividad natural pueda manifestarse, se logrará un nivel medio de creatividad, pero nada más. El cerebro no está diseñado para ser creativo, de modo que liberarlo de las inhibiciones no lo convierte en creativo. Una persona puede soltar el freno de un automóvil, pero no por eso se convertirá inmediatamente en un experto conductor. Volveré sobre este punto más adelante.

Pasemos ahora a considerar el daño que ha causado el difundido concepto de "movilización mental", "huracán de ideas" o "tormenta de ideas" [*brainstorming*]. El concepto se originó en un intento genuino y válido de establecer un entorno más distendido, en el que fuera posible generar ideas sin miedo al rechazo inmediato. La intención es admirable y algunos de sus principios básicos son correctos. Lamentablemente, la expresión "movilización mental" se ha convertido en sinónimo de esfuerzo creativo deliberado y ha bloqueado el desarrollo de las técnicas serias de pensamiento creativo.

Los que desean llegar a usar la creatividad deliberada creen que los (débiles) procesos de la movilización mental son suficientes para lograrlo. Otros, que podrían sentirse motivados para desarrollar las técnicas del pensamiento creativo, se apartan debido a la orientación "frívola" con que habitualmente se aborda la movilización mental. La idea de que de un indicio de reflexión podría surgir una idea útil tiene cierto valor en el campo de la publicidad (donde se originó la movilización mental), pero su valor decrece en otros campos donde la novedad no es, por sí misma, un valor suficiente.

Resulta difícil condenar la movilización mental porque tiene cierto valor y a veces produce buenos resultados; pero, según mi experiencia, es anticuada e ineficaz. Podemos lograr mucho más con técnicas voluntarias y sistemáticas. No es necesario que la creatividad sea un proceso de grupo, como en la movilización mental. Aplicando las técnicas adecuadas, un individuo aislado puede llegar a ser más creativo.

En vez de "tormenta de ideas" o "movilización mental", sugeriría la expresión "navegación mental", para denotar un proceso deliberado y controlado, en el que cambiamos de rumbo cuando lo deseamos, en vez de ser zarandeados por la "tormenta".

El concepto "tormenta de ideas" o "movilización mental" se asocia frecuentemente con la mentalidad de que, para ser eficaz, el pensamiento creativo tiene que ser "loco" o "raro". La locura nada tiene que ver con la naturaleza de la creatividad, y sólo la fomentan los que no entienden realmente en qué consiste la provocación. Como la provocación difiere de la experiencia normal, y como todo lo que es "loco" también es diferente de la experiencia normal, se deduce que ambas cosas son iguales.

Es necesario aclarar que la causa de este problema es, en gran medida, la mala calidad de la enseñanza impartida por algunas personas que se dedican a difundir el pensamiento creativo. Como el pensamiento creativo no parece exigir ni lógica ni experiencia, se supone que cualquiera puede introducirse en este campo. Se recogen técnicas y procesos de aquí y de allá, sin una comprensión cabal del uso que debe dárseles. El resultado: se crea instantáneamente un "experto" en pensamiento creativo. Algunos clientes creen que el enfoque es correcto, pero muchos otros se apartan. Así se desacredita el pensamiento creativo y se contribuye a que no se tome en serio, a que se lo considere una moda pasajera que sólo está teniendo éxito fortuito.

Por todas estas razones la creatividad no ocupa todavía el destacado lugar que merece. En resumen: algunos creen que la lógica sola es suficiente. Otros piensan que la creatividad es cuestión de talento y que en ese terreno no se puede hacer nada. Y por último, muchos se sienten desalentados por los "alocados" recursos que les proponen para desarrollar su creatividad y se apartan.

Deliberadamente en este libro pongo énfasis en alejarme de la idea de que la creatividad es algo "alocado". En estas páginas pretendo exponer técnicas sistemáticas y deliberadas que pueden usarse formalmente, tanto por individuos como por grupos de personas. Estas técnicas se basan en el comportamiento de la percepción humana como un sistema autoorganizado y generador de pautas. No incluyen destreza mística alguna. Fue precisamente para apartarme de la idea mística y vaga de creatividad que inventé la expresión "pensamiento lateral", hace ya 25 años. El pensamiento lateral se ocupa específicamente de los conceptos y las percepciones.

No faltará, sin duda, quien se horrorice por la idea de una "creatividad seria" y piense que ambas palabras son contradictorias. Para estas personas, "creatividad" significa sentirse autorizado para crear desorden, con la esperanza de que, de algún modo, surgirá una idea nueva. Es cierto que para ser creativos tenemos que estar libres de condicionamientos, de tradición y de historia. Pero esa libertad se obtiene mejor usando ciertas técnicas deliberadas que anhelando ser libre. Para huir de una prisión es mejor tener una buena lima que escuchar exhortaciones de libertad.

También hay quienes creen que los métodos sistemáticos y deliberados no pueden conducir a la creatividad porque toda estructura limita inmediatamente la libertad. Esto es una tontería. Existen, efectivamente, estructuras restrictivas, como las vías férreas o las cerraduras y los cerrojos; pero muchas estructuras son liberadoras. Una escalera es una estructura liberadora, nos permite acceder a sitios donde de otro modo no podríamos llegar. Pero aun así uno es libre de elegir a dónde ir con su escalera. Una copa de cristal es una estructura liberadora, nos permite beber más agradablemente. Pero la copa no determina lo que queremos beber. La notación matemática es una estructura liberadora, que nos brinda la posibilidad de hacer cosas que de otro modo no podríamos hacer. Por lo tanto, no hay nada contradictorio en las técnicas sistemáticas que nos liberan para que podamos desarrollar nuevos conceptos y nuevas percepciones.

Considero el pensamiento creativo (o pensamiento lateral) como un tipo especial de control de la información y creo que debería ocupar un lugar junto a otros métodos: las matemáticas, el análisis lógico, la simulación por ordenador, etcétera. No es necesario ver nada místico en esto. Una persona que se sienta a trabajar con la intención consciente de generar una idea en determinado campo y luego procede a usar sistemáticamente la técnica del pensamiento lateral debería considerarse un hecho corriente, que expresara el estado normal de las cosas.

En este libro me referiré a los tres grandes enfoques del pensamiento lateral:

1. Cuestionamiento
2. Alternativas
3. Provocación

Cada una de estas áreas comprende métodos y técnicas que es posible aprender, practicar y aplicar. La historia de Peter Ueberroth y los Juegos Olímpicos de Los Angeles ilustran cómo se pueden aprender y aplicar estas técnicas. Peter Ueberroth aprendió algo del pensamiento lateral cuando fue mi profesor anfitrión en ocasión de una de mis charlas de 90 minutos en la Young President's Organization en Boca Raton, Florida, en 1975. Nueve años después, según la entrevista publicada en el *Washington Post*, él estaba usando el pensamiento lateral para generar los nuevos conceptos que determinaron que los Juegos Olímpicos de Los Angeles fueran un gran éxito.

Quiero aclarar que si bien este libro puede ser un texto de consulta sobre el tema del pensamiento creativo, no es mi intención establecer en él los principios de la "enseñanza" del pensamiento creativo. Eso no puede hacerse adecuadamente en un libro, porque requiere interacción y guía. Sin embargo, puedo organizar sesiones formales de entrenamiento para aquellas personas que deseen aprender a enseñar el pensamiento creativo. Este libro es un texto de consulta, de ayuda para los que quieran usar el pensamiento creativo.

Además, este libro está dirigido a tres categorías de lectores:

1. Los que piensan que la creatividad adquirirá cada vez más importancia y quieren saber de qué se trata.
2. Los que se consideran creativos y quieren mejorar esa cualidad.
3. Los que no sienten necesidad alguna de creatividad.

Soy consciente de que es muy improbable que las personas incluidas en la tercera categoría compren este libro. La única esperanza de que consigan comprender el pensamiento creativo es que alguien les regale el libro para sugerirles que se informen sobre el pensamiento creativo y su importancia.

En este punto me gustaría distinguir dos tipos de producto creativo. Por lo general suponemos que el pensamiento creativo producirá una idea nueva que implica cierta clase de riesgo. Como la idea es nueva, no estamos seguros de que funcione. Quizá sea necesario invertir tiempo, dinero, energía y esfuerzo para obtener los primeros beneficios. Muchas personas y la mayoría de las organizaciones son algo reacias a invertir este tiempo, dinero, energía y esfuerzo, aunque sepan que a largo plazo será fundamental.

Pero éste es sólo un tipo de producto creativo. Existe también una clase de idea completamente diferente.

El otro tipo de producto creativo es una idea que se justifica inmediatamente. En el mismo instante en que se formula nos damos cuenta de que la nueva idea funcionará y permitirá economizar dinero, tiempo o esfuerzo, o brindará otros beneficios. Ilustraré esta afirmación con un ejemplo muy simple.

Sume los números del 1 al 10. No es difícil; el resultado es 55. Ahora sume los números del 1 al 100. Tampoco es difícil, pero resulta aburrido y es fácil equivocarse. Ahora imagine usted los números del 1 a 100 escritos en una hilera así:

$$1 \quad 2 \quad 3 \quad ... \quad 98 \quad 99 \quad 100$$

Luego repita los números de 1 a 100 pero escríbalos de atrás hacia adelante, debajo de la primera serie; así:

$$1 \quad 2 \quad 3 \quad ... \quad 98 \quad 99 \quad 100$$
$$100 \quad 99 \quad 98 \quad ... \quad 3 \quad 2 \quad 1$$

Si suma usted cada par, obtendrá el número 101. Esto es así porque, a medida que se avanza en cada serie, el número más alto aumenta 1, y el número más bajo disminuye en 1, de modo que el total queda igual. Ese total es 100 x 101. Desde luego, es el doble del total que necesitamos, porque hemos usado dos series de números del 1 al 100. Por lo tanto, dividimos por 2 y obtenemos 50 x 101, o sea 5050. Este método no sólo es rápido sino que también limita el margen de errores. En resumen, es mucho más rápido y mejor que sumar los números del 1 al 100.

Considerado a posteriori, el método es perfectamente lógico. Sin embargo, en la práctica muy pocas personas lo elaboran sin ayuda.

Otro procedimiento posible es "doblar" los números sobre sí mismos a fin de obtener las siguientes series:

$$50 \quad 49 \quad 48 \quad ... \quad 3 \quad 2 \quad 1$$
$$51 \quad 52 \quad 53 \quad ... \quad 98 \quad 99 \quad 100$$

Esto da 50 x 101, o sea 5050.

No estoy afirmando que aquí esté en juego la creatividad, porque este procedimiento podría ser elaborado por medio del pensamiento creativo o por medio de la visualización. Lo que trato de resaltar es que se advierte inmediatamente que el método es útil y que no implica riesgo alguno.

A veces el pensamiento creativo produce este tipo de resultado: una idea que se impone inmediatamente. Ahora bien, el hecho de que ese resultado sea lógico considerado con posterioridad no significa que se podría haber logrado aplicando un criterio lógico con anterioridad (ya mencioné este punto y volveré sobre él más adelante).

Este ejemplo es importante porque uno de los principales objetivos de la utilización del pensamiento creativo consiste en descubrir mejores maneras de hacer las cosas. Sería erróneo dar por sentado que el pensamiento creativo sólo implica riesgo. La creatividad significa también intuición y nuevas percepciones que resultan lógicas de inmediato.

Este libro está dividido en tres partes:

Parte   I: La necesidad de la creatividad
Parte II: Técnicas y métodos
Parte III: Aplicación del pensamiento creativo.

No hay nada más maravilloso que pensar en una idea nueva.
No hay nada más magnífico que comprobar que una idea nueva funciona.
No hay nada más útil que una nueva idea que sirve a nuestros fines.

PARTE I

La necesidad de pensamiento creativo

Los beneficios

¿Qué clase de beneficios podrían obtener los lectores de este libro? ¿Cuál será el saldo positivo obtenido de su lectura? Como con cualquier libro, podría ser el placer con que se haya leído, las nuevas ideas que haya aportado o la confirmación de ideas que el lector ya tenía.

Al escribir este libro, mi intención fue ofrecer tres niveles de beneficios. Si lo he logrado o no podría ser motivo de otro análisis.

Los tres niveles son:

1. La comprensión de la naturaleza y la lógica de la creatividad.
2. El deseo y la voluntad de hacer un esfuerzo creativo.
3. Las herramientas, las técnicas y los métodos.

Comprensión de la naturaleza y la lógica de la creatividad

La creatividad es un tema vago y confuso, que parece abarcar una enorme gama de actividades y personas: desde el creativo que diseña un nuevo envase para una pasta dentífrica hasta Beethoven componiendo la *Quinta Sinfonía*. Gran parte de esa confusión surge directamente de las palabras "creativo" y "creatividad".

En el nivel más simple, ser "creativo" significa confeccionar algo que antes no existía. En cierto sentido, "crear un desorden" es un ejemplo de creatividad. El desorden no existía antes en ese lugar, y se le ha dado origen, se le ha hecho nacer. Luego asignamos cierto valor al resultado, de modo que lo "nuevo" debe tener un valor. En este punto, podemos empezar a tener creatividad artística, porque lo que el artista produce es nuevo y tiene valor.

Sabemos ahora que el producto creativo no debe ser ni "obvio" ni "fácil", sino que debe tener algún rasgo singular o raro. Un ejemplo sería la destreza excepcional en cualquier campo.

Cuando introducimos conceptos como "lo inesperado" o "el cambio", empezamos a tener una visión diferente de la creatividad.

Algunos artistas son "estilistas productivos". Estas personas tienen un estilo de percepción y un estilo de expresión, y ambas cualidades pueden ser de gran valor. Trabajan dentro de este estilo y, como lo que se crea hoy no es una repetición de lo que se hizo ayer, en los productos de su trabajo hay algo nuevo y valioso. De modo que es correcto tildarlos de creativos. Sin embargo, aquí falta el elemento del cambio.

Creo que la palabra "creatividad" abarca una amplia gama de destrezas diferentes. En este libro no me referiré a la creatividad artística. Compositores, dramaturgos, poetas y músicos de rock me han comentado que suelen usar mis técnicas de pensamiento lateral. Siempre resulta agradable oír algo así, pero sin embargo no me dedicaré a perfeccionar las técnicas de la creatividad artística como tal, sino que expondré las técnicas creativas necesarias para cambiar conceptos y percepciones.

Podemos considerar que la creatividad es misteriosa, porque observamos que se producen ideas nuevas pero no sabemos de dónde han salido. Podemos estudiar y analizar el comportamiento de las personas creativas, pero esto tampoco nos servirá de mucho, porque con frecuencia no saben qué ha producido esa idea brillante.

Prefiero observar directamente el comportamiento de los sistemas de información autoorganizados. Son sistemas de construcción de pautas: construyen y usan pautas. A partir de un análisis del comportamiento y del comportamiento potencial de tales sistemas podemos conseguir una idea muy clara de la naturaleza de la creatividad. Entonces, la mística de la creatividad se esfuma en un instante. Vemos cómo funciona; también descubrimos cómo podríamos idear técnicas para aumentar las posibilidades de producción de nuevas ideas. En cierto sentido, accedemos a la "lógica" de la creatividad. Coincide con la lógica de los sistemas de construcción de pautas, como veremos en otro capítulo. No se requiere para ello un acto de fe ni una aceptación mística. No hay una misteriosa caja negra con una etiqueta que diga: "Aquí puede suceder cualquier cosa". La esencia de la creatividad (o más exactamente, del pensamiento lateral) se pone al descubierto.

Hace muchos años, ofrecí una charla a 1200 universitarios con doctorados en sus respectivas áreas, que trabajaban para la empresa 3M en Minneapolis. Creo que constituían el grueso del departamento de investigación de la corporación. Unos ocho años después, un alto ejecutivo en investigación le comentó a un amigo mío que aquella charla había influido más sobre su pensamiento que todo lo que había hecho antes o después. En aquella ocasión mi audiencia estaba formada por técnicos: ingenieros electrónicos, físicos, químicos, etcétera. Por lo general, estas personas piensan que la creatividad está muy bien para la publicidad, la mercadotecnia o el diseño gráfico, pero que no es necesaria en los campos donde el comportamiento puede guiarse por leyes físicas y medidas. Sin embargo, cuando reconocieron en la "lógica" de la creatividad el comportamiento de sistemas de construcción de pautas, su actitud cambió para siempre.

Este punto es importante porque hay muchas personas que aprecian el valor de las nuevas ideas creativas pero no están preparadas para aceptar la necesidad de creatividad si se mantiene en un nivel de exhortación. Pero cuando reconocen la necesidad lógica y real de la creatividad —explicada de manera razonada— su actitud cambia.

La comprensión de la lógica de la creatividad no basta para convertir en más creativa a una persona; pero sí para ayudarla a concienciarse de la necesidad de creatividad. Además, explica el diseño de las técnicas creativas y muestra por qué ciertos recursos aparentemente ilógicos son en realidad bastante lógicos, dentro del razonamiento de los sistemas de construcción de pautas. Y sobre todo, la comprensión de la lógica de la creatividad motiva a una persona para hacer algo en ese sentido.

Algunos no se interesan por la lógica de la creatividad y se muestran impacientes por iniciarse en las técnicas prácticas. Esto es un error, porque esas herramientas no podrán usarse eficazmente a menos que quien lo intente sepa lo que hay detrás de su diseño. Los educadores que utilizan las técnicas creativas como si fueran una bolsa de herramientas diversas no deben sorprenderse si sus alumnos llegan a la conclusión de que esas técnicas son meros trucos.

Enfoque e intención

Este segundo nivel de beneficio se relaciona con la motivación. Motivación es la disposición de una persona para detenerse y enfocar su atención sobre determinado punto y sólo después dedicarse al pensamiento lateral. En este momento no deben aplicarse técnicas específicas: lo único que se requiere es la inversión de tiempo, esfuerzo y atención. La voluntad de encontrar una idea nueva ya está presente.

En una recepción en Melbourne, Australia, se me acercó un joven que se presentó como John Bertrand. Me explicó que había sido el capitán del equipo australiano que en 1983 participó en la Copa América de competición de veleros. En sus 130 años de historia, esta Copa jamás había salido de Estados Unidos. John Bertrand me explicó que él y su tripulación se habían concentrado en cada uno de los aspectos de la cuestión y después habían tratado de encontrar ideas nuevas. La más obvia fue el diseño de la quilla. Por primera vez en la historia, la Copa de América no recayó en manos de Estados Unidos. Este es un ejemplo clásico de la voluntad de encontrar nuevas ideas, de la voluntad de usar el pensamiento lateral.

Quiero relatar otra historia, vinculada también a Australia. El fundador de la Red Telephone Company [Compañía de Teléfonos Rojos] se la contó a un amigo mío. Los teléfonos rojos eran aparatos de alto nivel técnico, propiedad de una empresa privada que después adquirió la empresa estatal australiana. El problema era que en Australia en las llamadas locales no se controlaba el tiempo; por el mismo costo inicial, el usuario podía hablar mucho tiempo. Las llamadas largas reducían las ganancias de la Red Telephone Company, ya que los aparatos siempre estaban ocupados por los que hablaban mucho, impidiendo que se establecieran otras llamadas más cortas. La compañía sólo obtenía un beneficio por el número de llamadas, independientemente del tiempo. El fundador, según tengo entendido, leyó mi primer libro sobre el pensamiento lateral y se puso en funcionamiento para conseguir llamadas telefónicas más breves. No era posible tomar medidas obvias para limitar la duración o para cobrar más, porque eso pondría en desventaja a la compañía con respecto a otras.

Finalmente, el fundador de la empresa encontró un recurso nuevo. Les indicó a los fabricantes del auricular que pusieran plomo en esa pieza. El resultado fue un auricular muy pesado, con lo que las llamadas largas resultaban agotadoras. Aparentemente la idea funcionó y, hasta el día de hoy, los teléfonos rojos son pesadísimos.

Aunque no se utilicen técnicas de pensamiento lateral, es muy conveniente detenerse en un punto con la determinación de encontrar ideas nuevas y otra manera de hacer las cosas.

Esta motivación surge de una comprensión de la posibilidad de generar nuevas ideas y de la creencia en el potencial creativo de la mente humana.

Muchas veces usted no conseguirá una idea nueva, pero con el tiempo, el hábito de detenerse y esforzarse por encontrarla dará sus frutos.

Herramientas y técnicas

Después de leer la sección central de este libro, el lector poseerá ciertas herramientas específicas que puede usar sistemática y deliberadamente para generar ideas nuevas. Desde luego, la destreza en la utilización de estas herramientas depende de la práctica. Cuanto más las use, más diestro será el usuario. Es cierto que algunas personas serán más hábiles que otras, pero eso sucede con todo. No obstante, cualquier persona que se disponga a adquirir esa capacidad podrá conseguir un importante grado de destreza creativa.

Quiero señalar una vez más que las herramientas son planificadas con anticipación y pueden ser usadas sistemáticamente. No es en absoluto una cuestión de inspiración, de sentirse con ganas de trabajar o de estar de excelente ánimo. Puede utilizarlas con la misma deliberación con que sumaría una columna de números.

A lo largo de los años muchas personas altamente creativas me han comentado que por lo general confían sólo en su talento creador para generar ideas nuevas. Pero cuando quieren lograr una idea excepcional, les parece mejor usar sistemáticamente alguna de las herramientas, en vez de confiar sólo en su talento natural. Esta también es mi experiencia. Cada vez que utilizo las técnicas sistemática y deliberadamente me sorprendo logrando una idea que jamás se me había ocurrido antes. De modo que estos recursos no son muletas para los que no pueden andar solos, sino técnicas útiles incluso para las personas altamente creativas. Debo añadir que cuando una persona tiene la cabeza llena de posibles ideas, usar las herramientas requiere cierta disciplina y algún esfuerzo.

Muchos de los que trabajan en este campo controlan la creatividad desde el punto de vista de la inspiración. Opinan que si usted se libera de sus inhibiciones será creativo, si confía en su intuición será creativo, si entra en un estado theta será creativo, si da un salto mental será creativo. En todos los casos se pone el énfasis sobre los estados mentales alterados. De vez en cuando, es cierto, los estados mentales alterados pueden aumentar la creatividad, pero es posible lograr el mismo resultado de un modo más sistemático y fiable, usando deliberadamente ciertos métodos de trabajo. Un estado mental alterado puede producir una provocación, pero las provocaciones pueden ser producidas a voluntad usando los métodos de provocación y la palabra "po".

Los instrumentos de trabajo básicos del pensamiento lateral que diseñé hace muchos años han sido constantemente plagiados, mal usados y alterados, por lo general sin autorización alguna. Incluso las instituciones más prestigiosas en este campo se han apropiado de métodos y materiales de trabajo sin mencionar la fuente. La palabra "po", tan usada actualmente, es un ejemplo de tantos.

Uno de los objetivos de este libro es exponer claramente la naturaleza de estos instrumentos, destacar su potencia fundamental y dejar de lado la parafernalia que les ha rodeado.

Por lo tanto, el lector podrá aprender aquí algunas técnicas básicas del pensamiento lateral. Desde luego, necesitará motivaciones para practicarlas y voluntad para usarlas. Lo más notable en Peter Ueberroth, por ejemplo, era su fuerte motivación (y su liderazgo). Aprender los métodos no es suficiente, si nunca se utilizan.

Muchas empresas importantes usan actualmente algunos de estos métodos —como el de los Seis Sombreros para Pensar— y gracias a ellos han modificado su estilo de pensamiento.

La tercera parte de este libro trata de la aplicación del pensamiento creativo y analiza las estructuras y los medios que facilitan la utilización de los instrumentos creativos.

La necesidad teórica de creatividad

El humor es, sin duda alguna, el comportamiento más significativo del cerebro humano.

He afirmado esto muchas veces y ahora lo escribo sin intención de provocación. Quiero decir lo que he dicho, literalmente: el humor indica, mejor que cualquier otro comportamiento mental, la naturaleza del sistema de información que da origen a la percepción. Y este sistema de información es autoorganizado.

El humor no sólo refleja claramente la naturaleza del sistema sino que también demuestra que ciertas percepciones, establecidas ya de una manera, pueden súbitamente reconfigurarse de otro modo. Esta es la esencia de la creatividad, que analizaré más adelante, en esta misma sección.

La negación del humor en que incurrieron filósofos, psicólogos, científicos de la información y matemáticos muy tradicionales muestra claramente que a estas personas sólo les interesaban los sistemas de información pasivos, organizados externamente. Hace muy poco tiempo que los matemáticos han empezado a interesarse por los sistemas inestables y no lineales (la teoría del caos, la teoría de la catástrofe, etcétera).

Es preciso distinguir dos tipos generales de sistemas de información: sistemas pasivos y sistemas activos. En los pasivos, la información y la superficie de registro de la información son

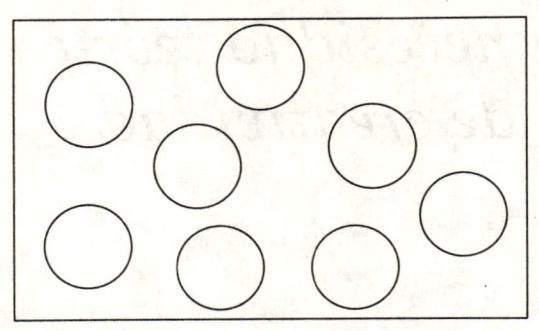

Figura 1.1

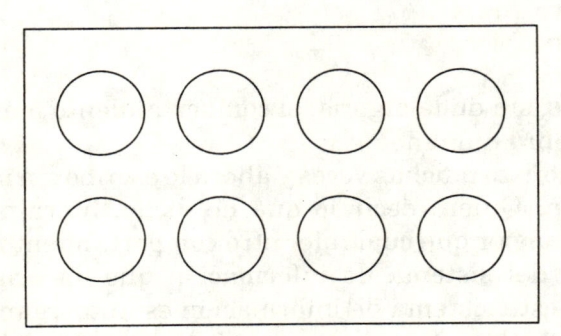

Figura 1.2

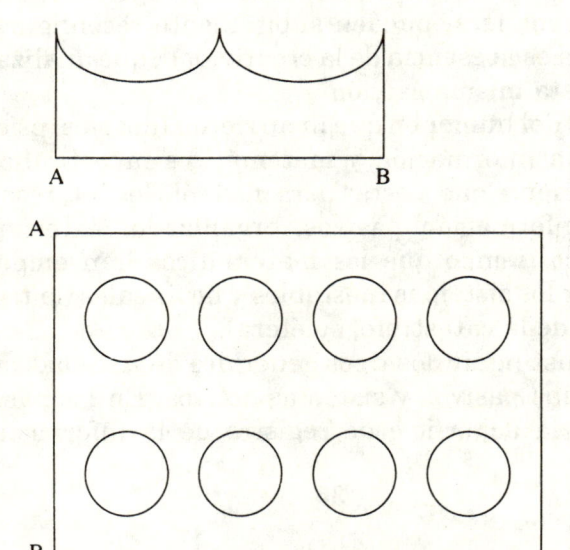

Figura 1.3

inertes o pasivos. Toda la actividad proviene de un organizador externo que ordena la información y la hace circular. En un sistema activo, por el contrario, la información y la superficie son activas y la información se organiza a sí misma sin ayuda de un organizador externo. Por eso, estos sistemas se llaman *autoorganizados*.

Imagine una mesa sobre la que se han colocado algunas bolas pequeñas (como las de un rodamiento). Usted debe repartirlas en dos líneas. Cuando empieza a realizar la tarea, se convierte en el organizador externo. Las figuras 1.1 y 1.2 muestran la situación antes y después de su actividad organizadora.

Supongamos que la mesa no fuera lisa, sino que hubiera en ella dos canales paralelos, como muestra la figura 1.3. Si usted hiciera correr las bolas al azar sobre la mesa, ellas formarían —*totalmente por sí mismas*— dos líneas en el fondo de los canales. En este segundo modelo usted no ha actuado como un organizador externo; no ha sido necesario, porque en este caso el sistema es autoorganizado.

Por supuesto, sería posible argumentar que el constructor de los canales fue el verdadero organizador del sistema. Esto es absolutamente correcto. Pero supongamos que las bolas anteriores hubieran formado, con su impacto, los surcos o canales: tendríamos entonces un sistema verdaderamente autoorganizado.

Resulta fácil encontrar ejemplos de sistemas de este tipo. La lluvia que cae sobre el suelo forma arroyos, ríos y valles. Cuando estos accidentes se han formado, la lluvia se canaliza a lo largo de ellos. Así interactúa con el paisaje para formar canales, que luego condicionarán el modo de acumulación y organización del agua de las futuras lluvias.

Hace ya años, en 1969, comparé dos modelos: una toalla sobre la que se vierten cucharadas de tinta y una fuente plana de gelatina, sobre la que se vierten cucharadas de tinta caliente. La toalla representa los sistemas pasivos, porque las manchas de tinta quedan exactamente donde cayeron. Pero en el modelo de la gelatina la tinta caliente disuelve la gelatina y muy pronto se forman canales, del mismo modo que la lluvia forma canales en un terreno. La gelatina permitió que la tinta se organizara a sí misma en canales o secuencias.

En el libro *The Mechanism of Mind* (1969) y también en *I Am Right,You Are Wrong*,* describí detalladamente cómo el sistema nervioso del cerebro permite que la información que ingresa se organice a sí misma en una sucesión de estados temporalmente estables, que se suceden uno a otro hasta formar una secuencia. En esto no hay magia ni misticismo, se trata simplemente del comportamiento del sistema nervioso. Estas ideas, presentadas por primera vez en 1969, han sido elaboradas después por investigadores como John Hopfield, del California Institute of Technology, que escribió por primera vez sobre estos sistemas en 1979. En realidad, el profesor Murray Gell Mann, que obtuvo el Premio Nobel por haber descubierto el quark, me comentó cierta vez que en *The Mechanism of Mind*, yo había descrito ciertos tipos de sistemas ocho años antes de que los matemáticos empezaran a interesarse por ellos.

Quien desee conocer más detalladamente cómo el sistema nervioso puede permitir que la información se organice en pautas, debería leer los dos libros mencionados y también alguna otra bibliografía sobre el tema.

Todo consiste en un sistema en el que la información que entra establece una secuencia de actividad. Con el tiempo, esta secuencia de actividad se convierte en una especie de camino, pauta o modelo. Los neurofisiólogos y los biólogos que estudian la química del cerebro podrán discrepar acerca de cuáles son exactamente

* Viking Press, Londres, 1990, y Nueva York, 1991.

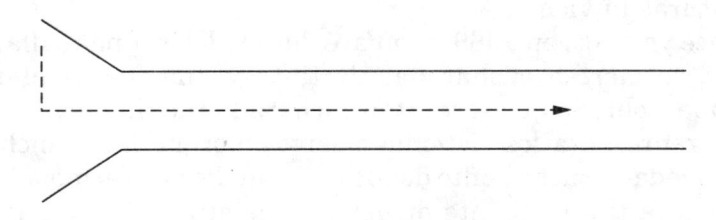

Figura 1.4

las enzimas involucradas en el proceso, pero el cuadro general (en sus aspectos más amplios) no cambia.

Una vez establecidas, estas pautas son sumamente útiles porque nos permiten "reconocer" las cosas. Cuando la pauta ya se ha establecido, la seguimos y vemos las cosas en función de la experiencia previa. La figura 1.4 representa una pauta simple.

La dificultad que presenta un sistema de pautas simples radica en que tendría que haber un enorme número de pautas para abordar sin problema todo tipo de situaciones. Toda experiencia nueva que no nos llevara directamente a una pauta existente tendría que ser analizada de nuevo. Pero el cerebro resuelve este problema de una manera muy simple. Al igual que los ríos, las pautas poseen zonas de captación grandes. Es decir, toda actividad que se produce dentro de la zona de captación es inestable y remitirá a la pauta establecida. Esto deriva directamente de un tipo de comportamiento muy simple. Algo que a los ordenadores les cuesta tanto hacer (reconocer las pautas) el cerebro lo realiza instantánea y automáticamente. En la figura 1.5 se muestra la zona de captación como una especie de embudo.

Por lo tanto, cada vez que miramos a nuestro alrededor nos disponemos a ver el mundo en función de nuestras pautas previas, tal como lo indica la figura 1.6. Por este motivo, la percepción es tan útil y tan poderosa. Rara vez nos desorientamos; somos capaces de reconocer la mayoría de las situaciones. Por eso, el análisis de la información no nos aportará ideas nuevas. El cerebro sólo puede ver lo que está preparado para ver (las pautas existentes), de modo que cuando analizamos datos sólo obtenemos la idea que ya poseemos. Este punto es importante y lo retomaré más adelante.

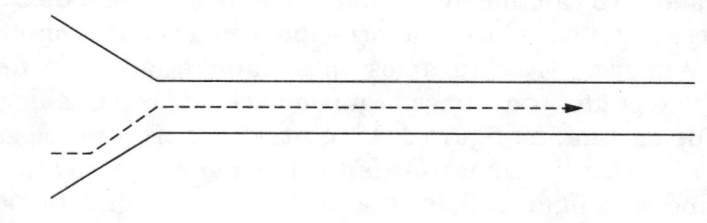

Figura 1.5

Figura 1.6

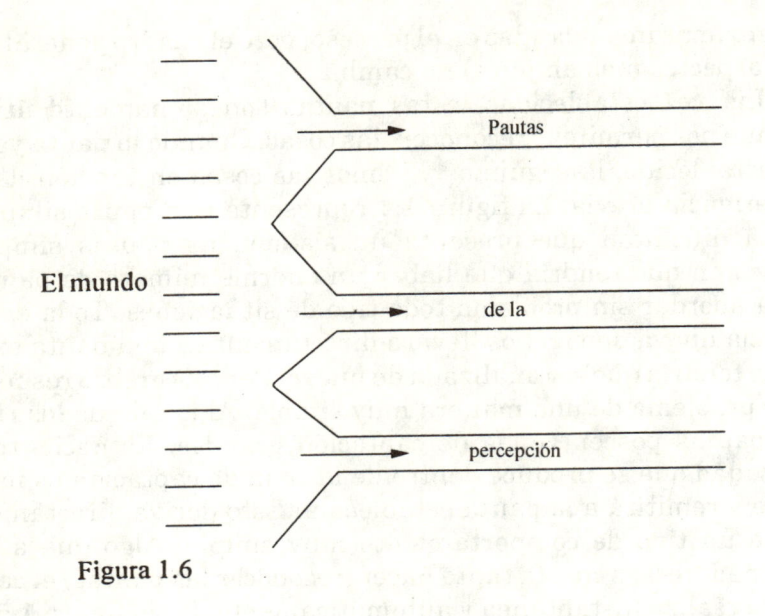

Quiero destacar que este comportamiento de formación de pautas y de uso de pautas del sistema nervioso del cerebro es magnífico. Sin él la vida sería imposible. La percepción es el proceso de establecimiento y utilización de estas pautas.

Ahora bien, ¿qué sucede cuando aparece una pauta lateral, como indica la figura 1.7? ¿Tenemos que detenernos y analizar cada desvío? Si tuviéramos que hacerlo, la vida resultaría intolerablemente lenta. En la práctica, esta situación no se presenta nunca, porque debido a la organización de los nervios, el camino elimina al otro camino que, momentáneamente, deja de existir. Entonces seguimos el camino principal con absoluta confianza.

Sin embargo, si entráramos en el camino lateral, o desvío, desde otro punto, podríamos seguirlo hacia atrás hasta llegar al punto de partida. La figura 1.8 muestra este proceso. Llegamos ahora a la clásica asimetría (falta de simetría) de las pautas. Como indica la figura 1.9, la ruta de B a A es muy directa, pero la ruta de A a B puede ser sinuosa.

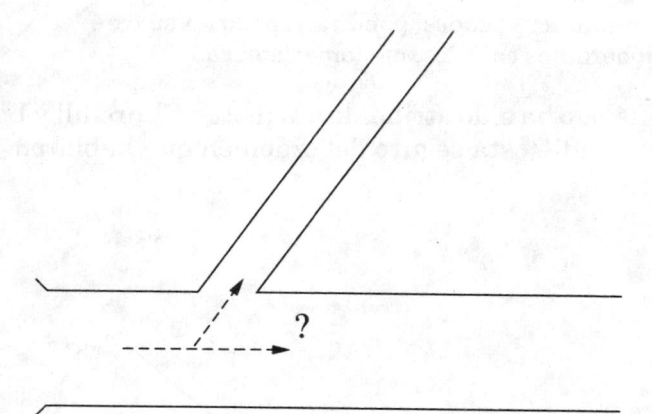

Figura 1.7

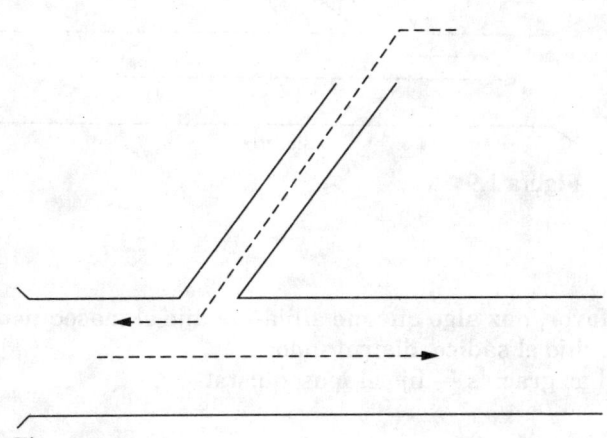

Figura 1.8

Este fenómeno de asimetría origina precisamente el buen humor y la creatividad.

Cuando nos cuentan un chiste, nos colocamos primero en el camino principal. De pronto somos desplazados al final del desvío e inmediatamente vemos el camino que podríamos haber tomado.

"Si estuviéramos casados, pondría veneno en su café."
"Si estuviéramos casados, me tomaría el café."

(Este diálogo ha sido atribuido a Winston Churchill y Lady Asquith, pero nadie está seguro del orden en que hablaron.)

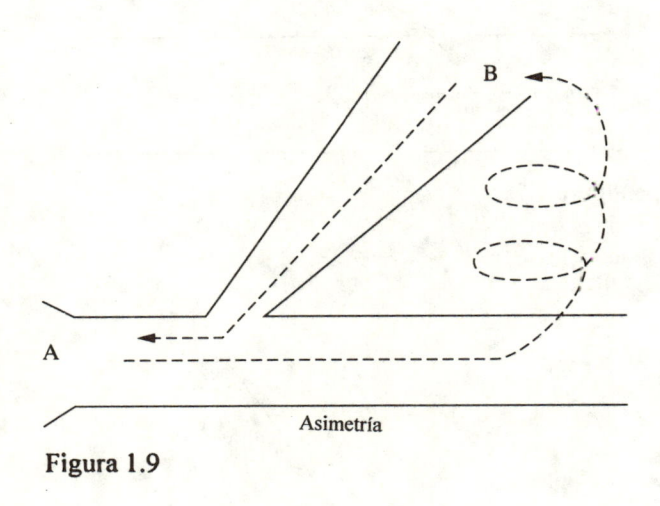

Figura 1.9

Asimetría

—Por favor, haz algo que me aflija—le dijo el masoquista al sádico.
—No —dijo el sádico, disfrutando.
—Muchas gracias —dijo el masoquista.

En ambos ejemplos, la mente va por un camino y de pronto, después de una breve pausa, retrocede rápidamente por el otro camino, como indica la figura 1.10.

Viajaba yo en avión y, al volver a mi asiento, me golpeé la cabeza con el portaequipaje. Mientras me sentaba, mi compañero de viaje me dijo: "Yo también me he golpeado la cabeza con el portaequipaje; debe de estar demasiado bajo".

"Al contrario", le contesté. "El problema es que está colocado demasiado alto".

En esta conversación no hay nada humorístico, pero existe el mismo cambio súbito de percepción, que finalmente tiene sentido. Si el portaequipaje está realmente bajo, entonces uno se da cuenta de que debe esquivarlo bajando la cabeza. Si está realmente alto, entonces no importa que lo esquivemos o no. Pero si está colocado a un nivel en el que uno cree que no necesita esquivarlo, no lo esquiva, y se golpea la cabeza.

El modelo para la creatividad

El modelo de pauta asimétrica del humor es también el modelo para la creatividad. La secuencia temporal de nuestra experiencia ha establecido el camino de rutina de la percepción. Todo lo vemos de cierto modo. Esperamos que todo se haga de cierta manera. Y si nos las arreglamos para cruzar desde el camino principal al camino lateral, entonces podemos retroceder hasta el punto de partida y conseguir nuestra "intuición" creativa o nuestra nueva idea. La figura 1.11 lo ilustra.

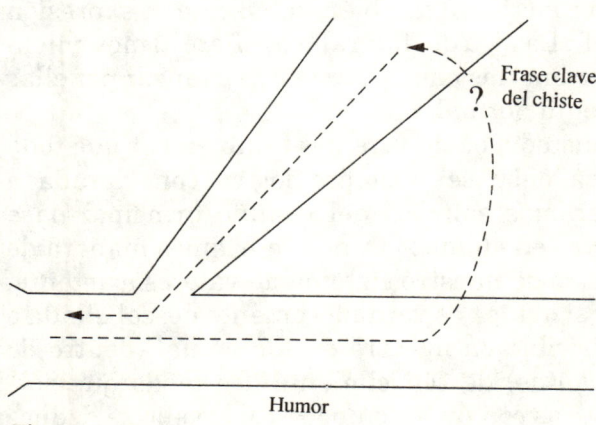

Figura 1.10

Salto creativo
(lateral)

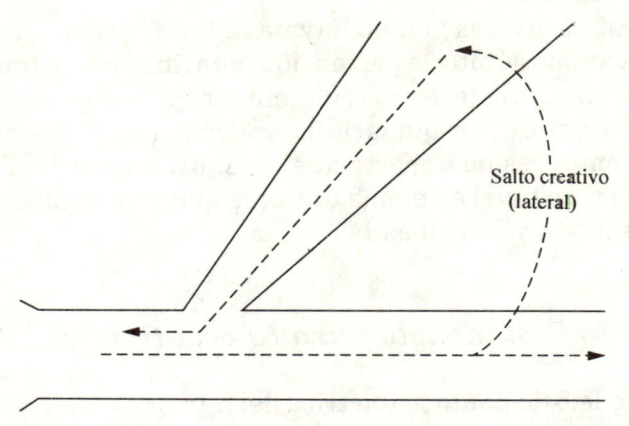

Figura 1.11

Pero ¿cómo llegamos al "punto de la idea" que está sobre el camino lateral? Aquí entran en acción las técnicas de provocación. Se trata de ciertos métodos que nos ayudan a salir del camino principal para aumentar nuestras posibilidades de llegar al camino lateral. Esto constituye también la base de la expresión "pensamiento lateral". La idea de "lateral" se refiere al movimiento hacia los lados cruzando las pautas, en vez de avanzar por ellas como en el pensamiento normal.

Si utilizamos el mismo modelo veremos también por qué toda idea creativa valiosa debe ser siempre lógica considerada a posteriori. Si quisiéramos salirnos del camino principal para crear una "idea nueva" en el punto C, no tendríamos manera de encajar esa idea dentro de nuestro sistema de valores existente. No podríamos saber si la idea es verdaderamente descabellada o simplemente irreconocible en nuestro estado actual (dentro de nuestras actuales pautas) de conocimiento. De modo que sólo podemos reconocer ideas con un vínculo lógico. De ello se deduce que toda idea creativa valiosa debe ser lógica considerada con posterioridad. Simplificando: la palabra "valiosa" significa automáticamente "lógica a posteriori".

En resumen, el cerebro es un maravilloso dispositivo que permite que la información que ingresa se organice en pautas. Una vez configuradas, con sus amplias zonas de captación, las utilizamos en el proceso conocido como percepción. Las pautas no son simétricas y esta falta de simetría da origen al humor y a la creatividad.

Esta es la necesidad lógica de creatividad; la lógica de los sistemas autoorganizados de construcción de pautas.

Todavía hay un argumento más en favor de la necesidad de creatividad; algunas personas lo entienden fácilmente. Los lectores perceptivos advertirán que, en realidad, el segundo argumento no es más que una reformulación del primero dentro de un contexto diferente.

La trampa de la secuencia temporal

Imaginemos un sistema que recoge información a lo largo del tiempo. La información no llega toda en el mismo momento, sino que va ingresando poco a poco. Supongamos que el sistema siempre trata de hacer el mejor uso posible de la información disponible. Evidentemente, este tipo de sistema se asemeja a ciertos individuos, instituciones, corporaciones, culturas, etcétera. Se recoge la información a lo largo del tiempo y el sistema utiliza del mejor modo posible la información disponible.

Jugaremos ahora a un juego muy simple, en el que se presentan letras, una cada vez. La tarea consiste en formar una palabra conocida.

- La primera letra es la A.
- Le sigue la T; se forma la palabra AT.
- La siguiente es la R; se forma RAT.

Las letras representan la información que entra, y la información total disponible se usa para formar una palabra.

- La próxima letra es la E; tenemos RATE.
- Le sigue la G, con la que formamos GRATE.

Hasta aquí, la información nueva se ha ido agregando fácilmente a las estructuras ya existentes.

La letra siguiente es T. Ahora ya no resulta fácil añadirla. Sólo se puede formar una nueva palabra retrocediendo las estructuras existentes para reagrupar las letras y formar la palabra TARGET.

Este sencillo ejemplo nos permite apreciar cómo la secuencia temporal del ingreso de la información establece estructuras que tienen que ser desmoronadas para ordenar las cosas de otro modo. Este proceso es una buena definición de la creatividad. Sin creatividad no podríamos avanzar dentro de este sistema.

Se podría sostener que en cada etapa sería posible liberar todas las letras y agregar la nueva, a fin de formar otra palabra. Pero en la vida real resulta imposible descomponer y desconocer todos los conceptos, percepciones, palabras o instituciones conocidas para organizar la información vieja y la nueva, juntas, de la mejor manera posible.

Pasado cierto tiempo, los artículos de información pierden la capacidad de separación igual que las letras de nuestro juego. Por ejemplo, el conjunto RAT ha sobrevivido tanto que se ha convertido en una pieza sólida y se niega a disgregarse. Del mismo modo, las percepciones básicas se resisten a ser desmontadas.

Como ya señalé, los lectores perceptivos advertirán que el efecto de la secuencia temporal es idéntico al efecto de la construcción de pautas. La secuencia temporal de la experiencia establece las pautas rutinarias de la experiencia. Necesitamos escapar de ellas para poder establecer nuevas secuencias.

La mayoría de las personas aceptarán estas ideas. Pero las dificultades empiezan cuando una persona cree que resulta muy sencillo reordenar las piezas existentes para darles un nuevo formato. Puede parecer fácil en el modelo de los sistemas de información pasivos, pero es sumamente difícil en los sistemas de información autoorganizados, porque la información ya no es separable sino que se convierte en parte integrante de la pauta. Cambiar las pautas resulta tan difícil como el intento de asignar un significado nuevo a una palabra. Las palabras son pautas de percepción y de experiencia.

Por lo tanto, vemos que existe una necesidad absoluta de creatividad en todo sistema autoorganizado y también en todo sistema en el que se añade de una manera integradora información nueva a la ya existente.

Si la mente humana trabajara como una biblioteca, la información nueva se almacenaría simplemente en los estantes vacíos, sin intención alguna de incorporarla al sistema existente. Este procedimiento equivale a malgastar la información nueva. Nosotros lo hacemos cuando no usamos la creatividad y cuando la nueva información no puede integrarse en la información anterior.

La creatividad no es sólo una manera de hacer mejor las cosas. Sin creatividad no podemos utilizar plenamente la información y la experiencia disponibles, encerradas dentro de viejas estructuras, viejas pautas, viejos conceptos y viejas percepciones.

La necesidad práctica de creatividad

Las compañías de seguros de vida constituyen una industria sólida, controlada por reglamentos y también por la tradición. Cierto día, Ron Barbaro, el director ejecutivo de la firma Prudential Canada, que utiliza desde hace mucho tiempo el pensamiento lateral, presentó una provocación: ¿por qué no pagar los beneficios del seguro de vida antes de que el asegurado muera? Esta idea creó el concepto de "beneficios en vida": todo titular de una póliza de seguros que contrae una enfermedad que podría ser terminal tiene derecho inmediatamente al 75 por ciento de los beneficios que les hubiera correspondido a sus deudos después de su muerte. Este concepto tuvo mucha aceptación y fue imitado por otras compañías, porque aumenta el atractivo del seguro de vida, al convertirlo parcialmente en un seguro de enfermedad grave. Gracias, en parte, al éxito de esta iniciativa y también porque fue su creador, Ron Barbaro fue elegido presidente de la Prudential Insurance (Estados Unidos).

Tony O'Reilly, director ejecutivo de Heinz, relató cierta vez cómo un intento de reducción de costos disminuyó la mano de obra en una planta de procesamiento de atún hasta conseguir que una gran parte del pescado se descartara y sólo quedaran las espinas. Se contrató más personal, los gastos aumentaron, pero se ahorró una cantidad de pescado suficiente para cubrir los nuevos costos y aumentar las ganancias.

Singapur es uno de los países más decididos a progresar. El gobierno gasta el 20 por ciento del presupuesto nacional en educación. En 1965 el PBI de Singapur era de 970 millones de dólares: hoy es de 23.000 millones. Cada vez que organizo seminarios en Singapur la asistencia es elevadísima; pero suele producirse un problema. La eficacia de los seminarios depende de la participación de la audiencia: presentación de ideas, discusión, etcétera. En los países latinos no existe este problema, porque cada uno de los asistentes está convencido de que sus ideas son las mejores del grupo. Pero en Singapur, nadie propone nada, ni siquiera hacen comentarios. En un tema como "la creatividad", no se puede señalar a una persona con el dedo y pedirle que sea creativa. Hacerlo sería injusto e incómodo.

Teniendo en cuenta esta dificultad, decidí usar la técnica de la "palabra al azar" de una manera formal. Se elegía la palabra al azar de una lista de 60, del siguiente modo: cada palabra correspondía a un segundo, yo simplemente consultaba el segundero de mi reloj y leía la palabra correspondiente. "Revólver", por ejemplo, me sugirió de inmediato un blanco específico. Por lo general uno no dispara al aire y piensa que va a acertar en algo. De allí surgió la idea de numerar las mesas y asignar una letra a cada asiento. Entonces pude pedir una participación de la mesa 12, posición D, por ejemplo. La respuesta fue estupenda y empecé a obtener toda la motivación que necesitaba. Al parecer, los participantes no eran tímidos, sino que no consideraban ventajoso pasar al frente. Al numerar las posiciones, todos obtuvieron una especie de posición oficial y estuvieron encantados de dar a conocer sus pensamientos.

Benetton es una empresa con mucho éxito en un campo difícil y competitivo. Fue fundada por cuatro hermanos, tres hombres y una mujer, en Italia. Uno de ellos era contable; la mujer era costurera. Hoy tiene 3000 tiendas en todo el mundo y la empresa vale unos 2000 millones de dólares. Su éxito se debió a ciertos conceptos muy fuertes. Tradicionalmente, los fabricantes de ropa confeccionan las prendas y después tratan de persuadir a los mayoristas de que las compren y almacenen. Benetton, en cambio, decidió acercarse al cliente abriendo tiendas pequeñas y sencillas. La otra parte del concepto consistía en vender "color" y no "forma". Así, las telas se dejaban con su color natural, gris o blanco. Si los clientes empezaban a pedir prendas rojas, se teñía todo de rojo. Si deseaban malva, se teñían las prendas de ese color. Se instaló un eficiente sistema informático que permitía una enorme flexibilidad de respuesta.

Cada uno de estos cuatro ejemplos resalta un aspecto de la necesidad práctica de creatividad.

En el caso del seminario de Singapur, había un problema y no contábamos con una manera clásica de resolverlo. Cuando no existe una solución estándar, o no se puede poner en práctica, quizá se plantee una necesidad patente de pensamiento creativo.

En el caso de la planta procesadora de atún, el programa de reducción de costos había fracasado. Es fácil reducir los gastos disminuyendo el número de trabajadores y después esperar que los sobrevivientes se hagan cargo de todo. Hoy en día, ese procedimiento se considera peligroso e ineficaz. Es preciso reconsiderar y reestructurar el trabajo antes de reducir personal. Y eso requiere creatividad.

El ejemplo de la firma Benetton muestra el gran poder de los nuevos conceptos en una industria altamente competitiva. Hacerlo mejor no basta: hay que hacerlo de otro modo.

El ejemplo de la compañía de seguros Prudential demuestra que incluso dentro de una industria tradicional es posible generar una poderosa idea nueva que brinde nuevas oportunidades. No era necesario que Ron Barbaro generara una nueva idea. No había realmente un problema que resolver. Pero Barbaro es el tipo de hombre que se siente siempre impulsado por la creatividad para desarrollar nuevos conceptos, abriendo así nuevas posibilidades.

En este punto, ya podemos afirmar que la necesidad práctica de creatividad se divide en dos áreas:

1. Donde se necesita realmente una idea nueva, hasta el punto de que sin ella no podemos seguir adelante. Puede tratarse de un problema, una crisis o un conflicto. Otros procedimientos han fallado. La creatividad es la única esperanza.
2. Donde no se necesita urgentemente una idea nueva, pero se reconoce que reportaría oportunidades, ventajas y beneficios.

Reducción de costos y programas de calidad

Muchas organizaciones otorgan una prioridad máxima a la reducción de costos. En algunos, sólo un análisis permite conseguir este objetivo; pero en otros se requiere también idear algo. Rediseñar, por ejemplo, una función, para que pueda desempeñarse con un costo menor. Si quiere mantener bajos los costos, ¿simplemente compra materiales más baratos o posee otras maneras de reducir los gastos que le permita seguir comprando materiales de buena calidad? Es un error dar por sentado que la reducción de costos es meramente un procedimiento analítico.

Cambiar la manera de actuar suele resultar mucho más eficaz que disminuir la producción. Una empresa con cuentas enormes de mantenimiento de su flota de motocicletas las vendió a sus empleados y empezó a pagarles una compensación por el uso. Los costos disminuyeron notablemente.

Las mismas reflexiones pueden aplicarse a los programas de calidad. En algunas ocasiones es necesario introducir la creatividad como instrumento para lograr cierto objetivo vinculado a la calidad. En otros casos, hay que resolver problemas.

También se debe tener en cuenta que producir los viejos productos con más calidad no suele ser la respuesta adecuada. Tal vez resulte más necesario cambiar lo que se está haciendo. A veces, los programas de calidad son engañosos porque parten del supuesto de que lo que se está haciendo es lo que hay que hacer, y de que lo único necesario es mejorar la calidad. Producir lo mismo con una calidad cada vez mejor no impulsará súbitamente a producirlo de otro modo. No tergiversemos el significado de la palabra *calidad* intentando que englobe "todo lo que se debe hacer". "Calidad" significa realizar lo mismo, pero con mejor calidad.

Otro programa muy popular consiste en el "mejoramiento continuo". De vez en cuando el mejoramiento, evidentemente, puede necesitar un aporte de creatividad. Si algo se ha ejecutado siempre del mismo modo, quizá sea preciso introducir el pensamiento creativo para cuestionar esa manera de hacer y, quizás, encontrar otra mejor. El "mejoramiento" supone una de las principales áreas de aplicación del pensamiento creativo. Trataré el tema más adelante.

El punto fundamental es que en todos los casos en que se necesita pensar sobre algo, resulta fundamental la información, el análisis y la creatividad. Los conceptos y las percepciones constituyen un elemento básico de todo pensamiento que no sea simple rutina.

La tendencia al mantenimiento

Aunque rara vez se comenta, muchos gerentes y altos ejecutivos tienen una actitud de "mantenimiento". Creen que su trabajo consiste en procurar que todo siga funcionando y en resolver los problemas a medida que se presentan. Preocuparse por los productos, la estrategia o las finanzas es asunto de otros. Desviarse de este tipo de gestión de mantenimiento supondría un alto riesgo, con posibilidades de fracaso.

El éxito de una organización depende de las condiciones del mercado o de tener una inserción fuerte. Esta situación, respaldada por una gestión gerencial competente, resulta suficiente.

La gestión de mantenimiento se orienta fuertemente hacia la resolución de problemas. Cuando surgen, hay que resolverlos. Si no hay, todo funciona bien.

Lamentablemente, en un mundo muy competitivo, la gerencia de mantenimiento ya no es el concepto poderoso de antes. Porque mientras uno trata de conservar su posición, los competidores tratan de adelantarse.

Pero incluso dentro de la gestión del tipo de mantenimiento se necesita la creatividad para resolver los problemas que se presentan de vez en cuando. Este es el aspecto "reparador" de la creatividad. Arreglar los problemas a medida que surgen no es suficiente para asegurar la supervivencia de una organización.

La competencia

Incluso la competencia clásica misma forma parte de la gerencia de mantenimiento. Hay que mantenerse a la par de los competidores en términos de precio, calidad, distribución y promoción. Se debe buscar cierta diferenciación del producto y tomar algunas iniciativas de comercialización.

En mi libro titulado *Sur/petition* argumento que, en el futuro, ya no será suficiente la competencia y explico por qué será necesario cambiar hacia la *sur/petition*. La palabra *competencia* significa "buscar juntos". Esto supone aceptar que participo en la misma carrera que mis competidores y reconocer que mi comportamiento está en gran medida determinado por el comportamiento de los demás. *Sur/petition**, por el contrario, significa "buscar por encima", o sea, crear nuestra propia carrera. Implica la creación de nuevos "monopolios de valor".

Estos monopolios de valor se basarán fundamentalmente en "valores integrados". Por ejemplo, un automóvil ya no es simplemente una máquina: sus valores integrados incluyen la facilidad para comprarlo, venderlo y asegurarlo; también, el seguro contra robo. Los valores integrados recogen además la posibilidad de estacionar en las ciudades. Cierta vez le sugerí a la Ford (del Reino Unido) que comprara la empresa poseedora de la mayor parte de las plazas de estacionamiento en Gran Bretaña y luego restrin-

---

* Véase el libro del autor, *Más allá de la competencia*, Barcelona, Paidós, 1993.

giera el derecho a estacionar en ellas a los que no fueran usuarios de la marca Ford. En Japón, las firmas Honda y Nissan adoptaron la idea, y no me sorprendería que la difundieran por todo el mundo.

La primera fase de la actividad comercial fue la de "producto o servicio".

La segunda fase, la de "competencia".

La tercera fase de la actividad comercial será la de los "valores integrados".

La *sur/petition* dependerá en gran medida de los conceptos. Para generarlos se necesitará un poderoso pensamiento creativo.

Otras áreas

Hasta el momento me he centrado principalmente en el área de la actividad comercial porque, según mi experiencia, es donde se necesita más el pensamiento creativo. Pero creo que esto empieza a cambiar. Tarde o temprano en otras áreas, que tienen problemas reales y limitaciones de presupuesto, se comprenderá que el pensamiento creativo es un elemento esencial para progresar.

Se necesitan conceptos nuevos en el área gubernamental y en el campo de la administración.

Hay necesidad de conceptos nuevos en economía.

Hay necesidad de conceptos nuevos en educación.

Hay necesidad de conceptos nuevos en la prevención del delito.

Hay necesidad de conceptos nuevos en el ámbito de la salud pública.

Hay necesidad de conceptos nuevos en la protección del medio ambiente.

Hay necesidad de conceptos nuevos para paliar la pobreza del Tercer Mundo.

¿Existe acaso algún aspecto de la actividad humana que no se beneficiaría con el pensamiento creativo, los nuevos conceptos y las nuevas percepciones?

¿Qué se está haciendo actualmente para obtener estos conceptos nuevos? En algunas áreas se producen iniciativas interesantes, pero en general impera la creencia de que el análisis inteligente, la información adecuada y el razonamiento correcto son suficientes. Yo discrepo.

Información y creatividad

¿Qué relación existe entre información y creatividad? Esta pregunta es fundamental porque la mayoría de las personas creen que basta con tener información suficiente, sometida a un análisis competente y seguida de una toma de decisiones lógica; y por lo tanto, que la creatividad no es necesaria. Incluso quienes no admiten abiertamente pensar así se comportan como si fuera esto lo que creen.

Si queremos viajar de Nueva York a Londres debemos consultar los horarios de vuelo o debemos indicárselo a nuestro agente de viajes. Si tenemos que tratar una infección con un antibiótico debemos saber cuál es la causa de la infección y pedirle al médico que controle nuestra sensibilidad a ese antibiótico. Pensar y suponer no es lo mismo que informarse. Cuando necesitamos información, necesitamos información y no otra cosa.

Si tuviéramos información perfecta sobre determinada situación, pensar sería innecesario. Pero nuestras posibilidades de conseguir información perfecta son escasas. Damos por sentado, sin embargo, que a medida que conseguimos más y más información y nos acercamos al estado del conocimiento total, la necesidad de pensar disminuye. Por el contrario, esta necesidad aumenta porque tenemos que entender la información.

Si necesitamos pensar, es casi seguro que necesitamos un

pensamiento de tipo "analítico", ya que intentamos entender la información. Entonces, ¿dónde entra la creatividad?

La mayoría de los ejecutivos, muchos científicos y casi todos los diplomados de las escuelas de comercio creen que si uno analiza los datos, obtendrá ideas nuevas. Lamentablemente, esa creencia es totalmente errónea. La mente sólo ve lo que está preparada para ver. Analizar datos permitirá al analista seleccionar de su repertorio de viejas ideas aquéllas que podrían servirle. Pero analizar datos no produce nuevas ideas (véase pág. 385). Si queremos una idea realmente nueva tendremos que ser capaces de generarla en nuestra propia mente, con creatividad, y luego compararla con los datos.

Un científico trata de entender un fenómeno. Por ejemplo: ¿por qué la población de langostas aumenta súbitamente? Se produce un problema en el sistema informático y el analista se esfuerza por descubrir qué ha sucedido. La venta de hamburguesas disminuye: ¿cuál es la explicación? Se produce un serio problema laboral por el despido de un supervisor: ¿qué está sucediendo realmente?

En muchas ocasiones, necesitamos comprender lo que sucede a fin de tomar la actitud adecuada. Buscamos información y buscamos claves, indicios. Después, elaboramos una hipótesis.

En algunos de mis estudios he señalado que el pensamiento griego clásico tuvo un efecto perjudicial sobre el pensamiento occidental, porque produjo una obsesión por la argumentación y el pensamiento crítico, junto con una orientación general negativa. Al mismo tiempo, debemos reconocer que la "hipótesis" es también un invento griego y que constituyó una valiosa contribución al pensamiento humano. Pero esto no es tan obvio como podría parecer. La tecnología china estaba muy avanzada hace unos dos mil años, pero después llegó repentinamente a su fin porque los chinos nunca desarrollaron el concepto de hipótesis. Cuando todo había sido calificado y descrito por los "académicos", no existía método posible de provocación o reflexión. Posiblemente los chinos no crearon la "hipótesis" porque nunca desarrollaron el concepto de "Dios" como un superdiseñador del mundo. Una hipótesis es sólo una reflexión tentativa respecto de lo que podría ser la verdadera naturaleza oculta del diseño.

Una hipótesis es una suposición o una especulación. Esto tiene varios méritos. Proporciona un marco de trabajo para observar la información y así se puede empezar el descubrimiento de datos inadvertidos hasta entonces. Además, la hipótesis nos proporciona algo en función de lo cual trabajar, ya que debemos probarlo o negarlo.

La creatividad desempeña un papel importante en la construcción de una hipótesis. Si no hay creatividad sólo podemos usar conceptos estándar. La ciencia ha sufrido un considerable retraso debido a la difundida creencia de que los científicos sólo tienen que ser buenos analistas, ignorando la necesidad de construir hipótesis creativas.

La parte negativa de esta cuestión se vincula también a la hipótesis. Sin una hipótesis, estamos perdidos. Pero cuando la tenemos suele suceder que nuestra mente se cierra a otras posibilidades. Sólo tenemos en cuenta los datos a través de la hipótesis. Si un detective, al abordar un caso difícil, elabora tempranamente una hipótesis tal vez después pase por alto indicios importantes, ya que sólo prestará atención a lo vinculado a su hipótesis.

Una hipótesis debe abrir nuevas posibilidades; pero con demasiada frecuencia las cierra. Un gerente de comercio con una hipótesis acerca de las razones por las que la venta de las hamburguesas disminuye se sentirá poco dispuesto a explorar la cuestión más a fondo.

La ciencia tradicional cae en la misma trampa. Supongamos que tenemos la más razonable de las hipótesis. Al principio, buscamos pruebas para corroborarla; pero una vez confirmada, tratamos de destruirla para seguir avanzando. Se supone que las hipótesis son razonables. Pero cuando tenemos una de estas hipótesis "razonables", sólo podemos mirar los datos a través de esa ventana. Por eso los cambios de paradigma suelen producirse tan lentamente. A veces, podemos acceder a los datos antes del cambio de paradigma. Pero los hemos examinado a través de la vieja hipótesis y eso los ha esterilizado. Por eso es conveniente tener varias hipótesis —aunque algunas puedan parecer insensatas—, a fin de considerar los datos de diferentes maneras.

Para generar estas hipótesis paralelas y alternativas también es necesaria la creatividad. Hay necesidad de reflexionar mucho, de conjeturar y de crear hipótesis.

El análisis de mercado

Al menos dentro de su país, los japoneses no creen demasiado en el análisis de mercado. Piensan, más bien, que la mejor prueba para los nuevos productos es la opinión de los consumidores. Por lo tanto, acostumbran a poner en el mercado una gran cantidad de productos nuevos y observar cuál se impone. Esta filosofía requiere capacidad para absorber el fracaso de varios productos sin riesgos financieros.

En Occidente, impera un estado de cosas totalmente diferente. El costo real y el costo de reputación de un fracaso resultan tan altos que una firma debe estar convencida de que un producto tendrá éxito antes de lanzarlo al mercado. Por lo tanto, se depende mucho de la investigación de mercado. Esta investigación aporta las razones "lógicas" para la acción y para prever la situación que se producirá si el producto fracasa.

El análisis de mercado indica que los hombres beben whisky y otras bebidas fuertes. Por lo tanto, no vale la pena gastar dinero en publicidad de estos productos en revistas femeninas. El análisis de mercado nos informa de "lo que es", pero no de "lo que podría ser". Tal vez, una campaña publicitaria dirigida a aumentar el consumo de whisky entre las mujeres lograría producir nuevos consumidores. Pero en todo caso, las mujeres efectúan la mayor parte de las compras de bebidas para la casa, de modo que incluso sobre esa base habría razones más que suficientes para hacer publicidad de marcas de whisky en revistas femeninas.

Los planificadores del transporte terrestre recomiendan abrir nuevas rutas para satisfacer la demanda existente. Pero tan pronto se inauguran, esas nuevas alternativas quedan también congestionadas, porque su existencia misma atrae un cierto volumen de tráfico. El peligro del análisis de mercado consiste en que es estático y no refleja ni los circuitos de interacción ni las diferentes posibilidades.

De todo lo expuesto se desprende que hay una gran necesidad de creatividad para interpretar los datos y examinar las posibilidades. ¿De qué otro modo podríamos analizar este tema? ¿Qué explicaciones diferentes podría haber en este punto? Quizás aquí esté sucediendo otra cosa. ¿Qué podría ocurrir?

El futuro

Tal vez podamos obtener datos completos acerca del pasado; pero es sin duda imposible obtenerlos sobre el futuro. ¿De dónde sacamos entonces nuestra visión del futuro?

Podemos extrapolar las tendencias actuales; prolongar los ciclos del momento; prever ciertas convergencias que podrían producir efectos nuevos. Podríamos hacer conjeturas basándonos en información fiable y luego tratar de perfeccionarlas aplicando diversas técnicas de manual. Todas estas posibilidades de acción resultan valiosas, pero todas dependen de un análisis del presente. Pero, ¿qué podemos decir de las discontinuidades? ¿Qué sucederá si el futuro no es una prolongación del presente?

Para proponer ciertas posibilidades futuras necesitamos usar la creatividad deliberada. No hay manera alguna de probar que estas "posibilidades" sucederán; pero conocerlas enriquece nuestra gama de conceptos futuros. Además, la planificación y la toma de decisiones que se basen en estos conceptos enriquecidos serán más flexibles. No se debe cometer el error de elevar las posibilidades a la categoría de certezas, sino otorgarles pleno valor como posibilidades.

En las grandes ciudades la congestión del tráfico es cada vez mayor y el tiempo de desplazamiento aumenta. La gente quiere irse a vivir al campo para disfrutar de una mejor calidad de vida.

La tecnología electrónica permite que las personas trabajen en el hogar. ¿Qué indica esto? La respuesta más evidente es trabajar desde casa, al menos en las industrias del conocimiento. ¿Pero cuáles son las otras posibilidades? En este punto entra en juego la creatividad como generadora. Tal vez haya centros de trabajo en la vecindad. Usted camina hasta el centro y allí tiene su equipo electrónico. Cada persona, en ese núcleo, trabaja para una organización diferente. El centro proporciona un lugar de trabajo fuera del hogar y todos los aspectos sociales de "ir a la oficina". En Estados Unidos, un porcentaje muy elevado de la gente joven conoce a sus futuros cónyuges en el lugar de trabajo. Otra alternativa sería que hubiera "albergues" en la ciudad, donde las personas vivieran durante dos semanas, por ejemplo, de trabajo intenso, para después trabajar una semana en su propia casa. Otra idea sería instalar minioficinas en las viviendas particulares y alquilarlas a pequeños grupos de personas.

Los renovadores de conceptos

Los hermanos Wright fueron los primeros que hicieron volar una máquina más pesada que el aire; pudieron hacerlo porque cambiaron el concepto imperante hasta entonces. Mientras todos los demás trataban de construir una máquina voladora "estable", los hermanos Wright se propusieron ocuparse de las máquinas "inestables". Este fue el concepto que les guió. Por medio de la experimentación descubrieron que podían variar la fuerza de sustentación de las alas retorciéndolas o deformándolas. Esto les permitió establecer ciertos "controles" y por eso fueron los primeros que volaron.

A veces nos dedicamos a analizar los datos que tenemos para revelar las tendencias y descubrir lo que está sucediendo. Pero otras veces desarrollamos en nuestra mente un concepto firme y luego buscamos los datos adecuados para desarrollarlo y controlarlo. En este caso, el concepto surge antes que los datos, aunque pueda habernos sido sugerido por una información previa.

Sería absurdo afirmar que todos los conceptos son el resultado de la creatividad. No obstante, por norma general, en la elaboración de cualquier concepto hay un fuerte elemento creativo. En el ejemplo de la firma Benetton, que expusimos antes, el concepto guía fue la "flexibilidad". Los que se sientan a esperar que el análisis de la información les indique lo que deben hacer serán totalmente sobrepasados por los renovadores de ideas.

La creación de un concepto nuevo abre una ventana a través de la cual podemos observar el mundo que nos rodea y obtener información útil. Nos indica hacia dónde mirar y qué buscar. Sin ese concepto para concentrar nuestra atención y para seleccionar la información, jamás encontraríamos evidencia para fundamentar su valor. Este es el uso "activo" de la información, muy diferente del uso normal o "pasivo".

Los ingredientes

Mientras más información poseamos, mejor será nuestro pensamiento creativo. Si disponemos de más elementos para trabajar, el resultado de nuestro trabajo será más valioso. Si un artista tiene más colores en su paleta, conseguirá una pintura más rica. De ello se deduce que mientras más información tenga la "persona creadora", mejores serán los resultados de su creatividad. Lamentablemente, no es así.

Es absolutamente cierto que resulta conveniente disponer de una gran cantidad de información. Si sabemos, por ejemplo, que a cierta temperatura determinados metales volverán a asumir cierta forma, podremos usar este fenómeno para inventar útiles dispositivos de control. Si sabemos que existe un método excelente para purificar el agua, podremos ser más creativos en el tema de la recolección y procesamiento de residuos.

El problema es que la información rara vez nos llega como información pura. Por lo general, la recibimos mezclada con conceptos y percepciones. Cuando la persona creativa asume estos conceptos y percepciones previos, se ve obligada a pensar en la misma línea. Trataré de nuevo este punto al considerar el valor de la "inocencia" como fuente de ideas nuevas.

La recopilación de información

La creatividad desempeña un papel importante incluso en la recopilación de información. En una encuesta, la redacción del cuestionario requiere gran creatividad. Cuando sabemos qué información queremos tener, necesitamos creatividad para imaginar cómo obtenerla y cómo conseguirla de la manera más barata y más exacta posible.

Los investigadores de mercado están siempre buscando mejores maneras de conseguir información. Aquí la creatividad tiene un campo de acción amplio. Por lo general resulta caro obtener y proporcionar información a la gente. En consecuencia, es menester hacer un esfuerzo creativo para descubrir el modo más barato de conseguir ambas cosas.

"¿Sabemos algo acerca de...?"

"¿Qué pasaría si...?"

"¿Qué impresión produciría...?"

Siempre se necesita idear mejores maneras de recoger información. Algunas de esas maneras surgirán del pensamiento creativo enfocado hacia la recolección de datos.

Ideas erróneas acerca de la creatividad

En varios pasajes de este libro he comentado algunas de las ideas sobre la creatividad. Y más adelante volveré a hacerlo. Pienso, sin embargo, que sería conveniente reunir esas observaciones. Por eso me repito, pero la repetición suele ser útil. Evidentemente, las ideas que aquí expongo son opiniones personales basadas en muchos años de experiencia en el campo del pensamiento creativo y su enseñanza técnica.

1. La creatividad es un talento natural y no puede ser enseñada

Este falso concepto es en realidad muy conveniente, porque nos libera de la necesidad de fomentar la creatividad. Si se trata de una condición natural, no tiene sentido el esfuerzo para cultivarla o mejorarla.

Por lo general, para fundamentar este razonamiento se ejemplifica con casos extremos de creatividad, como Mozart, Einstein o Miguel Angel. Es más o menos lo mismo que decir que no se puede enseñar matemáticas porque los genios matemáticos como Poincaré no pueden ser producidos a voluntad. Sin embargo, recordemos que no dejamos de enseñarle piano o violín a una persona porque no podemos garantizar que será un Liszt o un Paderewski. ¿Acaso se consigue un Bjorn Borg o una Martina Navratilova de cada alumno o alumna de tenis?

Hay muchos niveles de destreza en las matemáticas, el piano, el violín o el tenis, incluso si la persona no es un genio.

Imaginemos una hilera de personas que se preparan para participar en una carrera. Se da la señal de salida y empieza. Alguien llega el primero y alguien llega el último. La actuación habrá dependido de la natural capacidad personal. Supongamos ahora que alguien inventa los "patines" y entrena a todos los corredores en el uso del dispositivo. Se celebra de nuevo la carrera. Todos van más rápido que antes. Pero también en las nuevas condiciones alguien llega el primero y alguien llega el último.

Evidentemente, si no fomentamos la creatividad, la capacidad creativa dependerá en un todo del talento "natural". Pero si proporcionamos entrenamiento, estructuras y técnicas sistemáticas, podremos superar el nivel general. Algunas personas serán mejores que otras, desde luego, pero todas habrán adquirido cierta capacidad creativa. No se contradicen el "talento" y el "entrenamiento": cualquier entrenador de atletismo, cualquier maestro de música pueden corroborarlo.

El hecho de que algunos individuos sean naturalmente creativos no significa que no puedan serlo aún más si se someten a cierto entrenamiento y aplican determinadas técnicas. Y tampoco supone que otras personas no puedan llegar a ser creativas.

Cuando empecé a escribir sobre la creatividad, estaba preparado para que la gente verdaderamente creativa dijera que no necesitaba nada en ese terreno. Sucedió exactamente lo contrario. Muchas personas creativas famosas se pusieron en contacto conmigo para comentarme que algunas técnicas les habían sido sumamente útiles.

En este momento, después de cierto tiempo, existe ya una rica experiencia que demuestra que es posible desarrollar poderosas ideas utilizando las técnicas del pensamiento lateral. También resulta evidente que el entrenamiento en el pensamiento creativo puede dar resultados sorprendentes.

En el terreno de lo experimental es bastante fácil mostrar que incluso una técnica tan simple como la técnica de la palabra al azar conlleva inmediatamente la generación de más ideas; ideas diferentes de las que se habían presentado antes.

En mi opinión, aprender pensamiento creativo no difiere de aprender matemáticas o algún deporte. En estos casos no nos quedamos sentados y decimos que el talento natural es suficiente y no se puede mejorar. Sabemos que podemos entrenar a las personas para que alcancen cierto nivel de competencia. Sabemos que el talento natural, si existe, se verá favorecido por el entrenamiento y las técnicas.

Creo que, sobre todo en esta época, la idea de que la creatividad no puede aprenderse es indefendible.

Quizá no se pueda entrenar a un genio; pero hay una enorme energía creativa que se despliega sin necesidad de genialidad.

2. *La creatividad proviene de los rebeldes*

En la escuela, los jóvenes más inteligentes suelen ser conformistas. Aprenden rápidamente las reglas del juego: cómo complacer a los profesores, cómo aprobar los exámenes con el mínimo esfuerzo posible, cómo copiar cuando es necesario. Así se aseguran una existencia tranquila que les permite dedicarse a lo que realmente les interesa. Otros jóvenes, en cambio, son rebeldes. Estos, por razones de temperamento o por un deseo de hacerse ver, no quieren aceptar las reglas del juego.

En función de esta caracterización, sería natural dar por sentado que más adelante la creatividad se manifestará en los rebeldes. Los conformistas están muy ocupados aprendiendo las reglas del juego, aplicándolas, adaptándose. Los rebeldes, por el contrario, están destinados a desafiar los conceptos existentes y a buscar nuevos modos de acción. Tienen el coraje, la energía y los puntos de vista diferentes.

Esta es nuestra visión tradicional de la creatividad. Pero está cambiando.

Cuando empezamos a entender la naturaleza de la creatividad (o al menos, del pensamiento lateral) podemos explicar las reglas de este "juego". Y cuando la sociedad decide que vale la pena jugarlo, es muy probable que los "conformistas" quieran participar. Entonces, se dedican a aprender el juego de la creatividad. Como les gusta aprender juegos y participar, muy pronto los conformistas llegan a ser más creativos que los rebeldes, que no están dispuestos a aprender ni a jugar juego alguno.

Entonces asistimos a la extraña paradoja de que los conformistas sean más creativos que los rebeldes. Creo que esto ya está empezando a suceder.

Por este motivo mi expectativa es que la creatividad constructiva aumentará. Muchas veces el rebelde accede a la creatividad combatiendo las ideas imperantes y marchando contra la corriente. El rebelde alcanza su punto más alto de expresión cuando se pone "en contra" de algo. Pero la creatividad de los conformistas (que juegan el juego creativo) no necesita estar "en contra" de nada; por lo tanto, puede ser más constructiva e incluso puede apoyarse en las ideas existentes.

De modo que la creatividad no es propiedad exclusiva de los rebeldes, sino que puede ser adquirida aun por aquellas personas que siempre se han considerado conformistas.

Japón, por ejemplo, ha producido mucha gente altamente creativa, pero en general la cultura japonesa está orientada más bien hacia el comportamiento en grupo que hacia la excentricidad individual. La cultura japonesa tradicional no ha asignado gran valor a la creatividad individual (a diferencia de lo que ocurrió en Occidente). En la construcción de una hermosa columna no se necesita ver la contribución individual en cada uno de los bloques que la forman.

Pero están cambiando. Ahora, los japoneses saben que la creatividad es fundamental para mantener su progreso económico. Se han dado cuenta de que el juego de la creatividad es importante y han decidido aprenderlo. Según mi experiencia en la enseñanza de la creatividad en Japón, me atrevería a decir que llegarán a ser muy buenos en este nuevo "juego". Así como aprendieron el juego de la "calidad", aprenderán el de la creatividad y lo jugarán bien.

Occidente puede quedar atrás si los responsables de la educación siguen pensando que no se puede enseñar creatividad y que el pensamiento crítico es suficiente para todo.

3. Hemisferio derecho/hemisferio izquierdo

La geografía simple de la distinción entre hemisferio cerebral derecho y hemisferio cerebral izquierdo ha otorgado atractivo a esta distinción, hasta tal punto que ahora existe una especie de racismo hemisférico.

"Tiene demasiado desarrollado el hemisferio izquierdo."

"Necesitamos una persona de hemisferio derecho."

"Contratamos a esta muchacha para proporcionar algo de hemisferio derecho al problema."

Si bien la diferenciación entre "hemisferio izquierdo" y "hemisferio derecho" tiene cierto valor porque indica que no todo el pensamiento es lineal y simbólico, se ha exagerado mucho la importancia de esta cuestión, hasta convertirla en algo peligroso y potencialmente perjudicial para la causa de la creatividad.

En una persona diestra, el hemisferio izquierdo es la parte "educada", rige el lenguaje, los símbolos y la percepción de las cosas tal como sabemos que deben ser percibidas. El hemisferio derecho, en cambio, es el "inocente", el inculto que no ha aprendido nada. Así, en la música, la pintura y otras artes, el hemisferio derecho lo percibirá con un ojo inocente. Una persona puede dibujar algo tal como realmente se presenta a su mirada, no como cree que debe ser.

Al parecer, el hemisferio derecho permitiría acceder a una visión holística, en vez de construir las cosas paso a paso.

Todas estas ideas tienen cierto valor, pero cuando nos acercamos a la creatividad envueltos en conceptos variables y percepciones lo único que podemos hacer es usar también el hemisferio izquierdo, puesto que es allí donde se forman y se almacenan los conceptos y las percepciones. Es posible ver qué partes del cerebro están trabajando en determinado momento, haciendo una PET (Positive Emission Tomography [Tomografía de emisión positiva]). La actividad cerebral se registra en una película, en forma de pequeños destellos de radiación. Y tal como sería de esperar, cuando una persona está entregada al pensamiento creativo se observa que su hemisferio cerebral izquierdo y su hemisferio cerebral derecho están en actividad al mismo tiempo.

Por lo tanto, aunque la diferenciación entre hemisferio izquierdo y hemisferio derecho tiene sus méritos y cierto valor de inocencia en algunas actividades (la música, el dibujo), el concepto básico resulta engañoso cuando se trata de pensamiento creativo. Engañoso porque sugiere que la creatividad sólo tiene lugar en el cerebro derecho. También porque sugiere que para ser creativos lo único que tenemos que hacer es abandonar el comportamiento del hemisferio izquierdo y usar sólo el hemisferio derecho.

4. El arte, los artistas y la creatividad

Ya me he referido a la confusión que causa el uso demasiado amplio de la palabra "creatividad". La creatividad resulta muy evidente en la obra de los artistas, así que damos por sentado que creatividad y arte son sinónimos. Como consecuencia de esta confusión, creemos que para enseñar creatividad debemos educar para comportarse como los artistas. Además, creemos que los artistas son las personas más indicadas para el cargo de educadores.

En este libro me he dedicado al análisis de la creatividad implícita en el cambio de conceptos y percepciones. Por este motivo, a veces prefiero utilizar una expresión mucho más específica: "pensamiento lateral". Según el significado que otorgo a la palabra "creativo", no todos los artistas merecen este calificativo. Muchos son poderosos estilistas, poseedores de una valiosa singularidad de percepción y expresión. Tanto, que algunos quedan atrapados en su estilo, porque eso es lo que el público espera de ellos. Si contratamos a I. M. Pei, el arquitecto, para diseñar un edificio, esperamos ver un edificio de su estilo, de I. M. Pei. Del mismo modo, siempre esperamos que una obra de Andy Warhol tenga toda la apariencia de una obra de Andy Warhol.

Los artistas, como los niños, pueden ser ingenuos y originales y también muy rígidos, todo al mismo tiempo. En ellos no siempre existe la flexibilidad que forma parte del pensamiento creativo.

Por otra parte, los artistas son mucho más analíticos de lo que la gente supone; y se preocupan muchísimo por la tecnología en su trabajo.

Es cierto que por lo general se esfuerzan por lograr algo "nuevo", algo que no sea una mera repetición. Y en cierto modo están dispuestos a jugar con diferentes conceptos y percepciones, a permitir que el resultado final justifique el proceso que les llevó hasta allí, en vez de proceder según una secuencia de pasos pensados de antemano. Todas estas características de los artistas son también aspectos importantes del estado creativo en general. Pero a algunos les consideraría creativos incluso en el sentido en que yo utilizo el término, y a otros no les consideraría creativos.

En este caso, el concepto erróneo consiste en pensar que la creatividad está vinculada al arte y que, por lo tanto, los artistas son las personas más idóneas para enseñarla.

La segunda parte de este falso concepto es que un artista (o un individuo creativo) es la persona más indicada para enseñar creatividad. Sin embargo, el piloto de automóviles que gana el gran premio no es necesariamente el mejor organizador de carreras ni el mejor instructor de conducción. Mucha gente supone que, por una especie de ósmosis, las actitudes del artista le serán transmitidas al estudiante, que también será creativo. Estoy seguro de que la enseñanza esconde algo de esto, pero ese algo tiene un efecto bastante débil, porque el proceso de ósmosis resulta ineficaz como método didáctico.

Algunos artistas no sólo son creativos sino que también son buenos maestros de creatividad. Se trata de personas creativas y buenos maestros de creatividad: además, da la casualidad de que son artistas.

No estoy convencido de que los artistas tengan ningún mérito especial en la enseñanza de la creatividad relacionado con el cambio de conceptos y percepciones.

La confusión entre "creatividad" y "arte" es un problema de lenguaje que puede perjudicar mucho.

5. *La liberación*

Ya me he referido a este punto, pero insistiré en él porque lo considero importante. En Estados Unidos, gran parte del llamado "entrenamiento" en creatividad está dirigido a "liberar" a las personas, a "soltar" su innato potencial de creatividad.

Añado de inmediato que estoy completamente de acuerdo con que la supresión de las inhibiciones, el miedo a equivocarse o a hacer el ridículo, tiene un valor limitado. Es indudable que uno conseguirá ser más creativo si se siente en libertad de jugar con ideas desconocidas y de expresar pensamientos nuevos. Difícilmente podría estar a favor de la inhibición.

El sistema basado en el "juicio" es una parte importante de nuestra educación, porque consiste en la idea de que existe "una sola respuesta correcta" y que quien la tiene es el maestro. Por lo tanto, todo esfuerzo para sacar a la gente de este molde merece la pena.

Pero precisamente el peligro reside en que esta "liberación" tiene sólo un valor limitado. Existe la creencia de que lo único que hay que hacer es liberarse. Algunos directivos de empresas han pensado que si contratan a alguien para que "libere" a su personal, la capacidad creativa se desarrollará por sí misma. Del mismo modo, algunos "instructores" de creatividad creen que el entrenamiento creativo se limita a indicar una serie de ejercicios para que la gente se sienta desinhibida y empiece a expresar todo lo que le pasa por la cabeza.

Como ya he dicho, el cerebro no está diseñado para ser creativo. La excelencia del cerebro humano reside en su diseño para formar pautas a partir de los datos del mundo exterior y después ceñirse a ellas. Así trabaja la percepción, y la vida sería totalmente imposible si el cerebro trabajara de otro modo. Su objetivo es permitirnos sobrevivir y responder al entorno. Su misión no consiste en ser creativo. El cerebro no está diseñado para contradecir las pautas establecidas.

Las inhibiciones nos deprimen por debajo de nuestro nivel "normal" de creatividad, como indica la figura 1.12. Si eliminamos esas inhibiciones, volvemos a nuestro nivel "normal" de creatividad. Pero para ser operativos tenemos que hacer ciertas cosas "no naturales"; entre ellas se cuentan los procesos formales de provocación, que examinaremos más adelante.

Es cierto que algunas personas son creativas y que, de vez en cuando, surgen ideas nuevas. ¿Significa esto que la creatividad es una actividad natural del cerebro? De ninguna manera una idea

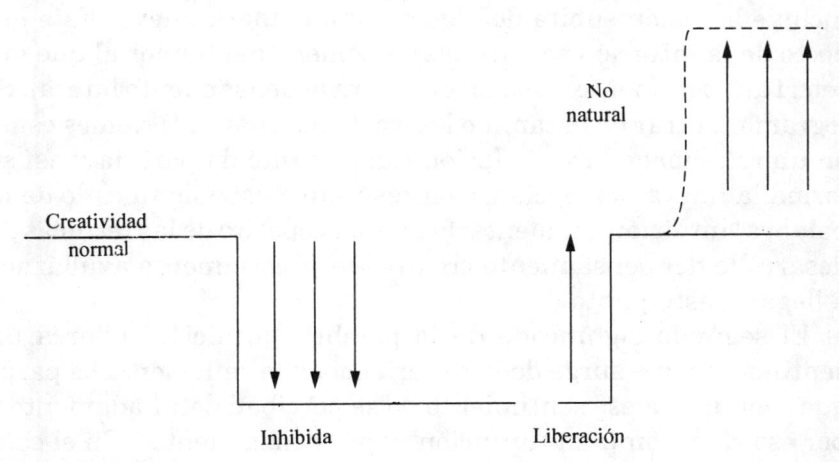

Figura 1.12

es deducible de la otra. Las ideas nuevas pueden ser producidas por una inusual combinación de hechos. O tal vez, por una provocación casual, originada en la naturaleza (una especie de técnica natural de la "palabra al azar"). Además, pensemos que enfermamos de vez en cuando pero eso no significa que sea "natural" estar enfermo. De modo que el hecho de que algunas personas tengan ideas y de que esas ideas se produzcan no significa que ésta sea una función natural del cerebro. Si fuera una función natural, esperaría que la creatividad natural diera productos mucho más elevados.

Si lo observamos todo exclusivamente desde el punto de vista del comportamiento de los sistemas de información, resulta muy difícil entender que un sistema de "memoria" pueda ser creativo, excepto por error.

6. *La intuición*

Muchas veces me han preguntado qué papel desempeña la intuición en el pensamiento creativo. En inglés, la palabra "intuición" tiene dos significados perfectamente diferenciables. Uno incluye la visión súbita de algo de una manera nueva. Este aspecto de la intuición se parece al fenómeno del humor al que me referí anteriormente como modelo para el pensamiento lateral. Si logramos entrar en el camino lateral (véase pág. 44), vemos como en un relámpago la vinculación con el punto de partida y así se forma la nueva percepción. Con respecto a este significado de la palabra "intuición", comentaría que el propósito de las técnicas de desarrollo del pensamiento creativo es precisamente ayudarnos a llegar a este punto de vista.

El segundo significado de la palabra "intuición" abarca un sentimiento que surge de la experiencia y la reflexión. Los pasos que conducen a ese sentimiento no se perciben detalladamente y por eso se denominan "intuición" y no "pensamiento". En el caso de la experiencia previa podemos descubrir que tenemos una "corazonada" sobre determinado asunto. En el caso de la reflexión corriente, introducimos los factores y después dejamos que la "intuición" trabaje sobre ellos para producir un resultado. Irse a dormir pensando en un problema es un ejemplo de este trabajo inconsciente de la "intuición".

La cuestión consiste en dilucidar si es realmente posible que cierto tipo de trabajo mental productivo se produzca fuera de nuestra conciencia. Aunque no sea así, puede haber una especie de reorganización de la información que introducimos en la mente, sin esfuerzo consciente, para producir un resultado.

A nivel teórico, es preferible dejar la cuestión abierta como un interrogante. Sospecho que, una vez que hemos introducido contextos en la mente, se produce cierta reorganización inconsciente de la información y la experiencia. Esto no sería sorprendente en absoluto en un sistema de utilización de pautas, que tiende a los cambios de perspectiva. Si introducimos una pauta en un punto ligeramente diferente, podemos desviarnos hacia una dirección totalmente distinta (como cruzar la línea divisoria de las aguas entre los cauces de dos ríos).

Lo más importante es el nivel práctico. Resulta peligroso suponer que "todo sucede" en la intuición y que por lo tanto no necesitamos ni podemos hacer nada en ese terreno. Es como aceptar la existencia de una caja negra en la mente y renunciar a todo esfuerzo consciente, limitándonos a esperar que la intuición cumpla su trabajo correctamente cada vez que se lo pedimos. Es innecesario aclarar que me opongo absolutamente a semejante abdicación.

Creo que la intuición desempeña un importante papel en las etapas finales de los procesos sistemáticos del pensamiento lateral. Opino que, de vez en cuando, la intuición puede aportar algo valioso sin intervención de ninguna técnica creativa. Pero también creo que estas aportaciones de la intuición son un regalo. Si nos sirve, debemos agradecerlo. Y si no se produce, debemos seguir con nuestros esfuerzos creativos deliberados.

7. La necesidad de "locura"

Ya he mencionado que el aspecto "alocado" de la creatividad, que algunos tanto elogian, tiende a desacreditar el pensamiento creativo y a presentarlo como algo poco serio.

Resulta fácil fomentar la locura, porque parece tan diferente del pensamiento normal que incluso puede resultar divertida. Los individuos sienten que sus inhibiciones desaparecen a medida que se esfuerzan por ser los más "locos" del grupo.

Desde luego, la creatividad no consiste en darle vueltas a las ideas existentes, de modo que al principio las nuevas suelen parecer alocadas. Por eso resulta fácil llegar a la conclusión errónea de que el pensamiento creativo se basa en la locura.

Una de las técnicas propias del pensamiento lateral es la provocación. Se necesita presentar una provocación que no existe y que quizá no podría existir en la experiencia. El objetivo de esta técnica consiste en apartarnos de la pauta de percepción normal y colocar nuestra mente en una situación inestable, desde la cual podamos avanzar hacia una nueva idea. Este proceso es deliberado, sistemático y se basa lógicamente en el comportamiento de los sistemas de construcción de pautas asimétricas. Hay maneras formales de presentar estas provocaciones: la palabra "po", para indicar que se trata de una provocación; y otras para que esta provocación produzca "movilización". Esto es muy diferente de tener una idea alocada simplemente por el placer de tenerla.

Explicarles a los estudiantes la necesidad lógica de la provocación y las diferentes maneras de trabajar con ellas difiere absolutamente de dar la impresión de que la locura es un fin en sí misma y un elemento fundamental del pensamiento creativo. Como sucede con otros aspectos ya citados, algunos maestros de creatividad hacen hincapié en este punto, la "locura", y la enseñan como si fuera la esencia misma de todo el proceso. Esto transmite una impresión falsa y desalienta a las personas que quieren usar la creatividad seriamente.

8. El éxito frívolo

El proceso tradicional de provocar una "tormenta de ideas" suele dar la impresión de que la creatividad deliberada consiste en emitir una ráfaga de ideas descabelladas, con la esperanza de que alguno de los proyectiles acierte en un blanco útil. Posiblemente, en el mundo de la publicidad, para el que se diseñó la técnica de la "tormenta de ideas" —o movilización mental—, este método produzca de vez en cuando algo útil, porque lo que se busca es la novedad. Pero en casi todos los otros ámbitos, el procedimiento de la ráfaga disparada en cualquier dirección no tiene más sentido que poner mil monos a teclear en otras tantas máquinas de escribir, con la esperanza de que alguno de ellos produzca una obra digna de Shakespeare.

Si la creatividad deliberada fuese algo así como disparar con un arma en todas direcciones, creo que no me interesaría por el tema.

Lo que realmente sucede con la creatividad es totalmente diferente. En primer lugar, están los surcos principales de la percepción (véase pág. 38) que, como los cauces de los ríos, recogen toda la información de los alrededores. Todo fluye dentro de estos "cauces" existentes. Si pudiéramos salir del surco o del área de captación de las aguas, tendríamos grandes posibilidades de desplazarnos hacia otra área de captación. Lejos de ser un procedimiento frívolo, como el de los disparos gratuitos, esta actividad se parece más bien a la acción de abandonar nuestro restaurante habitual, situado en una calle llena de restaurantes, a fin de conocer lugares nuevos.

Muchas ideas nuevas esperan ser utilizadas; pero para encontrarlas tenemos que salir de la secuencia usual de pautas que la experiencia nos ha impuesto. Existe una razonable posibilidad de que tales ideas existan; y existe también una razonable posibilidad de que las encontremos, si logramos escapar de nuestro pensamiento habitual.

Por supuesto, la dificultad estriba en que toda idea creativa valiosa será perfectamente lógica —e incluso obvia— considerada a posteriori, de modo que el receptor de la nueva idea afirmará que con sólo un poco de pensamiento lógico se hubiera llegado al mismo resultado, sin necesidad de "armar tanto alboroto".

9. La creatividad de saltos grandes y de saltos pequeños

Se dice que la creatividad occidental está obsesionada con el gran salto conceptual que establece un nuevo paradigma, mientras que la creatividad japonesa se conforma con una sucesión de modificaciones provocadas por saltos pequeños que producen nuevos productos sin ningún cambio repentino de conceptos. ¿Cuál de las dos es mejor?

La creatividad de saltos pequeños tiene un indudable valor y, en cierta medida, Occidente lo ha ignorado debido a su obsesiva preferencia por las ideas nuevas y "grandiosas", que son más satisfactorias e impresionan más. La preocupación occidental por la creatividad "genial" ha obligado a que a veces se apartase la creatividad "práctica". Con frecuencia los saltos pequeños asumen la forma de modificaciones, mejoras y combinaciones. El valor total de una idea nueva depende de una cierta dosis de creatividad de saltos pequeños que obtenga el máximo provecho posible de la innovación.

Al mismo tiempo, debemos aclarar que una sucesión de saltos pequeños no equivale a un salto grande. Por lo general, un salto grande es un cambio de paradigma, o de concepto nuevo. Como puede implicar una reorganización total de los conceptos previos, es poco probable que se produzca a partir de la acumulación de pequeños saltos.

La creatividad de saltos pequeños es tan necesaria como la de saltos grandes. Es una cuestión de equilibrio. Tal vez hay que poner cierto énfasis en la creatividad de saltos pequeños para conseguir que la creatividad sea aceptada como un elemento necesario del pensamiento de todos los integrantes de una organización. Si creemos que la creatividad es sólo la "creatividad del gran salto", entonces llegaremos a la conclusión de que sólo es adecuada para los investigadores científicos o para los estrategas de grandes corporaciones.

10. Pensamiento creativo individual o de grupo

Trataré de nuevo este punto en la sección "Aplicación" del libro.

Como la movilización mental se ha considerado como el procedimiento tradicional para generar el pensamiento creativo deliberado, se ha difundido la idea de que el pensamiento creativo debe ser un proceso de grupo. Después de todo, se dice que si uno se sienta solo a pensar, ¿qué puede hacer? ¿Esperar la inspiración? La idea originaria fundamental de la movilización mental consistía en que los comentarios de las otras personas estimularían nuestras propias ideas, en una especie de reacción en cadena de ideas. Por lo tanto, el factor grupo es una parte esencial del proceso.

Sin embargo, para el pensamiento creativo deliberado, los grupos no son necesarios. Todas las técnicas que se exponen en este libro las puede usar una persona sola. Tampoco es necesario que haya un grupo cerca. Las técnicas formales de provocación (y "po") permiten que un individuo genere ideas estimulantes y provocativas para sí mismo. No necesita apoyarse en otras personas para que le proporcionen estímulo.

Según mi experiencia, los individuos que trabajan solos producen más ideas que los que trabajan en grupo. En un grupo se tiene que escuchar a los demás y también se pierde tiempo repitiendo las ideas propias con el propósito de captar la atención del conjunto. Muchas veces el grupo toma una dirección conjunta, mientras que los individuos aislados pueden seguir direcciones diversas.

Los aspectos sociales del trabajo en grupo, evidentemente, tienen cierto valor. Además, trabajar creativamente uno solo requiere una gran disciplina. Recomiendo una mezcla de trabajo individual y en grupo, como explicaré en la sección "Aplicación".

Creo que el trabajo individual es mucho mejor para generar ideas y nuevas orientaciones. Una vez generadas, un grupo puede resultar muy eficaz para desarrollarlas y llevarlas por rumbos que el creador no había imaginado.

Lo que quiero señalar aquí es que la creatividad deliberada no tiene que ser necesariamente un proceso de grupo, como muchos creen.

11. Inteligencia y creatividad

Getzels y Jackson, en un estudio ya clásico, afirmaron que hasta un CI de 120, creatividad y CI van juntos, pero después se separan. Con respecto a esta cuestión, es necesario que nos formulemos algunas preguntas acerca de los métodos empleados para medir la inteligencia y la creatividad y también sobre las expectativas de las personas involucradas.

Es muy frecuente que las personas con CI alto no hayan sido estimuladas para reflexionar o conjeturar, y también que se les haya inducido a no exponer ideas frívolas. Este tipo de formación puede afectar gravemente el resultado de cualquier comparación. A veces, la persona inteligente se da cuenta de que una idea es absurda y no la propone. La persona menos inteligente, en cambio, puede no ser lo suficientemente lista como para percibir que esa idea no puede funcionar; entonces la propone y recibe el crédito correspondiente por haber aportado una idea más.

La cuestión práctica consiste en saber si para ser creativo uno tiene que ser superinteligente, o si ser superinteligente supone más bien una desventaja para la creatividad.

Creo que la inteligencia es el motor de la mente. Su potencia puede estar determinada por cierta cinética de las enzimas, que permite tener reacciones mentales más rápidas y, por lo tanto, una mayor velocidad de observación. Esta potencia se asemeja a los HP de un automóvil. Pero el desempeño del coche depende del conductor. Un automóvil poderoso puede ser mal conducido y otro más modesto puede ser bien conducido. Del mismo modo, una persona "inteligente" puede ser un mal pensador, si no ha adquirido las técnicas necesarias para pensar bien. Y una persona menos inteligente puede tener mejores habilidades de pensamiento.

Las técnicas del pensamiento creativo forman parte de las técnicas o destrezas del pensamiento, pero deben aprenderse directamente, como técnicas concretas. Una persona inteligente que no ha aprendido las técnicas del pensamiento creativo puede resultar menos creativa que otra, no tan inteligente, sobre todo si las técnicas de pensamiento en las que fue educada actúan en contra del comportamiento creativo (como he señalado anteriormente). Pero si la persona inteligente aprende las técnicas del pensamiento creativo, es muy probable que llegue a ser un buen pensador creativo.

Todo depende de los hábitos, la formación y las expectativas de cada individuo.

No creo que el hecho de ser muy inteligente le impida a alguien ser creativo, si realmente se ha esforzado para aprender los métodos de la creatividad.

Por encima de cierto nivel de inteligencia, nadie necesita una inteligencia excepcional para ser creativo.

Las fuentes de creatividad

En esta sección analizaré algunas fuentes de creatividad, entre ellas las más tradicionales. Estas reflexiones servirán para tener una perspectiva de las técnicas sistemáticas del pensamiento lateral y también para destacar algunos aspectos prácticos del pensamiento creativo.

La inocencia

La creatividad como consecuencia de la inocencia es la creatividad clásica de los niños. Si uno no conoce el procedimiento habitual, la solución usual, los conceptos corrientes, posiblemente producirá una idea nueva. Por otra parte, si uno no está inhibido por el conocimiento de las restricciones, se siente mucho más libre para sugerir un enfoque novedoso de cualquier cuestión.

Cuando los hermanos Montgolfier remontaron el primer globo de aire caliente, la noticia del emocionante evento llegó a oídos del rey de Francia. El rey consideró inmediatamente el aspecto militar de la cuestión. Entonces convocó a su mejor científico oficial, M. Charles, y le encomendó que produjera un globo de similares características. El notable hombre de ciencia se devanó los sesos. "¿Cómo pudieron elevar semejante armatoste?", pensaba. Después de cierto tiempo de reflexión, se levantó de un salto y gritó el equivalente francés de la palabra "Eureka". "Deben de haber usado ese gas nuevo, el hidrógeno, que es más ligero que el aire", declaró. Entonces procedió a inventar el globo de hidrógeno, un tipo totalmente diferente de aerostato.

Hace muchos años, en el sur de Suecia, Gunnar Wessman, por entonces director ejecutivo de la Perstorp Corporation, reunió a un grupo de estudiantes de secundaria. Les enseñó algunas técnicas de pensamiento lateral. Después, varias personalidades de la industria y el gobierno se trasladaron a esa localidad para entrevistarse con los jóvenes y plantearles problemas. Uno de los problemas era lo difícil que resultaba motivar a los trabajadores para que aceptaran trabajar durante el fin de semana, en turnos rotativos, en una fábrica que debía funcionar constantemente. Los jóvenes, en su inocencia, sugirieron que quizás, en vez de motivar a los trabajadores fijos, convendría contratar a otros obreros para que trabajaran sólo los sábados y los domingos. Se realizó una prueba y el número de aspirantes a los nuevos empleos de fin de semana fue tan elevado que excedió las necesidades de la empresa. Los adultos, desde luego, habrían dado por sentado que nadie querría trabajar el fin de semana, que los sindicatos jamás lo permitirían, etcétera.

Los niños suelen ser muy espontáneos y originales, pero también pueden ser inflexibles, hasta el punto de negarse a proponer nuevas alternativas. En ellos, la creatividad surge precisamente de su enfoque espontáneo e inocente, pero no de la búsqueda deliberada de un nuevo punto de vista.

Lamentablemente, para los adultos no resulta fácil mantenerse espontáneos e inocentes. Y tampoco es posible ser inocente en el trabajo. ¿Cuáles son entonces los aspectos prácticos de la creatividad inocente que pueden servirnos?

En ciertos casos, podríamos escuchar a los niños. Es improbable que nos brinden soluciones totales, pero si al escucharles estamos preparados para tomar sus conceptos básicos, seguramente encontraremos nuevos enfoques.

Algunas empresas, especialmente en el ramo de la venta al por menor y la fabricación de automóviles, son muy cerradas y creen que poseen todas las respuestas. En estas organizaciones suele existir la convicción de que para efectuar una aportación útil hay que haber pasado la vida en la empresa. Por lo tanto, es importante que miren hacia afuera, que busquen nuevas ideas en el exterior. Casi siempre esas opiniones tendrán la frescura que no puede surgir de los integrantes de la empresa sea cual fuere su experiencia.

Existe un aspecto práctico muy importante: el que concierne a la investigación. Es normal que al incursionar en un nuevo campo leamos todo lo que hay para leer sobre él. Si no lo hacemos, no podremos utilizar lo que ya se sabe, perderemos muchísimo tiempo e incluso correremos el riesgo de reinventar la rueda. Pero si lo leemos todo, posiblemente arruinaremos nuestras posibilidades de ser originales. En el transcurso de la lectura incorporaremos todos los conceptos y las percepciones existentes. Desde luego, podemos cuestionarlos e incluso ir contra la corriente, pero ya no seremos inocentes, ya no tendremos ninguna habilidad de elaborar un concepto ni siquiera levemente diferente de la idea tradicional sobre el tema. Por lo tanto, si lo que usted busca es solvencia, conocimiento, debe leerlo todo; pero si quiere ser original no debe leer nada.

Una manera de resolver este dilema consiste en empezar la lectura de lo estrictamente necesario para formarse una idea acerca del nuevo campo. Entonces, uno se detiene y piensa. Cuando hemos elaborado algunas opiniones propias, seguimos leyendo. Luego nos detenemos y revisamos nuestras ideas o desarrollamos otras nuevas. A continuación, retomamos la lectura. De este modo se presentan posibilidades de ser original.

Cuando una persona ingresa en una empresa se produce una breve etapa de espontaneidad que empieza en el sexto mes después del ingreso y dura aproximadamente un año y medio. Antes del sexto mes la persona aún no tiene información suficiente para entender el negocio (a menos que sea una empresa muy simple). Después de los 18 meses, está tan empapada de la cultura local y de la manera de hacer que ya le es imposible tener un punto de vista inocente.

Es necesario señalar que, en Estados Unidos, la publicidad y la televisión se cuentan entre las actividades más rígidas. En otras actividades hay reglamentaciones fijas e incluso leyes físicas que orientan el comportamiento. Como en la televisión y en la publicidad estas normativas prácticamente no existen, los trabajadores de estos medios inventan una serie de reglas arbitrarias para sentirse más seguros. Si todo es posible, ¿cómo sabremos lo que se debe hacer? De modo que se establecen severas normas por tradición y las personas se ven obligadas a trabajar dentro de este ordenamiento totalmente arbitrario. En estos campos la inocencia es considerada despectivamente como ignorancia.

La experiencia

Evidentemente, la creatividad de la experiencia es exactamente lo contrario de la creatividad de la inocencia. Con experiencia, sabemos qué dará buen resultado; sabemos por experiencia si un producto tendrá éxito o si otro se venderá.

La primera modalidad de acción de la creatividad de la experiencia consiste en "remozar". Si una idea ha funcionado bien hasta ese momento, se la adorna con algunas modificaciones para que parezca nueva. Muchas veces la "diferenciación del producto" del que se habla en el comportamiento competitivo clásico no es otra cosa que esto.

La segunda modalidad de acción de la creatividad de la experiencia es "hija de Lassie". Si algo ha funcionado bien antes, puede repetirse. Si la película *Rocky* tuvo un gran éxito, ¿por qué no hacer *Rocky II*, *III*, y hasta *Rocky V*? Esta estrategia abarca la copia, la nueva versión, el producto parecido. Cuando en publicidad surge un nuevo estilo, inmediatamente tiene imitadores. Este tipo de creatividad es muy frecuente en Estados Unidos, donde existe una considerable aversión a correr riesgos. Si uno sabe que algo funciona, entonces prefiere repetirlo que innovar. Esto se debe a que el costo personal del fracaso es muy elevado. Un ejecutivo es tan bueno o tan malo como su última operación en la empresa. Esta modalidad favorece más bien el oportunismo que la verdadera búsqueda de oportunidades.

La tercera modalidad de acción de la creatividad de la experiencia consiste en desmontar para volver a montar. Se toma un conjunto de productos que funcionan bien en el mercado y se los junta en un "paquete": por ejemplo, se convierten en un producto financiero. Cuando llega el momento de sacar un nuevo producto, se desmonta el paquete original y se agrupan los ingredientes de otro modo. Por lo general, los componentes transitan entre diversos paquetes, de modo que las combinaciones posibles son muchas.

La creatividad de la experiencia es fundamentalmente una creatividad de bajo riesgo, que trata de basarse en lo conocido y repetir los éxitos pasados. Gran parte de la creatividad comercial es de este tipo: un producto sólido y fiable, de creatividad relativamente exitosa, pero en realidad, nada nuevo. Si alguien piensa en algo verdaderamente nuevo, posiblemente será rechazado, ya que no habría evidencia suficiente para garantizar el éxito de la nueva aventura. Como afirmó cierta vez Sam Goldwyn: "Lo que realmente necesitamos son algunos nuevos clichés".

La motivación

La creatividad de la motivación es muy importante porque la mayoría de las personas creativas extraen su creatividad de esta fuente.

Poseer motivación significa disponibilidad para dedicar hasta cinco horas por semana a la búsqueda de una nueva manera de hacer, mientras que otras personas dedican a la misma tarea no más de diez minutos por semana. Tener motivación significa seguir buscando nuevas alternativas cuando todos los demás se conforman con las conocidas. Poseer motivación supone ser lo suficientemente curioso para buscar explicaciones. Tener motivación significa probar y estudiar, siempre en busca de nuevas ideas.

Un aspecto muy importante de la motivación es la disposición a detenerse para observar lo que nadie se ha preocupado por observar. El simple proceso de prestar atención a hechos que normalmente son considerados como obvios es una poderosa fuente de creatividad, aunque no se aplique específicamente la creatividad. Este punto es tan importante que me referiré a él de nuevo en relación con las técnicas creativas.

Tener motivación, entonces, supone una inversión de tiempo y esfuerzo y un intento de ser creativo. Con el tiempo, esta inversión ofrece sus frutos en forma de ideas nuevas y creativas.

Gran parte de lo que parece talento creativo no es más que motivación creativa, y nada de malo hay en ello. Y si a la motivación ya existente pudiéramos agregarle ciertas técnicas creativas, la combinación podría ser poderosa.

El juicio acertado

Entre un fotógrafo y un pintor existe una diferencia. El pintor se para frente a la tela en blanco cargado de pinceles, pinturas e inspiración, para pintar un cuadro. El fotógrafo vagabundea con su cámara hasta que determinada escena, cierto paisaje, algún objeto, captan su atención. Elige el ángulo, la composición, la iluminación y el fotógrafo convierte la escena "prometedora" en una fotografía.

La creatividad del "juicio acertado" se parece a la creatividad del fotógrafo. La persona que posee un juicio afinado no genera ideas, sino que reconoce el potencial de una idea en una etapa muy temprana. Y como por lo general esa persona conoce bien la factibilidad, el mercado y las características del campo, toma la idea y la convierte en realidad.

La capacidad de darse cuenta del valor de una idea es en sí

misma un acto creativo. Si la idea es nueva, hay que visualizar su poder. Las personas que elaboran pensamientos de este modo obtienen tanto reconocimiento como las que los generan.

Azar, accidente, error y locura

La historia del progreso humano está llena de ejemplos de importantes ideas nuevas que surgieron por azar, accidente, error o "locura".

El pensamiento tradicional, que es un resumen de la historia, se mueve en una sola dirección. Entonces sucede algo —que no se podía prever—, ese algo conduce al pensamiento por un nuevo camino y así se produce un descubrimiento.

Muchos de los avances logrados en medicina fueron el resultado de accidentes, errores u observaciones casuales. Alexander Fleming descubrió el primer antibiótico. Advirtió que los hongos que habían contaminado un platillo de Petri habían matado todas las bacterias; así nació la penicilina. Pasteur descubrió el proceso de la inmunización cuando uno de sus ayudantes administró una dosis demasiado débil de la bacteria del cólera a las aves con que experimentaban. Esta dosis débil protegió a los animales contra la dosis más fuerte que se les administró después.

Cristóbal Colón se lanzó a navegar hacia el oeste, rumbo a las Indias, porque utilizó mediciones erróneas. Usó las medidas derivadas de las mediciones de la circunferencia de la Tierra realizadas por Ptolomeo. Si hubiera empleado las medidas correctas, que habían sido elaboradas por Eratóstenes (que vivió en Alejandría antes que Ptolomeo), quizá no se hubiera atrevido a intentar la hazaña, porque se habría dado cuenta de que sus barcos jamás hubieran podido llevar la cantidad necesaria de víveres.

De algún modo el desarrollo de la industria electrónica (que mueve unos 150.000 millones de dólares por año sólo en Japón) se debió a un error cometido por Lee de Forrest. Trabajando en su laboratorio, Lee de Forrest notó que cuando saltaba una chispa entre dos esferas, la llama del gas temblaba. Pensó que el fenómeno se debía a la "ionización" del aire. Entonces inventó la válvula triple (conocida también como tubo de vacío o válvula termoiónica), en la que la corriente a ser amplificada se aplica a una rejilla, con lo que se consigue controlar la corriente mucho mayor que pasa desde el filamento al plato colector.

Este magnífico invento proporcionó el primer medio real de amplificación y dio origen a la industria electrónica. Antes de la invención del transistor, todos los dispositivos electrónicos empleaban estos tubos de vacío.

Al parecer, se trató de un error, porque la llama del gas temblaba debido al ruido producido por la descarga de la chispa.

Muchas veces los errores, las anomalías, lo que no funciona han desencadenado nuevas ideas, nuevos puntos de vista. Sucede esto porque tales hechos nos apartan de los límites de lo "razonable", dentro de los que habitualmente estamos obligados a trabajar. Estos límites son el resumen aceptado de la experiencia pasada y son celosamente respetados, sobre todo por las personas incapaces de generar ideas nuevas.

La aparente "locura" es una fuente de creatividad cuando alguien produce una idea que no encaja dentro de los paradigmas vigentes. Casi siempre resulta una idea fuertemente cuestionada. La mayoría de ellas son, en efecto, alocadas y pasan sin dejar rastro. Pero, a veces, la idea nueva y loca resulta correcta y entonces hay que cambiar el paradigma, no sin enfrentar antes una feroz oposición por parte de los que lo defienden.

¿Cuál es entonces el provecho práctico que podemos obtener de esta poderosa fuente de creatividad? ¿Debemos cometer errores deliberadamente?

Una excelente práctica consiste en prestar suma atención a los errores y a las anomalías que se producen cuando algo no resulta como lo habíamos planeado.

El segundo consejo práctico es el uso deliberado de la provocación. Como veremos más adelante, las técnicas de la provocación nos permiten comportarnos como locos, de un modo controlado, durante 30 segundos cada vez. Así podemos trascender los límites, hecho que de otro modo dependería del azar, el accidente, el error o la locura.

La figura 1.13 muestra gráficamente la forma como los límites de la experiencia pasada y de "lo razonable" rechazan nuestro pensamiento. Estos límites pueden rebasarse por azar, accidente, error, locura..., o provocación deliberada.

Quiero mencionar un detalle más, de orden práctico. Los individuos que trabajan solos suelen defender y desarrollar ideas que al principio son "alocadas" o excéntricas, pero que después resultan aceptables. Si a una de estas personas se la obliga a trabajar en grupo desde las primeras etapas, posiblemente no podrá desarrollar tales ideas, porque la "sensatez" del grupo rechazará la idea nueva, obligándola a retroceder hasta ubicarse dentro de los límites de lo aceptable.

En este sentido, las culturas que otorgan mucho énfasis al trabajo colectivo (como Italia y los Estados Unidos) juegan con desventaja. Otros países, en cambio (como Gran Bretaña, con su tradición de individuos excéntricos que trabajan aisladamente), están en mejores condiciones. Tal vez sea por eso que la firma MITI, en Japón, observó que el 51 por ciento de las innovaciones

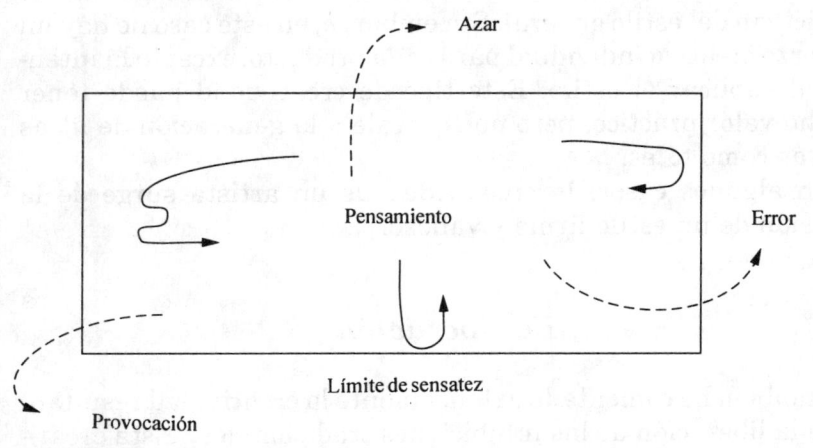

Figura 1.13

conceptuales más importantes del siglo XX se produjeron en Gran Bretaña y sólo el 21 por ciento en Estados Unidos, pese a que la inversión estadounidense siempre ha sido mayor.

Sin embargo, se opina que las complejidades de la ciencia moderna dificultan mucho el trabajo individual. Quizás en el futuro los equipos de trabajo interdisciplinarios sean fundamentales para la generación y la elaboración de ideas. Por lo tanto, actualmente aún es más necesario desarrollar las técnicas de la provocación.

En 1970 sugerí, en una reunión de ejecutivos del mundo del petróleo, que sería conveniente perforar horizontal y no verticalmente; incluso llegué a recomendar el uso de un taladro hidráulico. En ese momento la idea pareció alocada. Hoy en día, es la manera más corriente de perforar para pozos de petróleo, porque produce un rendimiento mucho mayor.

El estilo

Ya me he referido al "estilo" como fuente aparente de creatividad. El trabajo dentro de determinado estilo suele producir una corriente de productos nuevos, que lo son porque de algún modo participan del estilo general. Sin embargo, en este caso no hay un esfuerzo creativo individual para cada producto, excepto la intención de aplicar el estilo. Este tipo de creatividad puede tener mucho valor práctico, pero no equivale a la generación de ideas nuevas como tales.

En algunos casos, la creatividad de un artista surge de la posesión de un estilo firme y valioso.

La liberación

También he comentado extensamente la creatividad resultante de la liberación de las inhibiciones tradicionales. Esta creatividad, como ya he indicado, tiene cierto valor, pero no es suficiente porque el cerebro no está naturalmente destinado a ser creativo, de modo que al liberarlo sólo lo hacemos un poco más creativo.

No obstante, debo aclarar que el cambio de cultura en una organización puede producir valiosos productos creativos. Si los empleados perciben que la creatividad es un juego permitido e incluso valorado por la dirección de la empresa, empiezan a ser más creativos.

Según mi experiencia, cuando el director ejecutivo de una organización demuestra un interés firme y concreto por la creatividad (y no se limita sólo a decirlo), la cultura de la empresa cambia rápidamente. Y quizás este cambio no sea una liberación sino más bien una rápida evaluación de las posibilidades de este nuevo "juego".

Liberarse de inhibiciones y temores, "soltarse", es un elemento importante de la creatividad, que proporciona grandes resultados. Pero la liberación por sí misma sólo es un primer paso, y eso no es suficiente.

El pensamiento lateral

Las técnicas creativas sistemáticas del pensamiento lateral pueden usarse formal y deliberadamente como generadoras de nuevas ideas y modificadoras de las percepciones. Además, es perfectamente posible aprender y practicar estas técnicas y estos procedimientos.

Los instrumentos o herramientas de trabajo surgieron de una reflexión sobre la lógica de la percepción, que equivale a la lógica de un sistema de autoorganización de la información, es decir, de un sistema que establece pautas y después las utiliza.

El aspecto práctico más importante de esta cuestión es que tales técnicas/instrumentos pueden aprenderse y usarse. O sea, que es posible desarrollar la capacidad de pensar creativamente.

Desde luego, el valor práctico y la importancia de las técnicas del pensamiento lateral no implica que la creatividad no pueda también originarse en otras fuentes.

El pensamiento lateral

> ¿Qué es el "pensamiento lateral"?
> ¿Cómo se relaciona con la creatividad?
> ¿Por qué se llama "pensamiento lateral"?

Mi interés por el pensamiento proviene de tres fuentes. Como becario de la universidad de Rhodes estudié psicología en Oxford y entonces empecé a interesarme por el pensamiento. Investigando en medicina usé mucho la informatización para llevar a cabo el análisis de Fourier de las ondas de la presión sanguínea, con el propósito de evaluar el bloqueo de la arteria pulmonar. Empecé a reflexionar sobre el tipo de pensamiento que los ordenadores no pueden tener: el pensamiento creativo y perceptual. Seguí con mi investigación médica en Harvard y trabajé en el complicado proceso por el cual el cuerpo regula la presión de la sangre y en la integración general de los sistemas en el cuerpo humano. Esto me despertó un gran interés por los sistemas autoorganizados.

Consideré que estas tres líneas de investigación (pensamiento, pensamiento perceptual, sistemas autoorganizados) confluían de algún modo. Entonces escribí un trabajo en el que hablaba de "la otra clase de pensamiento", es decir, del pensamiento que no es ni lineal ni secuencial ni lógico. Expliqué mis ideas en una entrevista para una revista llamada *London Life*. En el transcurso de esa charla comenté que era necesario desplazarse "lateralmente" para encontrar otros enfoques y otras alternativas. Inmediatamente se me ocurrió que ésa era la palabra que necesitaba. Entonces cambié la expresión "otra clase de pensamiento" por "pensamiento lateral".

Esto sucedió en 1967. Ahora, el "pensamiento lateral" tiene su definición en el *Oxford English Dictionary*, que es la autoridad del idioma inglés. La entrada en el *Concise Oxford Dictionary* reza así: "Tratar de resolver problemas por medio de métodos no ortodoxos o aparentemente ilógicos". Aquí la palabra clave es "aparentemente". Los métodos pueden parecer "ilógicos" en comparación con la lógica normal, pero fueron elaborados según la lógica de los sistemas constructores de pautas donde, por ejemplo, la provocación es una necesidad.

La manera más simple de describir el pensamiento lateral es decir: "No se puede cavar un hoyo en un lugar diferente haciendo el mismo hoyo más profundo". Esta descripción pone el énfasis sobre los diferentes enfoques y las diferentes maneras de ver las cosas.

Con el "pensamiento vertical" uno toma una posición y después trata de construir sobre esa base. El paso siguiente depende del lugar donde uno esté en ese momento. La decisión posterior está vinculada al lugar donde uno se encuentra y desde el punto de vista lógico tiene que depender de ese dato. Esto indica que hay que construir a partir de una base o que hay que cavar el mismo hoyo pero más profundo, como se puede apreciar en la figura 1.14.

Con el "pensamiento lateral", en cambio, nos desplazamos hacia los lados, para probar diferentes percepciones, diferentes conceptos, diferentes puntos de entrada. Podemos usar diversos métodos, incluidas las provocaciones, para salir de la línea habitual de pensamiento.

La abuela está sentada tejiendo. Susan, de tres años, la molesta jugando con el ovillo de lana. La madre de Susan sugiere que deberían poner a la niña en el parque para que no siga molestando a la abuela. El padre sugiere que sería mejor poner a la abuela en el parque para protegerla de Susan.

La verdadera descripción técnica del pensamiento lateral se basa en el estudio de un sistema de información autoorganizado de construcción de pautas: "Atravesar las pautas en un sistema de información autoorganizado". La figura 1.15 muestra este movi-

Pensamiento vertical

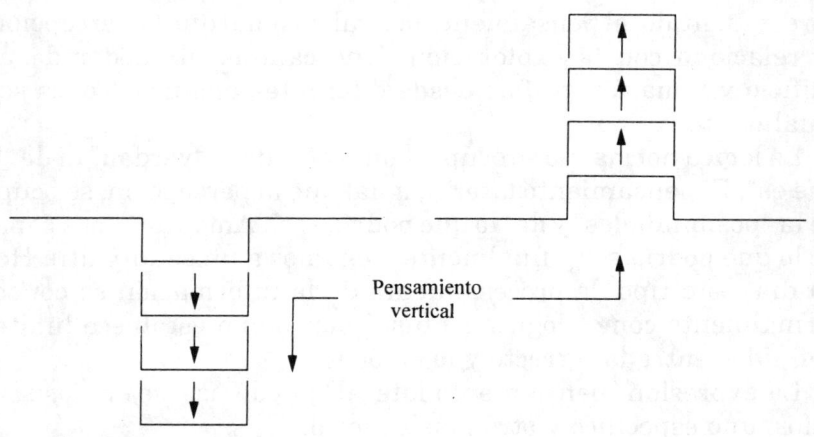

Figura 1.14

Pensamiento lateral

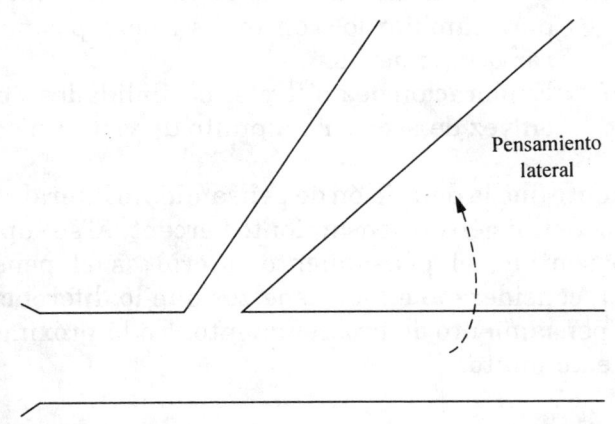

Figura 1.15

miento "lateral" a través de las normas, que repite el diagrama básico de un sistema de construcción de pautas asimétrico. En vez de desplazarse a lo largo de las pautas tratamos de atravesarlas.

El pensamiento lateral se relaciona mucho con la percepción. Con él, tratamos de proponer diferentes puntos de vista. Todos son correctos y pueden coexistir. Las distintas percepciones no se deducen una de otra sino que se producen independientemente. En este sentido, el pensamiento lateral, al igual que la percepción, se relaciona con la exploración. Uno camina alrededor de un edificio y toma fotografías desde diferentes ángulos. Todos son igualmente válidos.

La lógica normal no se ocupa demasiado de la "verdad" ni de "lo que es". El pensamiento lateral, igual que la percepción, se ocupa de la "posibilidades" y de "lo que podría ser". Amontonamos capas de lo que podría ser y finalmente llegamos a un cuadro útil. Hoy en día, este tipo de procesamiento de la información se conoce formalmente como "lógica confusa" porque no establece límites definidos entre lo correcto y lo erróneo.

La expresión "pensamiento lateral" puede usarse en dos sentidos, uno específico y otro más general.

Específico: Una serie de técnicas sistemáticas que se usan para cambiar los conceptos y percepciones y generar otros nuevos.
General: Exploración de múltiples posibilidades y enfoques, en vez de aceptar un punto de vista único.

Es evidente que la definición de pensamiento lateral en sentido general y la definición de pensamiento perceptual se superponen. En cierto sentido, el pensamiento lateral es el pensamiento perceptual, considerado en los aspectos que lo diferencian de la lógica del pensamiento de procesamiento. En la próxima sección retomaré este punto.

Pensamiento lateral y creatividad

El pensamiento lateral se ocupa directamente de cambiar los conceptos y las percepciones. En la segunda parte de este libro expondré las maneras sistemáticas de hacerlo.

En algunos aspectos, el cambio de percepciones y conceptos es la base de la creatividad que implica la obtención de ideas nuevas. Esta creatividad no es necesariamente igual a la creatividad que implica la creación artística. Muchos artistas me han comentado que las técnicas del pensamiento lateral les son muy útiles, pero yo no afirmo que el pensamiento lateral sea la base de la creatividad artística.

Como expresé anteriormente, la palabra "creatividad" tiene un significado muy amplio y muy vago. Incluye elementos de "novedad", elementos de "creación", e incluso elementos de "valor". Esta definición amplia de la creatividad abarca varios procesos, enteramente diferentes entre sí. Sin embargo, la expresión "pensamiento lateral" es muy precisa. El pensamiento lateral se ocupa del cambio de conceptos y percepciones. El pensamiento lateral se basa en el comportamiento de los sistemas de información autoorganizados.

En su sentido más general el pensamiento lateral se ocupa también de explorar las percepciones y los conceptos, pero en sentido específico, o creativo, se ocupa de cambiar las percepciones y los conceptos.

Como veremos, en las técnicas sistemáticas del pensamiento lateral hallamos aspectos perfectamente lógicos (lógica normal) e incluso "convergentes" por naturaleza. De modo que el pensamiento lateral no es un sinónimo del pensamiento "divergente". El divergente es sólo un aspecto del pensamiento lateral. Se ocupa de múltiples posibilidades, tal como el pensamiento lateral, pero el primero es sólo un aspecto del segundo.

La figura 1.16 representa la relación entre pensamiento lateral y creatividad. El grado de superposición es una cuestión de opinión.

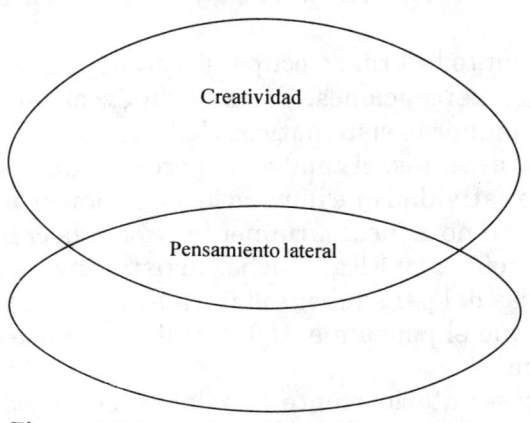

Figura 1.16

Terminología

En este libro he usado las expresiones "pensamiento creativo" y "pensamiento lateral", según el contexto, porque la expresión "pensamiento creativo" es más conocida y porque no quiero confundir a los lectores. Además, en la primera sección me refiero muchas veces al pensamiento creativo en general. No obstante, conviene tener en cuenta que el libro se ocupa del tipo de pensamiento creativo que trabaja con los conceptos nuevos y las nuevas ideas.

En cuanto a la expresión "pensamiento lateral", la he reservado para las técnicas y los instrumentos de trabajo que constituyen una manera sistemática de obtener nuevas ideas y nuevos conceptos. En matemáticas existe el término general "matemáticas", pero están también los métodos específicos que sirven para realizar las operaciones matemáticas.

Percepción y procesamiento

Suponga que está en la cocina. Todos los ingredientes que necesita para preparar la cena están sobre la mesa: carne, verduras, especias, etcétera. Su tarea consiste en procesar estos ingredientes para producir como resultado una cena memorable. Culturalmente hemos desarrollado excelentes métodos para procesar la información. Tenemos las matemáticas, con su poder y eficacia. Incluso están empezando a introducirse en el campo de la no linealidad. Disponemos de la estadística y del estudio de las probabilidades. Tenemos ordenadores y procesadores de datos. En sus comienzos los ordenadores se usaron para las matemáticas, pero hoy en día se usan para realizar tareas que exceden la capacidad de las matemáticas: métodos iterativos, simulaciones, construcción de modelos. Esto abre una vía hacia dimensiones totalmente nuevas. El ordenador proporciona un mundo en el que podemos conseguir que las cosas sucedan y ver esos resultados. Ciertos procesos que resultarían insoportablemente tediosos si se realizaran matemáticamente ahora se pueden controlar mediante ordenadores. Luego tenemos los diversos tipos de lógica para procesar la información. En el nivel cotidiano, disponemos de la simplicidad de la lógica verbal corriente en su forma aristotélica (identidad, inclusión, exclusión, contradicción, etcétera).

No estamos lejos de poder procesar los instrumentos. Entonces serán mejores que hoy.

Pero en la cocina de la que he hablado al inicio de esta sección, podríamos detenernos a pensar de dónde proceden todos los ingredientes y cómo han llegado a la cocina. ¿Quién los ha elegido? ¿Cómo han llegado al supermercado? ¿Cómo se han cultivado, si son verduras? ¿Cómo se han criado los animales, si se trata de carnes?

La percepción realiza la tarea de producir los ingredientes para el procesamiento de la información. Es la percepción la que organiza el mundo, expresándolo por medio de las x y las y que luego procesaremos con las matemáticas. Es la percepción la que nos proporciona las observaciones o proposiciones que luego manipulamos con la lógica. Es la percepción la que nos proporciona las palabras y la elección de los vocablos con que podemos pensar acerca de cualquier cosa.

Si bien hemos elaborado excelentes sistemas de procesamiento, no ocurre lo mismo con la percepción, porque no hemos entendido qué es. Siempre hemos dado por sentado que la percepción opera, como el procesamiento, dentro de un sistema de información pasivo, organizado externamente. Esta idea impide entender la percepción. En los últimos veinte años hemos empezado a comprender el comportamiento de los sistemas de información autoorganizados y del sistema nervioso autoorganizado. Ahora poseemos un modelo conceptual con el que podemos comenzar a entender la percepción, el humor y la creatividad.

Es evidente que la creatividad tiene lugar en la fase perceptual del pensamiento. Allí se forman nuestras percepciones y nuestros conceptos, y es allí donde tenemos que cambiarlos. A estas alturas, ya se habrán concienciado de que la percepción desempeña un papel fundamental en el pensamiento creativo y de que el pensamiento lateral está íntimamente vinculado al perceptual.

Fuera de las cuestiones técnicas, la mayor parte del pensamiento corriente se efectúa en la fase perceptual. Casi todos los errores de razonamiento son más bien imperfecciones de la percepción que errores de lógica. Lo sorprendente es que siempre hemos puesto el énfasis en la lógica y no en la percepción. Siempre nos hemos sentido incómodos con la fluidez y las "posibilidades" de la percepción y nos hemos refugiado en las certezas y en la "verdad" de la lógica. Esto nos fue útil cuando la entrada era algo tan definido como una medición o un número, pero mucho menos en aquellas áreas en las que la excelencia del procesamiento no puede subsanar las debilidades de la percepción.

A través de la percepción no vemos el mundo tal como es sino como lo percibimos. Las pautas de la percepción han sido construidas por determinada secuencia de experiencia. Percibimos el mundo en términos de las pautas establecidas creadas por lo que tenemos frente a nosotros en cada momento.

Los límites de la percepción

Un niño australiano de cinco años de edad, llamado Johnny, es invitado por un grupo de amigos mayores a elegir una moneda de entre dos. Hay una moneda grande, de 1 dólar, y otra más pequeña, de 2 dólares. Elige la más grande, la de 1 dólar. Sus amigos lo consideran estúpido por no saber que la moneda más pequeña vale el doble. Cada vez que quieren tomarle el pelo a Johnny le ofrecen que elija entre las dos monedas, y él siempre coge la menor, como si fuera incapaz de aprender.

Cierto día, un adulto que observa la transacción cogió aparte a Johnny, y le advierte que la moneda más pequeña vale el doble que la grande, aunque no lo parezca.

Johnny escucha educadamente y después dice: "Ya lo sé. Pero ¿cuántas veces me habrían dejado elegir entre las dos monedas si la primera vez hubiera escogido la de 2 dólares?".

Un ordenador programado para distinguir el valor de las monedas tendría que haber escogido la moneda de 2 dólares la primera vez. Fue la percepción humana de Johnny la que le permitió adoptar un punto de vista más amplio y considerar la posibilidad de repetir el negocio. En este caso, se trata de una percepción muy compleja. Johnny tuvo que evaluar cuántas veces querrían tomarle el pelo sus amigos, cuántas monedas de 1 dólar estarían dispuestos a perder y cuánto tiempo pasaría antes de que se dieran cuenta de su intención. Estaba además el factor riesgo. Esta es la diferencia entre un ordenador y un ser humano. El ordenador recibe sus percepciones y procede a procesarlas. La mente humana forma sus percepciones eligiendo una visión determinada del mundo.

La figura 1.17 muestra un mapa simple con caminos que van en tres direcciones. Usted está en el punto X y quiere ir hacia el norte. Parece obvio y lógico que debería tomar el camino que va hacia el norte. Toda la información disponible indica que ésta es la ruta correcta.

Observemos ahora la figura 1.18, donde el primer mapa pequeño está colocado dentro de un mapa más grande. Inmediatamente vemos que el camino que va hacia el norte es, en realidad, la peor ruta posible porque llega a una vía muerta. Las otras rutas, en cambio, desembocan en un camino circular que finalmente conduce al norte.

Desde luego, en primer lugar no disponíamos de toda la información y nuestra elección fue perfectamente lógica en función de la información que teníamos. Lo mismo sucede con la percepción. Si tenemos una percepción limitada, podemos tomar una decisión perfectamente lógica, coherente con esa percepción limitada.

Mapa pequeño

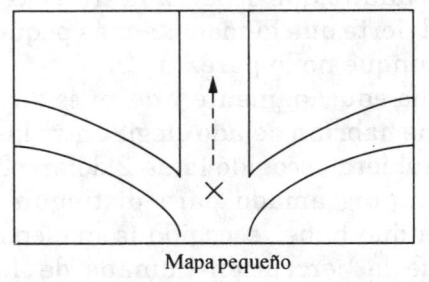

Figura 1.17

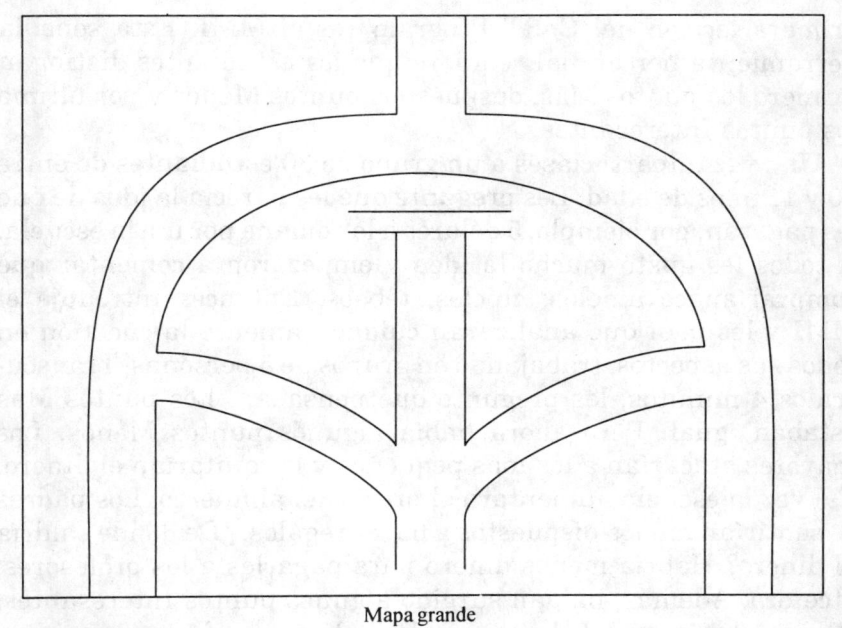

Figura 1.18   Mapa grande

En uno de mis libros, *Future Positive*,* introduje el concepto de "burbuja lógica".

Una "burbuja lógica" es esa burbuja personal de percepciones dentro de la que cada persona actúa de una manera totalmente lógica. El razonamiento es correcto, pero si las percepciones son limitadas o defectuosas, la acción resultante es inadecuada. Las diferentes burbujas lógicas originan diferentes comportamientos, y también causan conflictos. Pero dentro de su propia burbuja, cada persona se comporta muy sensatamente.

En la enseñanza directa del pensamiento como materia escolar, uno de los puntos más importantes es proporcionar a los estudiantes instrumentos para ampliar su percepción. Así, la

* Penguin Books, Londres, 1980-1990.

primera lección del CoRT Program* es el MMI. Esta sencilla herramienta perceptual requiere que los estudiantes distingan primero los puntos Más, después los puntos Menos y por último los puntos Interesantes.

Una vez impartí clases a un grupo de 30 estudiantes de entre 10 y 11 años de edad. Les pregunté qué les parecía la idea de que les pagaran, por ejemplo, 5 dólares a la semana por ir a la escuela. A todos les gustó mucho la idea y empezaron a comentar que comprarían caramelos, chicles, tebeos. Entonces introduje el MMI y les pedí que analizaran cuidadosamente la cuestión en todos sus aspectos, trabajando en grupos de 5 personas. Transcurridos 4 minutos, les pregunté qué pensaban. Los puntos Más estaban igual. Pero ahora había algunos puntos Menos. Los mayores atacarían a los más pequeños y les quitarían el dinero. Tal vez la escuela aumentara el precio del almuerzo. Los padres se sentirían menos dispuestos a hacer regalos. ¿De dónde saldría el dinero? Habría menos dinero para pagarles a los profesores, etcétera. Además, habían surgido algunos puntos Interesantes. Si el rendimiento del alumno era bajo ¿le suspenderían la asignación? ¿Los alumnos de más edad cobrarían más?

Al terminar este sencillo ejercicio, 29 de los 30 alumnos habían cambiado de opinión y pensaban que era una mala idea. Es muy importante señalar que yo no analicé el problema con los niños ni discutí con ellos; simplemente les ofrecí un instrumento de exploración perceptual y les pedí que lo usaran. Como resultado obtuvieron una percepción más amplia. La consecuencia de esa percepción más amplia fue la modificación de su idea. Esto es precisamente lo que la enseñanza del pensamiento debe hacer: proveer de instrumentos que los alumnos puedan usar y que sirvan para cambiar algo.

Supongamos que un amigo coloca sobre la mesa tres tazas boca abajo. Debajo de una de ellas hay una chocolatina y debajo de las otras dos una piedrecita. Su amigo le pide que elija. Cuando usted

---

* CoRT Thinking Lessons (para escolares) publicadas por S.R.A. (Chicago), y también en *Teach Your Children How to Think,* Viking/Penguin, Nueva York, 1992.

señala una de las tazas, le da vuelta a una de las otras dos y muestra que hay una piedra. ¿Qué debe hacer usted ahora? ¿Elegir la tercera taza o quedarse con la que ya había escogido? La lógica parecería indicar que hay un 50 por ciento de probabilidades de que la chocolatina esté debajo de su taza o debajo de la restante, de modo que cambiar no tendría mucho sentido. Pero una percepción diferente, seguida después por un razonamiento lógico, mostrará que dos veces de cada tres usted tendría suerte si cambiara de taza. ¿Por qué? Desde luego, podría revelarle la explicación, pero será más interesante que el lector la descubra.

La lógica de agua

En el libro *I Am Right, You Are Wrong*, introduje el concepto "lógica de agua" y lo comparé con otro concepto, tradicional, que en Estados Unidos suele mencionarse como "lógica de roca". La lógica de agua es la de la percepción; la lógica de roca es la del procesamiento.

Una roca tiene una forma fija y permanente. El agua se adapta al recipiente, o sea, a las circunstancias. La percepción depende del contexto, la experiencia, las emociones, el punto de vista, el entorno de trabajo, etcétera.

Si a una roca le sumamos otra roca, tenemos dos rocas. Si al agua le agregamos agua, tenemos agua. La percepción construye por capas. Las capas no se mantienen separadas sino que se acumulan para ofrecer una percepción total.

Una roca es estática; el agua es fluida y fluye. La lógica de la roca se ocupa de "lo que es". La lógica de agua y la percepción se ocupan de "lo que podría ser".

La roca tiene un borde duro, mientras que el agua tiene un borde fluido. Esto se vincula a la "lógica vaga" de la percepción.

La percepción busca el significado y trata de explicar lo presente. Además, la percepción tiende a un estado estable (en términos del sistema nervioso del cerebro). El agua tiende a fluir hacia un estado estable. La roca es inmóvil.

La lógica de la percepción

Si examinamos atentamente la lógica de la percepción descubriremos que es muy diferente de la lógica tradicional (o de roca). Siempre hemos ignorado esta diferencia porque nos incomoda la incertidumbre de la percepción y preferimos aceptar el dogmatismo de la lógica de procesamiento. Por lo tanto, hemos supuesto que las palabras de una lengua pueden manejar el lado perceptual y que por ello nosotros podemos proceder a procesar las palabras como si fueran símbolos matemáticos.

Este enfoque nos encierra dentro de las inexactitudes de las palabras y también dentro de la manera tradicional de ver las cosas, ya que las palabras no son otra cosa que historia. En cierto sentido, las palabras son enciclopedias de la ignorancia, porque congelan las percepciones en un momento de la historia y luego insisten en que sigamos usándolas, cuando deberíamos hacer algo mejor.

Si una persona quiere ser creativa es importante que tome conciencia de la fluidez de la percepción y de la posibilidad de tener múltiples percepciones, todas ellas valiosas.

Esta es una condición fundamental para el pensamiento creativo. Necesitamos reemplazar nuestro "es" por un "puede ser". Sin embargo, una vez terminado nuestro pensamiento creativo necesitamos volver al mundo de la lógica de roca, para presentar ideas sólidas, factibles y de valor comprobable. Ahora bien, para conseguir esas ideas, necesitamos la fluidez de la lógica de agua y del pensamiento lateral.

Diseño y análisis

Las tradiciones del pensamiento occidental se basan en el análisis y el razonamiento. El imperativo máximo de la educación occidental es el análisis. Para comprender la información o para entender situaciones, necesitamos analizarlas. A través del análisis descomponemos sucesos complejos y desconocidos en pequeños fragmentos que podremos reconocer y manipular.

El énfasis occidental sobre el análisis se relaciona estrechamente con la búsqueda de la "verdad", característica del pensamiento occidental.

Enseñamos análisis porque es importante, pero también porque resulta mucho más conveniente. Uno puede indicarles a los alumnos que analicen situaciones. O proporcionarles estudios de casos y pedirles que los analicen.

En el análisis nos interesa "lo que es". En el diseño nos interesa "lo que podría ser".

Siempre se da por sentado que si, por medio del análisis, revelamos la verdad, saber lo que hay que hacer será algo simple y obvio. Es como buscar un buen mapa en el que estén claramente señaladas las rutas y después elegir una y seguirla. Lamentablemente, la vida no es así. Implica no sólo descripción sino también acción. A veces, esa acción es rutinaria, estándar y obvia. Pero en otras ocasiones tenemos que "diseñar" la acción apropiada.

Se debería otorgar la misma importancia al diseño de ideas y al diseño de acción que la que damos al análisis; pero no lo hacemos.

Afirmamos que lo equilibramos con la síntesis. El análisis descompone algo en sus elementos y después la síntesis los combina para producir una respuesta o una acción. Es como un juego de construcción: uno separa las piezas, en el análisis, y después las junta para formar lo que quiere. Pero el diseño no consiste sólo en juntar elementos. Tiene que haber conceptos y estos conceptos no surgen simplemente de la síntesis de los elementos separados.

Es por estas razones que, intelectualmente, somos mejores en análisis que en diseño.

El análisis es nuestro método tradicional de resolución de problemas. ¿Cuál es la causa? Si una persona se sienta en una silla y siente un dolor agudo, inmediatamente examina el asiento. Encuentra un alfiler y lo quita. Ha eliminado la causa del problema; ya está resuelto. Un estudio de su garganta revela que padece usted de una infección por estreptococos. Toma penicilina, que los mata. La causa del problema ha sido eliminada; ya está resuelto.

Pero al estudiar otros problemas no podemos encontrar la causa. Algunos responden a tantas causas que no podríamos eliminarlas todas. En otros casos, en cambio, encontramos la causa pero no podemos eliminarla (podría ser, por ejemplo, inherente a la naturaleza humana). Los problemas de este tipo no pueden resolverse por medio del análisis. Entonces surge la necesidad de idear una manera de salir del paso. Y como en nuestra educación se ha enfatizado poco el diseño, no sabemos enfrentarnos a estos problemas.

El diseño utiliza la información y también la lógica. Además, necesita de la creatividad para proponer conceptos posibles y cambiar las percepciones existentes. A veces, nos quedamos atascados en un problema debido a nuestra manera fija de considerar los hechos.

En su significado corriente, la palabra "diseño" contiene un elemento visual, una alusión al diseño gráfico. Y a veces se entiende por "diseño" una especie de lujo decorativo. Necesitamos urgentemente ampliar su significado para incluir todas aquellas situaciones en las que juntamos algo para lograr determinados efectos. Cuando la rutina estándar ya no nos sirve, necesitamos "diseño". El diseño es la base de la acción.

Por lo tanto, en vez de dar por sentado que el análisis revela un mapa con las rutas claramente señaladas, deberíamos suponer que el mapa sólo muestra el terreno y que nosotros tenemos que "diseñar" las rutas.

Al igual que la acción, el "diseño" siempre tiene un propósito. Con la acción nos disponemos a lograr algo. Con el diseño, también.

Podemos diseñar un concepto. Podemos diseñar una idea, lo que equivale a decir que diseñamos una manera de poner en acción ese concepto. El análisis, entonces, trataría de descubrir una relación posible (como en ciencia), pero el diseño trata de expresar una relación inexistente y que, tal vez, nunca existió (como en un concepto nuevo). Ningún análisis puede revelar un concepto inexistente. Teóricamente, existe una sola verdad y nosotros tratamos de aproximarnos cada vez más a ella. En el campo del diseño, en cambio, puede haber cualquier número de diseños, siempre que cada uno de ellos satisfaga las especificaciones. Algunos serán mejores que otros en todos los aspectos, y otros serán mejores sólo en algunos aspectos.

En ciencia, es constantemente necesario crear y diseñar hipótesis y razonamientos. La idea de que la ciencia sólo tiene que ver con el análisis es errónea, y la mayoría de los buenos científicos lo han sabido siempre. Es la poesía del razonamiento lo que da grandeza a un científico, suponiendo que la recopilación de información sea rigurosa.

En las situaciones conflictivas pensamos siempre en discusiones, negociaciones e incluso en el uso de la fuerza. El diseño debería desempeñar un papel más importante en la resolución de conflictos. Es preciso diseñar un desenlace que satisfaga las exigencias de ambas partes. Es preciso diseñar las etapas intermedias. Es preciso diseñar posiciones de retroceso, sanciones, garantías, sistemas de control.

En ciertos estados de Estados Unidos la ley prescribe un método muy interesante para resolver conflictos, pero no se emplea demasiado porque no es del agrado de los abogados. En situaciones corrientes de conflicto, ambas partes adoptan posiciones extremas, sabiendo que poco a poco irán negociando hasta llegar a una posición intermedia, o de compromiso. Se dedica a esto mucho tiempo, esfuerzo y gastos. En este método alternativo las partes nunca se encuentran, sino que cada una "diseña" el "desenlace" o conclusión más razonable. Los dos finales se presentan ante un juez o árbitro. Esta persona debe elegir el más "razonable" de los desenlaces propuestos. Evidentemente, si una de las propuestas es razonable y la otra no, gana la razonable. De modo que ambas partes hacen todo lo posible para "diseñar" un desenlace lógico. Todo el esfuerzo que se podría haber empleado en una discusión se usa para "diseñar". Si ambas partes idean un resultado razonable, no importará demasiado cuál de las propuestas sea elegida por el juez. El aspecto interesante de este procedimiento es que el énfasis está puesto en el diseño y no en la discusión.

Modos de diseñar

El modo habitual de diseño consiste en plantear los requisitos para formar una especie de "molde" y luego tratar que algo se amolde a él. Si estamos diseñando un automóvil, podríamos proponernos las siguientes características: forma atractiva, capacidad conveniente, estilo aerodinámico, poco gasto de combustible, facilidad de fabricación, repuestos estándar, uso sencillo y alguna otra característica única para la publicidad. El diseñador tratará de satisfacer estas exigencias. Probablemente el resultado será bueno, pero algo mediocre: será una optimización y una combinación de conceptos conocidos, con el propósito de lograr el efecto deseado.

El segundo método consiste en desarrollar algunos conceptos creativos y luego ver cómo se les podría "dar forma" para que satisfagan las exigencias planteadas. En este caso, las especificaciones modelan el concepto. En este segundo procedimiento aumenta el riesgo, pero al mismo tiempo existen mayores posibilidades de lograr algo realmente nuevo.

Para construir un edificio, un arquitecto puede proponerse la satisfacción de todas las especificaciones del diseño: espacio, luz, comunicación, buena provisión de energía, aspecto atractivo, etcétera. Se cumplen las exigencias en todos los aspectos. Otro arquitecto, en cambio, prefiere elegir un requisito fundamental (que podría ser la apariencia imponente o el tratamiento del espacio) y a partir de allí elabora conceptos para lograrlo. Una vez plenamente satisfecho el requisito elegido, el diseñador trata de incorporar las especificaciones restantes. En términos militares, ambos procedimientos son tan diferentes como hacer una ofensiva regular en todos los frentes o mandar una avanzada y después tratar de alcanzarla.

No es mi intención introducirme aquí en el fascinante e importante mundo del diseño, que merece un libro. Mi propósito es simplemente delinear un agudo contraste entre nuestra obsesión por el análisis y la urgente necesidad de un pensamiento dirigido hacia el diseño. Y esta necesidad va acompañada de la necesidad de un pensamiento creativo.

Los usos del pensamiento creativo

Hasta aquí hemos considerado diversos aspectos importantes de la naturaleza, los antecedentes y la necesidad del pensamiento creativo. Todos estos aspectos son importantes y no constituyen sólo reflexiones académicas. Si usted se dispone a utilizar las técnicas sistemáticas del pensamiento lateral como si fueran una caja de herramientas, resultará menos eficaz como persona creativa que si presta también atención a los aspectos de fondo.

Si comprendemos la "lógica" de la percepción, la diferencia entre diseño y análisis y todos los otros puntos, entonces nuestra motivación se fortalece y entendemos también la índole del pensamiento creativo.

Las reflexiones efectuadas hasta este punto en este libro pueden acompañar al lector durante el resto de su vida o reemplazarse por otras mejores. Era necesario exponer estos temas debido a ciertas concepciones erróneas acerca de la naturaleza de la creatividad. He tenido que tratarlos debido al lamentable descuido del pensamiento creativo existente en el sistema educativo de Estados Unidos. Este confía totalmente en la información, el análisis y la discusión. Por eso era necesario entonces sentar una base sólida para el empleo de los instrumentos creativos.

Podemos entonces empezar ahora la consideración del uso

práctico del pensamiento creativo. Primero quiero examinar algunas de las principales aplicaciones del pensamiento creativo. Las expondré en términos generales, aunque sólo sea una manera de ver los usos de la creatividad. Puede haber otros modos igualmente válidos.

Volveré sobre algunos de estos temas en la tercera parte del libro, dedicada a la aplicación del pensamiento creativo.

El perfeccionamiento

En términos de cantidad, el "perfeccionamiento" es sin duda el uso más amplio del pensamiento creativo. Incluso diría que el perfeccionamiento es el mayor uso "potencial" del pensamiento creativo. Podemos aplicarlo a cualquier cosa que estemos haciendo, con la esperanza de introducir una mejora o de encontrar una manera "mejor" de llevarla a cabo. Las posibilidades son enormes, pero por razones que expondré más adelante no usamos demasiado este potencial. Por lo general, nos damos por satisfechos con nuestra manera habitual de proceder.

¿Qué queremos decir con la palabra "mejora"? ¿Qué significa encontrar una manera "mejor" de hacer las cosas? ¿Cuál es el sentido de "mejor"?

Es muy necesario tener una idea clara de lo que se quiere dar a entender cuando se dice "mejor". Esa palabra puede significar: menor costo en menos tiempo; menos errores y fallos; menos consumo de energía con menor contaminación; un comportamiento más satisfactorio y humano; menos despilfarro; materiales más baratos. En el futuro, uno de los sentidos más importantes de "mejor" será "más simple". La simplicidad tiene un elevado valor para usuarios y consumidores. También es valiosa para los productores, porque significa que no se necesitan trabajadores muy cualificados.

Por lo tanto, es muy importante definir la dirección de la idea de perfeccionamiento. Desde luego, existen varias direcciones posibles.

En Occidente, la idea de perfeccionamiento ha incluido siempre todo lo concerniente a la eliminación de defectos, resolución de problemas, corrección de fallos. Todo esto forma parte de la general orientación negativa del pensamiento occidental. A los japoneses también les interesa corregir los fallos; pero para ellos esto es sólo el comienzo del perfeccionamiento. Los japoneses, a diferencia de los occidentales, son capaces de examinar algo que parece perfecto y mejorarlo. La idea de mejora de los japoneses no se limita a reparar las cosas. Esto se debe a que los japoneses no tuvieron la cultura negativa del pensamiento occidental (demostrar que algo está mal, resolver problemas, corregir fallos, etcétera). La Toyota Motor Company recibe unas 300 sugerencias al año de cada empleado. En Occidente, la cifra para una empresa normal sería menos de 10.

Por ello, hoy en día las empresas occidentales tratan de adoptar el enfoque japonés con programas como los de "perfeccionamiento continuo" o "gestión de calidad total". Estos programas proponen el perfeccionamiento en todos los aspectos, incluso en aquéllos donde no hay errores que corregir.

Conozco una gran firma europea que tiene un exitoso esquema de recepción de sugerencias que ha ahorrado millones de dólares, pero a la empresa no le gusta ese esquema. La dificultad estriba en que nadie emplea tiempo ni está dispuesto a evaluar las sugerencias. Y eso sucede porque toda sugerencia sigue un camino hacia arriba y hacia el centro. Los japoneses, en cambio, controlan este problema creando consejos en todos los niveles para evaluar las sugerencias en el ámbito donde se presentan. Por lo tanto, nunca se produce una masiva acumulación de propuestas en un punto central de la empresa. Establecer métodos de control de las sugerencias es un aspecto fundamental de todo programa de perfeccionamiento.

El punto clave del mejoramiento es la capacidad de examinar cualquier procedimiento o método y dar por sentado que podría haber otro mejor. Conozco corporaciones que han revisado procesos que habían perfeccionado durante años y con los que estaban absolutamente conformes. Sin embargo, se introdujeron mejoras en estos procesos "ya perfeccionados", y esos cambios significaron un ahorro de millones de dólares.

Actualmente existe ya un reconocimiento generalizado del valor de la búsqueda de nuevos procedimientos para mejorar lo presente, aun cuando no existan problemas visibles ni una fuerte presión de reducción de costos. Pero la tarea no es fácil. Teóricamente es necesario examinarlo todo dentro de este marco mental de "perfeccionamiento". Como evidentemente eso no es factible, resulta muy cómodo limitarse a la localización de los problemas y los fallos.

La eliminación de defectos es sólo una pequeña parte del proceso de perfeccionamiento. Es un punto clave a recordar.

Se pueden introducir mejoras basándose en la experiencia, las nuevas tecnologías, la nueva información, el análisis y la lógica. No siempre se necesita el pensamiento creativo. Cuando hay fallos, los métodos lógicos de resolución de problemas suelen ser más que suficientes para eliminarlos. Pero cuando no hay, el pensamiento creativo es indispensable para plantear nuevas posibilidades.

La resolución de problemas

La resolución de problemas constituye un área tradicional de utilización del pensamiento creativo. Si los procedimientos estándar no ofrecen una solución, hay que usar el pensamiento creativo. Y aunque el procedimiento corriente pueda brindar esa solución, siempre tiene sentido aplicar el pensamiento creativo con el propósito de encontrar otra mejor. Porque nada asegura que la primera que se encuentra sea la mejor.

Ya me he referido a los dos enfoques posibles de la resolución de problemas: el enfoque analítico y el de diseño. Evidentemente, el enfoque basado en el diseño requiere pensamiento creativo. Pero incluso la orientación analítica puede necesitar del razonamiento creativo para imaginar posibilidades alternativas.

Por norma general, se concede mucha importancia a la "definición del problema". Esta definición es sin duda importante y puede encararse formulando primero la siguiente pregunta: "¿Cuál es el verdadero problema?". Debemos aclarar, sin embargo, que sólo se puede encontrar la mejor definición del problema cuando ya se lo ha resuelto. Este procedimiento resulta poco práctico. No obstante, hay que esforzarse para tener en cuenta definiciones alternativas del problema, algunas más amplias y otras más restringidas. Más importante que conseguir una definición "correcta" es encontrar una "alternativa". Tarde o temprano se hallará una definición satisfactoria, capaz de producir resultados positivos.

Un problema es algo así como un dolor de cabeza o una piedra en el zapato. Uno sabe que está allí. Los problemas provienen del mundo que nos rodea (reglamentaciones gubernamentales, cambios en el valor de la moneda, desastres naturales, dificultades ecológicas, etcétera), de nuestros competidores o de accidentes en nuestros propios sistemas (maquinarias, ordenadores, relaciones laborales). En una palabra, nadie tiene que salir en busca de sus problemas.

Pero existe también otra clase de conflictos: los que uno mismo se plantea. Quizás el lector prefiera pensar que esta actitud consiste en "detectar los problemas". Yo prefiero decir, en un sentido más amplio, que consiste en "proponerse tareas". Uno se marca una labor y después se dedica a cumplirla. Si puede realizarse de manera rutinaria, no hay problema. Pero si esa manera rutinaria no existe, entonces uno mismo se ha planteado un problema y necesitará la aplicación del pensamiento creativo para resolverlo. Mientras más confianza adquiera usted en su razonamiento creativo, más inclinado se sentirá a proponerse misiones "aparentemente imposibles".

Hace muchos años, estaba sentado junto al profesor Littlewood (un famoso matemático inglés) en una cena en el Trinity College, de la Universidad de Cambridge. Discutíamos el juego de ajedrez por ordenador. El ajedrez es un juego difícil porque tiene muchas piezas con diferentes movimientos. Comenté que sería interesante inventar un juego en el que cada jugador tuviera una sola pieza. Se trataba de un desafío autoimpuesto. Me enfrenté a él y terminé inventando el juego de la "L", en el que cada jugador tiene una sola pieza, en forma de "L". Se puede aprender este juego en veinte segundos, pero se trata de un verdadero juego, que permite desplegar un considerable nivel de destreza. Posiblemente sea el más sencillo de los juegos que existen.

Todos los inventores se comportan exactamente del mismo modo. Se proponen una tarea y después se dedican a cumplirla. Lo mismo puede decirse del diseño, con la única diferencia de que con un diseño siempre es posible algún tipo de resultado, mientras que si se trata de un invento y no se encuentra una "salida", el resultado puede ser nulo.

La psicología norteamericana tiende lamentablemente a confundir todo pensamiento deliberado con el pensamiento dirigido a la resolución de un problema. Así, no se distingue entre el razonamiento destinado a sacarnos de una situación difícil y el dirigido a lograr algo nuevo.

En la sección dedicada a las técnicas veremos que hay algunas, como la del "abanico de conceptos", particularmente adecuadas para el pensamiento de realización. Cuando encaramos un problema o una tarea autoimpuesta, sabemos a dónde queremos ir; sólo necesitamos una nueva manera de lograrlo. Este pensamiento de realización, o de logro, es más amplio que el de "resolución de problemas". Y si he titulado así esta subsección del libro ha sido en consideración al uso corriente del término "problema".

Es bien sabido que una parte importante de la resolución de un problema puede consistir en "evitar el problema". En vez de resolverlo, nos remontamos al comienzo y alteramos el sistema para que el problema no se produzca. Este es un proceso de rediseño: si la gente siempre pierde las llaves, se rediseña el sistema de seguridad para que nadie tenga que usarlas.

Valor y oportunidad

A medida que las organizaciones aumentan su competitividad, el éxito e incluso la supervivencia pasan a depender de lo que se pueda hacer con los bienes fundamentales que cada una posee. Estos bienes pueden ser: situación en el mercado, personal cualificado, sistemas de distribución, conocimientos técnicos (y patentes), marcas, etcétera. El tercer uso del pensamiento creativo se relaciona directamente con el incremento y la creación de los valores, y con la generación de oportunidades.

Hubo una época en que la eficiencia y la resolución de problemas eran suficiente, pero hoy en día estas dos condiciones son apenas básicas. ¿Qué nuevos productos y servicios podemos idear? ¿Cómo podemos generar valor agregado? ¿Cómo deberían ser los nuevos mercados o segmentos de mercado?

Ya he mencionado anteriormente en este libro la necesidad de desplazarse desde la competencia clásica al nuevo concepto de *sur/petition*. También he señalado la importancia de los "valores integrados" para proporcionar al consumidor lo que necesita. Todas estas cuestiones las trato con más detalles en mi libro *Sur/petition*.

Siempre se puede copiar, diseñar productos parecidos a los existentes o recurrir a las personas innovadoras. Todas estas estrategias son válidas y parecen conllevar menos riesgo que la innovación. Pero, ¿por qué esperar que otros hagan lo que uno mismo puede hacer? En toda empresa competente y bien dirigida existen bienes que no se utilizan y que sólo esperan que el pensamiento creativo los ponga en funcionamiento.

Los problemas requieren atención. Hay que sobrevivir a la crisis. Frecuentemente sólo se recurre al perfeccionamiento como parte de una estrategia de reducción de costos. Lamentablemente, no resulta fácil incentivar a la gente para que parta en busca de oportunidades. Eso requiere espíritu empresarial. Cuando una persona se ha formado en la aversión por el riesgo, es difícil convencerla de que lo mejor es arriesgarse y esforzarse al máximo.

La generación de oportunidades requiere pensamiento creativo. La creación de nuevos valores exige nuevos conceptos. Las oportunidades sólo "caen del cielo" si alguien se lanza a buscarlas. Si usted se limita a esperar que se presente una oportunidad, siempre será una persona del montón. Pero si despliega cierta capacidad creativa, pasará al frente. Las ideas generadoras de oportunidades no se hallan por todas partes, esperando que alguien las encuentre. Esas ideas deben ser producidas. Algunas empresas son excelentes para producir objetos pero no ven claramente la necesidad de elaborar ideas.

El futuro

Para conjeturar acerca del futuro es necesario pensar. Nunca tenemos suficiente información sobre el futuro y, sin embargo, es allí donde se desarrollarán y tendrán consecuencias todos nuestros actos. Por eso se necesita el pensamiento creativo para prever las consecuencias de la acción y para generar nuevas alternativas a tener en cuenta.

También precisamos la creatividad para preparar el futuro posible donde quizá tengamos que actuar. Y como ya he dicho, se necesita creatividad para producir las discontinuidades que no surgirán de la extrapolación de las tendencias actuales.

Las estrategias, las contingencias y los reaseguros forman parte del proceso de diseño creativo. La información y la lógica brindan el marco de trabajo. El diseño creativo ofrece las posibilidades; la información y la lógica las evalúan.

En el futuro, en vez de esforzarnos para tener razón a toda costa, será más conveniente la flexibilidad ante un costo menor. Si no podemos predecir el futuro con exactitud, es mejor ser flexibles y estar preparados para enfrentar a los diversos futuros posibles.

Según mi experiencia, mucha gente cree que elaborar una estrategia consiste en un proceso de reducción por el cual las diversas posibilidades se limitan a un curso de acción sensato. Se necesita mucha creatividad para la generación de más posibilidades y para idear maneras de enfrentarse a múltiples posibilidades. Un curso de acción que podría ser rechazado en función de un juicio elaborado sobre la base de la información disponible puede convertirse en una buena estrategia, si se introduce una modificación creativa. Como un hilo de oro que recorre toda la trama de un tejido, el pensamiento creativo debe formar parte de todo el pensamiento sobre el futuro.

La motivación

David Tanner, que dirigía el Centro para la Creatividad en Du Pont, me comentó en cierta ocasión que el abrigo de la "creatividad" permite a las personas contemplar todo lo que hacen con la intención de repensarlo. Casi siempre ese nuevo examen produce mejoras que dependen más de la lógica que de la creatividad. Pero sin esa ayuda de la creatividad, los nuevos pensamientos jamás se hubieran producido.

La creatividad es un poderoso factor de motivación porque logra que la gente se interese por lo que está haciendo. La creatividad insufla siempre la esperanza de encontrar una idea valiosa. Brinda a todos la posibilidad de alcanzar logros, de hacer la vida más divertida y más interesante. Proporciona un marco para el trabajo en equipo con otras personas.

Todos estos aspectos motivadores de la creatividad están separados de los resultados concretos del esfuerzo creador.

Lo que importa es el fomento y la recompensa del esfuerzo creador. Si uno espera los resultados para entonces fomentar o recompensar, sólo logrará que la gente se esfuerce menos. Pero si uno logra producir mucho esfuerzo, con el tiempo obtendrá resultados.

Hasta aquí he examinado algunos de los principales usos del pensamiento creativo. Tal vez habría resultado más simple decir que siempre que es necesario pensar es necesario también tener creatividad. Pero no es totalmente cierto, porque en algunas ocasiones, como en el perfeccionamiento y el diseño de oportunidades, no se plantea una "necesidad" aparente de pensamiento, a menos que uno se formule esa necesidad. Nadie se siente obligado a buscar una oportunidad hasta que es demasiado tarde. Nadie siente la obligación de introducir mejoras hasta que casi es demasiado tarde.

Afortunadamente, la cultura del pensamiento está empezando a cambiar en el mundo de los negocios y también en otras actividades. El director ejecutivo de una gran empresa me comentó cierta vez que se sentía muy feliz porque no había "problemas" en ninguno de sus departamentos. Hoy en día, la modalidad consiste en pasar del pensamiento puramente reactivo al pensamiento activo. Y eso requiere creatividad.

PARTE II

El pensamiento lateral Instrumentos y técnicas

Los Seis Sombreros para pensar

> ¿Cómo se concede tiempo a usted mismo para el pensamiento creativo?
> ¿Cómo le pide a alguien que realice un esfuerzo creativo?
> ¿Cómo consigue que alguien deje de ser persistentemente negativo?
> ¿Cómo estimula a las personas para que adviertan los beneficios de una idea?
> ¿Cómo expresa su intuición en una reunión seria?

El método de los Seis Sombreros es extremadamente simple, pero esa simplicidad resulta poderosa.

En una ocasión asistí en Tokio a un desayuno de trabajo. La reunión tenía como objetivo el lanzamiento de la traducción japonesa del libro *Seis sombreros para pensar*.* Estaban presentes los altos ejecutivos de algunas de las empresas japonesas más conocidas, incluyendo al señor Hisashi Shinto, director ejecutivo de NTT (Nippon Telephone and Telegraph). El señor Shinto había

* Little, Brown, Nueva York, 1986 y también ICCT, Nueva York y Penguin Books, Londres.

sido elegido el hombre de negocios japonés del año, por la hazaña que había llevado a cabo al privatizar la gigantesca empresa. En ese momento la NTT contaba con trescientos cincuenta mil empleados y sus acciones valían más que las de las cinco mayores corporaciones norteamericanas juntas. Al señor Shinto le gustó la idea de los seis sombreros y pidió a sus ejecutivos que leyeran el libro. Volví a coincidir con él seis meses después y me comentó que el método había tenido un poderoso efecto sobre sus ejecutivos, que ahora eran más creativos y más constructivos. Me pidió que ofreciese una charla para su equipo personal y también para los altos ejecutivos de la NTT.

En 1990, la IBM utilizaba el método de los seis sombreros como parte fundamental del entrenamiento de sus 40.000 gerentes en todo el mundo. También lo utilizaban Du Pont, Prudential y otras muchas empresas importantes. Lo usan porque es práctico y surte efecto.

Mi libro *Seis sombreros para pensar* describe detalladamente el método; además, en Estados Unidos es posible aprenderlo y practicarlo.

Para presentarlo aquí, sólo daré una reseña general.

Sombrero blanco

Piense en el papel en blanco, neutro y transmisor de información.

El sombrero blanco tiene que ver con los datos y la información.

¿Qué información tenemos aquí?
¿Qué información falta?
¿Que información nos gustaría que hubiera?
¿Cómo la obtendremos?

Cuando en una reunión se pide a todos los presentes que se pongan el sombrero blanco para pensar, se les pide que dejen de lado las propuestas y los razonamientos y que se concentren directamente en la información. Por el momento, todos los participantes de la reunión averiguan de qué información se dispone, cuál se necesita y cómo se podría obtener.

Sombrero rojo

Piense en el color rojo, en el fuego y en el calor.

El sombrero rojo se relaciona con los sentimientos, la intuición, los presentimientos y las emociones.

Se supone que en una reunión seria nadie expondrá sus emociones, pero sin embargo casi todas las personas lo hacen, disfrazándolas de razonamientos lógicos.

El sombrero rojo otorga permiso para expresar los sentimientos y las intuiciones sin disculparse, sin explicaciones y sin necesidad de justificación.

... Poniéndome el sombrero rojo, ésta es la impresión que tengo del proyecto.
... Tengo una corazonada: no va a funcionar.
... No me gusta la forma como se están haciendo las cosas.
... Mi intuición me dice que los precios caerán pronto.

Como el sombrero rojo "indica" los sentimientos como tales, éstos pueden incorporarse a la discusión sin disimularlos. La intuición puede ser un juicio complejo, basado en años de experiencia en el campo, y a veces resulta muy valiosa, aunque las razones que se esconden detrás de ella no pueden formularse conscientemente. También hay que decir que no siempre la intuición es correcta, sino que a veces puede resultar equivocada.

A veces conviene expresar abiertamente los sentimientos.

Sombrero negro

Piense en un juez severo, vestido de negro, que sanciona con dureza a los que actúan mal.
El sombrero negro es el sombrero de la "cautela".
Evita que cometamos errores, hagamos tonterías y realicemos actos que podrían ser ilegales.
El sombrero negro es para el juicio crítico.
Indica por qué no se puede hacer algo.
El sombrero negro señala por qué algo no será provechoso.

... Las reglamentaciones no nos permiten hacerlo.
... No tenemos suficiente producción para aceptar ese pedido.
... La última vez que subimos los precios las ventas cayeron.
... El no tiene experiencia en gestión de importación.

Los errores pueden ser desastrosos. Nadie quiere cometerlos ni hacer tonterías. Por lo tanto, el sombrero negro es valioso. Es el sombrero más usado y posiblemente el más útil.
Al mismo tiempo resulta muy fácil usar demasiado el sombrero negro. Algunas personas piensan que basta con ser cauto y negativo, y que si se evitan todos los errores todo funcionará bien. Pero es fácil matar la creatividad con una negatividad temprana. El vino es agradable, pero el consumo excesivo de alcohol puede convertirnos en alcohólicos. Lo mismo sucede con el sombrero negro. Es muy valioso, pero usarlo demasiado puede acarrear problemas.

Sombrero amarillo

Piense en la luz del sol.
El sombrero amarillo es para el optimismo y para una visión lógica y positiva de los hechos.

Busca la factibilidad y una manera de actuar.
El sombrero amarillo persigue los beneficios, pero éstos deben tener una base lógica.

... Esto podría funcionar si trasladáramos la planta de producción más cerca de los clientes.
... El beneficio surgiría de la repetición de las compras.
... El alto costo de la energía haría que todos vigilasen más al gastarla.

El sombrero negro es mucho más natural que el sombrero amarillo, porque para sobrevivir tenemos que evitar los errores y el peligro. Muchas veces el sombrero de pensar amarillo exige un esfuerzo deliberado. Los beneficios no siempre son inmediatamente obvios y podríamos tener que buscarlos. Toda idea creativa merece cierta atención del sombrero amarillo.

Sombrero verde

Piense en la vegetación y en el crecimiento abundante.
El sombrero verde es para el pensamiento creativo.
Para las ideas nuevas.
El sombrero verde sirve para las alternativas adicionales.
Para plantear posibilidades e hipótesis.
El sombrero verde abarca la "provocación" y el "movimiento" (que se describen más adelante).
El sombrero verde requiere esfuerzo creativo.

... Aquí necesitamos algunas ideas nuevas.
... ¿Hay alternativas adicionales?
... ¿Podríamos hacerlo de una manera diferente?
... ¿Podría haber otra explicación?

El sombrero verde nos permite pedir directamente un esfuerzo creativo. Pone el tiempo y el espacio a disposición del pensamiento creativo. Aunque no surja ninguna idea creativa, el sombrero verde pide el esfuerzo creador.

Sombrero azul

Piense en el cielo y en una visión panorámica.
El sombrero azul es para el control de los procesos. Piensa que se está usando el pensamiento.
El sombrero azul prepara la agenda para pensar.
Indica el próximo paso en el razonamiento.
El sombrero azul puede pedir otros sombreros.
Exige resúmenes, conclusiones y decisiones.
El sombrero azul puede comentar el pensamiento que se está usando.

> ... Hemos empleado demasiado tiempo buscando a alguien a quien echar las culpas.
> ... ¿Podríamos elaborar un resumen de sus opiniones?
> ... Pienso que debemos examinar las prioridades.
> ... Sugiero que probemos un poco de pensamiento de sombrero verde, para conseguir algunas ideas nuevas.

Por lo general, el director o el organizador de la reunión usa el sombrero azul, pero los otros participantes pueden presentar sugerencias. El sombrero azul sirve para organizar y controlar el proceso de pensamiento para que se torne más productivo. El sombrero azul se emplea para pensar sobre el pensamiento.

En vez de discutir

La tradición occidental de la argumentación indica que debemos avanzar mediante la toma de posiciones y la argumentación. "A" tiene un punto de vista y "B" no lo comparte. Se supone que la discusión que se entabla servirá para el análisis adecuado del tema. Pero con demasiada frecuencia los protagonistas se cierran en sus respectivas posiciones y se interesan más por ganar la discusión que por analizar el tema.

El método de los Seis Sombreros nos permite apartarnos de la discusión con el propósito de obtener un análisis más provechoso. "A" y "B" pueden ponerse el sombrero negro al mismo tiempo para descubrir los peligros. "A" y "B" pueden ponerse el sombrero amarillo para investigar los beneficios. "A" y "B" pueden ponerse el sombrero verde para plantear nuevas posibilidades. En vez de enfrentamiento hay análisis conjunto, cooperación. Por esta razón, el método fue adoptado entusiastamente por aquellos que presiden reuniones. Por fin existe una manera de liberarse del tradicional sistema de la discusión.

El yo y la realización

Cuando se trata de pensar, el yo y la actuación personal suelen estar estrechamente vinculados. Si a alguien no le gusta una idea, no se esforzará en absoluto por considerar sus aspectos favorables. Y lo mismo sucede en el caso contrario. El método de los sombreros separa al yo de la actitud personal. El pensador es desafiado a usar los diferentes sombreros y experimenta realmente una sensación de libertad porque ya no tiene que limitarse a adoptar una sola posición.

Ahora, si a una persona no le gusta una idea pero se pone el sombrero amarillo, tratará de encontrar aspectos favorables. Y si alguien está entusiasmado, se le pedirá que se ponga el sombrero negro y examine las posibles dificultades. Frecuentemente, al usar los distintos sombreros, al pensador se le ocurren ideas que modifican su opinión sobre el asunto en cuestión.

La persistente negatividad

Algunas personas son cautas por naturaleza y constantemente experimentan la sensación de que deben hablar de los posibles peligros. En una conversación normal no hay manera de detener a una persona que es persistentemente negativa. Con el sistema de los sombreros, en cambio, se brindan muchas oportunidades para ser negativo en el momento adecuado (con el sombrero negro), pero en otros momentos la negatividad está fuera de lugar. De este modo se reduce la natural preponderancia del sombrero negro.

Si una persona se muestra negativa, alguien le comenta: "Esto es un buen pensamiento de sombrero negro; sigamos pensando". Pero después de un rato, otro dice: "Ya tenemos bastante pensamiento de sombrero negro; ¿probamos ahora un poco con el sombrero verde?". Entonces el que tiene puesto el sombrero negro debe callarse o esforzarse para usar el sombrero verde.

Espacio para el pensamiento positivo y creativo

Los sombreros verde y amarillo permiten la dedicación de tiempo al esfuerzo creativo deliberado y también al esfuerzo por conseguir una actitud positiva. He visto a Ron Barbaro, el presidente de Prudential, escuchando a alguien que le explicaba por qué no se podía hacer algo. Después de unos minutos de atención, Ron dijo: "Ahora es el turno del sombrero amarillo".

Dedicar tiempo a la creatividad no es algo natural. No resulta natural dedicar tiempo al pensamiento positivo, a menos que nos guste la idea. Pero cuando hemos hecho el esfuerzo, casi siempre obtenemos nuestra recompensa. El flujo natural del pensamiento y de la conversación deja poco tiempo para el esfuerzo creativo (a menos que se nos ocurra una idea inmediatamente) y también para el esfuerzo positivo.

El juego de los seis sombreros

Mientras más invierte cada persona en el método de los seis sombreros como "juego", más valor adquiere el método. Nadie quiere quedarse fuera porque piensa que los demás le considerarán un tonto. Si todos los participantes se ponen el sombrero amarillo para esforzarse en conjunto y alguien sale con un comentario de sombrero negro, esa persona se siente fuera de lugar. Si uno invierte en el juego usando todos los sombreros cuando no los necesita realmente, el método estará disponible cuando surja una verdadera necesidad: discusiones airadas, crisis, conflictos, dogmatismo, etcétera.

Sin categorías

Es cierto que algunas personas están mejor dotadas para determinado tipo de pensamiento. También es cierto que algunas personas se sienten mucho más cómodas con un tipo de pensamiento que con otro. Pero quiero señalar especialmente que los sombreros no son categorías ni descripciones. En mi opinión, nadie debe ser considerado "el gran pensador de sombrero negro del grupo"; y nadie debe considerarse "el gran pensador de sombrero verde del grupo". El método de los Seis Sombreros tiene un objetivo absolutamente opuesto. Todos deben hacer un "esfuerzo" para usar todos los sombreros. Cuando un grupo piensa con el sombrero verde, todos deben ponérselo. Y si alguien permanece en silencio cada vez que no está usando su sombrero favorito, debe pedírsele directamente que produzca "algunas ideas de sombrero verde" o de sombrero amarillo, según sea el caso.

Es fácil considerar los sombreros como categorías. Son categorías de conducta de pensamiento, pero no son categorías de personas. Así como un buen golfista debe tratar de usar todos sus palos, un buen pensador debe intentar usar los seis sombreros.

El uso ocasional

El uso más frecuente de los sombreros es el "ocasional". Es decir, cada uno pide un sombrero por vez. Esto ayuda a incentivar cierto tipo de pensamiento o a salir de él. Antes del uso de los sombreros se desarrolla una conversación normal; y después del uso de los sombreros, también. Cada sombrero se utiliza como una manera conveniente de introducir cierto tipo de pensamiento. Uno puede pedirle a otra persona que se ponga o se saque determinado sombrero. Uno puede anunciar que se ha puesto un sombrero ("Poniéndome el sombrero negro, yo diría que las dificultades serán las siguientes"). Uno puede pedir a todo el grupo que se ponga cierto sombrero ("Creo que ha llegado el momento de que pensemos con el sombrero verde. Necesitamos nuevas ideas").

La gran virtud del método de los Seis Sombreros es que se puede cambiar de pensamiento sin ofender a nadie. Si le decimos a una persona que deje de ser "tan negativa", posiblemente se ofenderá. Pero si le pedimos que "se pruebe el sombrero amarillo", no habrá ofensa.

Después de cierto tiempo los seis sombreros pasan a formar parte de la cultura del grupo y se usan libre y automáticamente para pedir diferentes tipos de pensamiento.

El uso sistemático

A veces, un individuo o un grupo quieren examinar rápidamente un tema. Esto puede hacerse estableciendo una secuencia formal de los sombreros y usándolos uno por uno, durante más o menos cuatro minutos cada uno.

No se produce ni una sola secuencia correcta, porque se elige en función del tema, de lo que ya se haya analizado antes y de las personas que estén pensando. Se puede dar, eso sí, cierta orientación formal que por lo general ayuda a elegir la secuencia. Es conveniente, por ejemplo, dejar el sombrero negro casi para el final, a fin de identificar las dificultades y los peligros y considerar si la idea propuesta es viable. Después se podría usar el sombrero rojo, que permite que alguien diga: "En su forma actual esta idea no funcionará, pero yo todavía creo que tiene potencial. Por lo tanto, tratemos de encontrar una manera de conseguir que funcione". Así, la expresión de un "sentimiento" evita que se descarte totalmente esa idea, aunque en su forma actual no sea utilizable. En este punto, estas indicaciones sólo servirán para confundir a los lectores, que tratarán constantemente de recordar la secuencia correcta. Es mejor, por lo tanto, proporcionarlas durante el entrenamiento formal del uso de los Seis Sombreros para Pensar. A los fines prácticos basta con ponerse de acuerdo sobre determinada secuencia, que parezca sensata, y usarla. Este procedimiento da siempre buenos resultados.

Volveré a referirme al método de los Seis Sombreros en el apartado de las "Aplicaciones".

La pausa creativa

A menos que haya algún obstáculo, una interrupción u otro inconveniente, el pensamiento y la acción fluyen con suavidad. El cerebro trabaja para que la vida sea más fácil y lo logra convirtiendo las cosas en rutina. Formamos pautas de pensamiento y comportamiento y después las usamos. Esto tiene sentido desde el punto de vista de la supervivencia, aquí el cerebro cumple una tarea excelente.

Es posible generar motivación y actitudes creativas apelando a la exhortación, elogiando los maravillosos resultados de la creatividad, dando ejemplos o fomentando la inspiración. También se pueden establecer actitudes creativas de una manera más fiable, con ciertas técnicas simples, como por ejemplo la "pausa creativa".

El esfuerzo creativo

A lo largo de este libro he destacado muchas veces la importancia de pedir un "esfuerzo" creativo. En el transcurso de una reunión, proponer el uso del sombrero verde es una manera formal de exigir un "esfuerzo" creativo. He sugerido también que en vez de recompensar los resultados creativos se puede premiar el esfuerzo creativo. No se le puede pedir a una persona que tenga una idea brillante. Pero sí se le puede insistir en que haga un esfuerzo creativo.

Una vez realizado el intento, tarde o temprano aparecerán los resultados. Si la voluntad de esfuerzo existe, podemos complementarla con un entrenamiento formal en las técnicas del pensamiento lateral.

La pausa creativa es la más simple de todas las técnicas creativas, pero no por eso es menos potente.

Esta pausa debe convertirse en un hábito mental en toda persona que desee ser creativa. La pausa creativa es la manera más simple de realizar un esfuerzo creativo.

La pausa

No hay problema alguno. Nadie le ha interrumpido. Sin embargo, usted suspende su pensamiento simplemente porque quiere hacerlo. La pausa no es una reacción ante algo. Es el resultado de su intención de parar.

"Aquí podría haber una idea nueva."
"Allí debe haber una idea nueva."
"Quiero hacer una pausa para pensar sobre el tema."

Si no prestamos atención a algo es muy improbable que pensemos sobre eso. La pausa creativa es una interrupción en el suave flujo de la rutina y está destinada a prestar atención a algo, deliberadamente.

¿Por qué detenernos aquí? ¿Por qué no allá? ¿Por qué no en cualquier punto?

No es necesario que exista una razón para detenerse en determinado punto. Y es mejor que no haya razones, porque cuando empezamos a buscar razones sólo haremos la pausa cuando exista una razón justificada y eso frustraría el propósito general de la pausa creativa. Es cierto que a veces el pensador percibe cierto valor posible, o presiente que hay una oportunidad, o piensa que se está actuando de una manera demasiado complicada. En todos estos casos existe una razón legítima para detenerse, pero la pausa creativa no debe depender de las razones legítimas. Como veremos en la sección siguiente, dedicada al "foco", las personas suelen obtener los mejores resultados cuando se detienen a pensar en cosas sobre las que nadie haya pensado antes.

La pausa creativa es muy simple, pero eso no significa que sea fácil hacerla. Se requiere mucha disciplina para detener el flujo constante del pensamiento y realizar una pausa creativa.

La motivación

¿Qué se produce primero? ¿Nos detenemos para hacer una pausa creativa porque estamos motivados para ser creativos? ¿O conseguimos motivación para ser creativos porque desarrollamos deliberadamente el hábito de la pausa creativa? Creo que el proceso se produce de ambas maneras, pero tiene que haber cierta motivación inicial; de lo contrario, ninguna persona se molestaría en desarrollar el hábito.

Quiero destacar que la "pausa creativa" es un proceso deliberado. No es el resultado de una inspiración súbita que debe ser obedecida. Usted realiza la pausa cuando quiere; se detiene para producir un esfuerzo creativo; tiene la intención de ser creativo.

La esperanza es una parte importante de la creatividad y está relacionada también con el entusiasmo. Usted se detiene porque existe la posibilidad de conseguir una idea nueva si realiza el esfuerzo de parar. Es como caminar a buen paso por una ruta campestre o detenerse para admirar las flores silvestres que crecen al margen del camino. Si usted camina de prisa no verá las flores, a menos que haya una cantidad espectacular de ellas. Pero si se esfuerza por detenerse y prestar atención a las flores, quizá se vea recompensado por el espectáculo de su belleza.

¿Por qué debo detenerme? ¿Por qué tengo que inmovilizar las

cosas? ¿Por qué tendría que gastar tiempo en un esfuerzo que probablemente será inútil? La respuesta a todas estas preguntas reside en un análisis de la índole de "inversión" de la creatividad. Evidentemente nadie puede garantizarle que todas las pausas creativas serán provechosas. Pero si sigue invirtiendo en esfuerzo creativo, empezará a obtener beneficios. Si, por el contrario, nunca realiza un esfuerzo creativo serio, es bastante improbable que se le ocurran ideas nuevas. Si no dedicamos tiempo a la jardinería difícilmente llegaremos a tener un jardín.

Resulta obvio, sin embargo, que no se debe permitir que la pausa creativa interfiera en el propósito fundamental del pensamiento o de la reunión. La pausa puede ser personal: "Tal vez haya una manera diferente de encarar este asunto". La pausa puede involucrar al grupo: "Veamos si hay otras alternativas". Puede ser momentánea y producirse sin que los demás se den cuenta.

El uso de la pausa creativa

¿Qué sucede durante la pausa creativa? ¿Cuánto debe durar?

En la pausa creativa no es necesario usar los métodos sistemáticos del pensamiento lateral. Uno puede limitarse a buscar rápidamente alternativas simples. El meollo de la pausa consiste en fijarse en algo y considerarlo digno de atención. A medida que uno adquiere experiencia en el pensamiento creativo, incluso una pausa breve puede sugerir una manera mejor de actuar.

Si se bloquea temporalmente un río, el agua encontrará rápidamente nuevos canales para fluir. A veces, basta la mera interrupción del rápido flujo del pensamiento para abrir nuevas líneas de pensamiento. La pausa tiene valor en sí. Este valor no consiste en que podamos hacer cosas mientras dura. Si uno se detiene mientras come, percibirá mejor el sabor de lo que está comiendo. Si uno se detiene mientras piensa, prestará mayor atención al punto en el que se ha detenido. Si nos paramos en el cruce de dos caminos podremos leer los indicadores, pero si pasamos a toda velocidad no tendremos idea de a dónde conducen esos caminos.

En algunas circunstancias es importante pensar con rapidez, pero en otras es mucho mejor pensar lentamente. La creatividad es una de las circunstancias en que pensar lentamente supone una ventaja. Así como conducir lentamente el automóvil permite admirar el paisaje, también pensar lentamente posibilita prestar atención a las cosas. En vez de correr, obsesionados por llegar a nuestro destino, podemos examinar la manera como estamos marchando hacia él y considerar la posibilidad de tomar un camino diferente.

La pausa no tiene por qué ser larga. Tampoco hay que devanarse los sesos y esforzarse por producir una idea nueva. Uno simplemente se detiene para pensar y reflexionar un momento (quizá de veinte a treinta segundos una persona sola, y un par de minutos un grupo) y después seguir avanzando. Siempre se puede volver a ese punto, si así lo deseamos. No existe presión alguna para obtener resultados inmediatos. La pausa creativa es un fin en sí misma. De hecho, es mejor no esforzarse demasiado en cada pausa creativa, porque pueden llegar a convertirse en una carga, consiguiendo que la persona se sienta menos inclinada a hacerlas. Las pausas deben ser casi casuales. Es como decir: "¡Qué interesante!", y seguir andando.

Aunque la pausa creativa incluye foco e intención, existe una clara distinción entre la simple pausa creativa y la elección de una importante área de enfoque, seguida de un intento decidido y sistemático por generar nuevos conceptos. La definición deliberada de un foco y la sostenida aplicación del esfuerzo creativo (se usan o no los instrumentos sistemáticos del pensamiento lateral) es un proceso que tiene un orden de magnitud diferente.

Mientras escuchamos hablar a alguien podemos provocar pausas creativas o generar "puntos de atención" creativos con respecto a lo que se está diciendo.

El pensamiento proactivo

Gran parte de nuestro pensamiento es reactivo: responder a exigencias, resolver problemas, superar dificultades. Queda poco tiempo para otro tipo de pensamiento y menos motivación para proponernos tareas de pensamiento adicionales. La pausa creativa es un importante hábito de pensamiento proactivo. Es una breve interrupción en la que el pensador se dice:

"Quiero observar aquello."
"Quiero prestar atención a esto."
"Hay que reflexionar sobre este tema."
"¿Habrá otra posibilidad?"
"¿Será ésta la única manera posible de hacerlo?"

Si una persona o una organización otorgan valor a la creatividad, entonces ese valor justifica la pausa creativa proactiva. La pausa es una técnica simple. Es una manera de construir una actitud creativa. Un modo de convertir la atención creativa en un hábito. La pausa es una manera concreta de manifestar el esfuerzo creativo, ante uno mismo o ante los demás. Es una inversión en creatividad y una inversión en la construcción de técnicas creativas.

Es importante darse cuenta de que la pausa creativa es un procedimiento simple y leve. Nunca debe convertirse en un desafío ni en una tarea exigente.

El foco

Se dice que la persona que inventó el "Workmate" de Black & Decker ganó millones con ese invento simple y práctico. Black & Decker había concentrado su atención en sus herramientas eléctricas. El inventor se concentró en un campo diferente: el lugar para usar esas herramientas.

El foco es una parte importante de la creatividad. Más importante de lo que muchos piensan. Algunas personas creativas afirman no creer en el foco y quieren captar las ideas a medida que se les ocurren.

El foco simple

Por lo general no se le considera un instrumento creativo, pero lo es.

Creemos que la creatividad sólo se aplica a problemas graves y a dificultades que parecen no tener solución sin una salida creativa. En esos casos suele necesitarse un alto grado de destreza creativa.

Supongamos, sin embargo, que usted concentra su atención en algo en lo que nadie se ha molestado antes en pensar. En tales casos, incluso un pensamiento creativo muy pequeño puede producir resultados espectaculares. No existe competencia, estamos en territorio virgen. Hay inventores que triunfan enfrentándose a problemas realmente difíciles y encontrando la solución que todos buscaban. Pero otros eligen campos que nadie había notado y, con una pequeña mejora, producen un invento importante. La búsqueda de estos puntos de atención, inusuales e ignorados, constituye una técnica creativa. Sabemos que los detergentes concentrados tuvieron éxito porque ocupan menos espacio en los estantes y porque su manipulación es un 45 por ciento más barata. ¿Habrá alguna manera de disminuir el tamaño de los paquetes de cereales? ¿Y si encontráramos una manera sencilla de mejorar los envases?

Mientras cenamos, por ejemplo, concentramos nuestra atención en la relación entre la vajilla y los cubiertos. No hay problema que superar, dificultad de resolver ni beneficio evidente que lograr. Pero decidimos concentrarnos en el tema.

Usted está pegando el sello en una carta y decide concentrar su atención en esa operación. ¿Qué ideas nuevas puede haber allí? Tal vez la posibilidad de poner un mensaje sobre la salud o un aviso publicitario en el espacio destinado a ser cubierto por el sello. Tal vez una manera totalmente diferente de pegarla.

Uno está bebiendo en una copa. Entonces, pone el foco en el borde del recipiente. ¿Podría tener otra forma? ¿Podríamos inventar un borde desechable para aumentar la higiene?

Usted está haciendo cola en el aeropuerto y concentra su atención en la fila de personas. ¿Se podría utilizar ese tiempo para que la gente se informe o se entretenga? Quizá podríamos volver a producir películas "mudas", para pasarlas en lugares en donde no se puede añadir más ruido.

Uno se concentra en el pago de la póliza de su seguro de vida. ¿Qué ideas nuevas puede haber en esa operación?

La comida se enfría en su plato. ¿Qué se podría hacer? ¿Tal vez poner un mantel térmico? ¿Qué otras ideas se le ocurren?

Estos son ejemplos menores, pero sirven para mostrar que el "foco simple" puede aplicarse a cualquier cosa.

Uno puede concentrarse en la interacción entre personas y

cosas como, por ejemplo, la acción de entrar o salir de un automóvil. Un inventor desarrolló el limpiaparabrisas de velocidad variable y ganó millones de dólares en su invento.

También es posible descomponer una operación en pasos pequeños y concentrarse en algunos de ellos. Uno lleva el coche al taller. ¿Se puede hacer algo para mejorar o acelerar ciertos pasos del servicio?

Existe un número infinito de posibles focos. Igual que en la pausa creativa, todo depende de usted. Usted decide realizar una pausa o concentrar su atención en un punto.

La pausa creativa y el foco simple no son idénticos, pero se superponen. La pausa creativa es la disposición a detenerse durante el pensamiento o la conversación, con el propósito de prestar atención creativa. El foco simple es un esfuerzo deliberado por elegir un nuevo foco de atención; en este caso, el proceso puede terminar allí. Lo común de la pausa creativa y el foco simple es la disposición para pensar en cosas que no requieren pensamiento. El pensador creativo decide si quiere detenerse o concentrarse de este modo.

Una vez elegido un enfoque simple, es posible tratarlo de diferentes maneras.

1. Un simple registro mental del foco asegura la atención futura. La confección de una lista de posibles focos forma parte de la aplicación del pensamiento creativo y se expondrá en la sección llamada "Aplicación".
2. Un intento preliminar de generar alternativas e ideas.
   Este procedimiento es una especie de verificación previa. Si surgen ideas interesantes, se puede investigar el tema más seriamente. Esta verificación previa debe durar entre tres y cinco minutos.
3. Un esfuerzo serio por generar ideas en el punto elegido. Este intento debe realizarse usando las técnicas formales del pensamiento lateral.

Una vez definida el área de foco, se puede abordarla con la misma seriedad que un problema real o un área de oportunidades posibles. Nada garantiza que el esfuerzo creativo producirá resultados convenientes. Se invierte tiempo y esfuerzo que pueden no ofrecer una retribución inmediata. Es cuestión de la disposición de la persona o la organización para asignar recursos a este tipo de inversión.

Hay que señalar, además, que el "foco simple" tiene valor como ejercicio aunque no se intente desarrollar ideas dentro de esa área de foco. El mero ejercicio de escoger áreas de enfoque inusuales tiene gran valor. Este ejercicio puede convertirse en hábito aunque no se lleven a cabo acciones creativas concretas. Con el tiempo, una persona puede resultar muy eficiente para la localización de puntos focales. Una vez establecido el hábito es posible la aplicación del pensamiento creativo formal al foco elegido. De hecho, para empezar tal vez sea mejor desarrollar este hábito de elegir puntos focales como fines en sí mismos, sin la intención de generar ideas. El intento de producir ideas puede resultar decepcionante y frustrar el establecimiento del hábito.

Es mejor ser hábil en la elección del foco y tener algo de capacidad creativa que poseer una gran capacidad creativa y poca destreza para la elección del foco. Por lo tanto, conviene no olvidar la importancia del enfoque, especialmente porque el desarrollo de este hábito es relativamente fácil.

El foco específico

Hay tres grandes tipos de aplicación creativa:

1. *Creatividad cotidiana*. Abarca las actitudes, la motivación y los hábitos de la creatividad. Aquí, la creatividad se convierte en un elemento de la capacidad de pensar. Se pueden usar los instrumentos creativos de vez en cuando. Se aplica según las necesidades. Existe la voluntad de buscar alternativas y la voluntad de buscar aún más alternativas. Uno se empeña en usar el sombrero verde y el sombrero amarillo. La pausa creativa y el proceso de foco simple forman parte de esta creatividad cotidiana.

2. *El foco específico.* Aparece aquí un foco definido. Puede ser definido por el individuo o por el grupo que practica pensamiento creativo o puede haber sido indicado de antemano. En la sección Aplicaciones abordo estas cuestiones. Lo importante es que exista una "tarea creativa definida". Hay un foco específico. Las técnicas del pensamiento lateral se aplican seria, deliberada y formalmente, en un esfuerzo por generar nuevos conceptos e ideas nuevas.

Este es el foco específico. Ahora necesitamos ideas nuevas.

Algunas personas creativas poseen un alto grado de capacidad creativa pero no saben cómo utilizarla.

Yo soy creativo. ¿En qué aplicaré mi creatividad?

Otras personas, también creativas, piensan que un foco demasiado definido limitará su pensamiento y, por lo tanto, prefieren actuar sin foco específico, confiando en la inspiración.

En mis seminarios descubrí que muchos ejecutivos son capaces de aprender fácilmente las técnicas formales del pensamiento lateral pero les resulta problemático elegir un foco creativo. Por lo general, efectúan esa elección de un modo débil y vacilante. Pero la capacidad creativa sin foco no es poderosa. Sospecho que la dificultad estriba en que la mayoría de la gente que piensa ha sido entrenada para "reaccionar" ante dificultades y problemas. Los problemas aparecen y sólo entonces uno trata de encontrar maneras de describirlos y definirlos. Pero cuando no existe tal problema ni tampoco algo ante lo que reaccionar, tampoco hay nada que buscar.

La capacidad de elegir y definir un foco creativo es fundamental dentro de la técnica del pensamiento creativo.

Para simplificar el procedimiento del foco he reducido los "tipos" a dos:

1. Tipo de foco de área general.
2. Tipo de foco de propósito.

Tipo de foco de área general

Este tipo de enfoque creativo es sumamente importante, pero aún bastante desconocido. Esto se debe a que la mayoría de las personas han aprendido a pensar sólo en función de un objetivo o propósito definido. De hecho, el pensamiento se considera con frecuencia como sinónimo de "resolución de problemas". Esto significa que el pensamiento creativo tiene un alcance muy limitado. Por eso, existe una necesidad de "foco de área general" y una necesidad de destacar la utilidad de este tipo de foco.

El enfoque de área general es tan fácil y tan obvio que la mayoría de las personas no lo entienden. Este tipo de foco sirve simplemente para definir el área general dentro de la cual queremos llegar a las ideas nuevas.

    Quiero ideas nuevas en el área de los restaurantes.
    Quiero ideas nuevas en el área de los teléfonos.
    Quiero ideas nuevas en el área de la transferencia de fondos entre bancos.

El foco de área general no le pone un objetivo al pensamiento. El único propósito consiste en la generación de ideas dentro de determinado campo. Tan pronto como se incluye una meta, el foco deja de ser de área general. El área general puede ser amplia o estrecha.

    Quiero ideas en el área de la hotelería.
    Quiero ideas sobre el color de las mesillas de noche en los cuartos de hotel.

Quiero ideas en el área de los mensajes para los huéspedes.

Hay varias razones por las que necesitamos de un "tipo de foco de área general". La primera, este tipo de enfoque nos permite pensar creativamente sobre cualquier cosa. No es preciso que exista un problema o una dificultad. No es necesario que se espere lograr algún beneficio. Simplemente, uno decide pensar creativamente en determinada área. Esto duplica el alcance del pensamiento creativo. En vez de restringirse a la resolución de problemas, el pensamiento creativo puede usarse en cualquier circunstancia.

Necesitamos ideas para reducir el costo de los servicios de a bordo en las líneas aéreas.
Necesitamos ideas en el área de los servicios de a bordo en las líneas aéreas.

Con el primer tipo de foco nuestro pensamiento se limita a las maneras de reducir el costo de los servicios de a bordo porque hemos determinado con anticipación el valor de esa reducción. Esta tarea es perfectamente válida para el pensamiento creativo. En el segundo caso, podemos generar algunas ideas que podrán usarse para reducir el costo de los servicios de a bordo, pero también podremos hallar algunas que incrementen el costo de los servicios de a bordo de tal manera que ese incremento resulte beneficioso. De hecho, incluso pueden surgir ideas según las cuales el servicio se convierta en una fuente de ganancias en vez de ser una fuente de gastos.

Es importante evitar que los "problemas" no se disfracen de "focos de tipo de área general".

Necesitamos algunas ideas en el área general del absentismo laboral.
Necesitamos algunas ideas en el área general del aumento de la eficiencia del control.

Estos dos focos son realmente focos de propósito. La palabra "absentismo" define un problema. En cuanto a la idea de aumentar la eficiencia de algo, indica un tipo de foco de mejora. Podemos tratar al absentismo como un foco de área general hasta esclarecer que el propósito del pensamiento no consiste en la reducción del absentismo ni en la superación de los problemas que causa. Es posible que una vez establecido este foco podamos desarrollar la idea de la disminución de las horas de trabajo, en contraste con la idea de "horas extras", lo que significaría una semana laboral más corta, con menor remuneración, cuando la demanda descendiera.

Ahora bien, si el foco de área general no debe incluir un objetivo, ¿cómo generaremos ideas nuevas?

1. Producimos ideas en el área general consideradas útiles por derecho propio. Estas ideas ofrecen un beneficio, aunque no nos propongamos buscarlo.
2. Examinamos las ideas que surgen para escoger las adecuadas para las orientaciones que nos interesan a nosotros.
3. Tratamos de investigar si la idea generada puede modificarse para que sirva a determinado propósito.

El hecho de que el propósito no deba estar presente al comienzo no significa que no pueda introducirse después. Luego pensamos cuáles son las ideas que nos acercan a él.

El foco de propósito

Este es el tipo de foco con el que la mayoría de las personas están familiarizadas. ¿Cuál es el propósito de nuestro pensamiento? ¿Qué queremos lograr? ¿Cuál es nuestro objetivo? ¿Cuál es nuestro blanco? ¿A dónde queremos llegar?

Perfeccionamiento

Podemos definir el foco creativo como un intento de lograr cierto perfeccionamiento en determinada dirección.

Queremos ideas para aumentar la rapidez de la atención al público que forma filas para pagar ante las cajas del supermercado.
Buscamos ideas para reducir el costo de la capacitación del personal.
Deseamos ideas para simplificar los controles en esta videograbadora.
Queremos ideas para reducir el desperdicio de comida en el restaurante.

Si no se define la dirección de la mejora que se quiere lograr, el foco se confunde con uno de área general:

Queremos algunas maneras de mejorar el servicio a la clientela.

En la práctica, conviene dividir este tipo de foco en tareas menores. Para cada subtarea debe haber una dirección de la mejora propuesta.

Resolución de problemas

Queremos resolver un problema o superar una dificultad. Sabemos que queremos eliminar el problema o liberarnos de la dificultad.

¿Cómo podemos reducir las pérdidas provocadas por los pequeños robos que se producen?
Necesitamos ideas para evitar la condensación de vapor en las paredes de los baños.
Precisamos ideas para reducir el ruido del equipo de transmisión.
¿Cómo podemos abordar el problema de la violencia urbana?

Algunas de estas ideas pueden parecer "mejoras" debido a la palabra "reducir". Esto se debe a que realmente quisiéramos eliminar el problema por completo pero creemos que no será posible. También puede haber una verdadera superposición entre mejora y resolución de problema. La principal diferencia consiste en que la resolución de problemas define una dificultad, mientras que el perfeccionamiento desea lograr un cambio en una dirección general (costos, tiempo, etcétera).

Tareas

En el caso de las tareas, no se trata de eliminar un problema sino de llegar a un punto deseado.

> Quiero diseñar una nevera horizontal.
> Deseo encontrar una manera de comunicarme con 5000 instructores en diversos lugares.
> Necesitamos conseguir varios programadores informáticos altamente cualificados.
> Queremos un lema fuerte, que nos ayude a ganar las elecciones.
> Necesitamos un chocolate que no se derrita en el desierto.

También en estos ejemplos se produce una superposición con los problemas. Por ejemplo, podríamos considerar que el hecho de que el chocolate se derrita en un clima caluroso es un problema que debe superarse. En la práctica, la distinción filosófica entre los tipos de propósito no es ni absoluta ni tan importante. Con frecuencia todo dependerá de las palabras que usemos ("Necesitamos superar el problema de que, sometido a las altas temperaturas del desierto, el chocolate se derrite").

Oportunidad

Aquí se plantea un sentido de posibilidad y oportunidad. Las oportunidades pueden ser abordadas como foco de área general: "En esta área de oportunidad, necesitamos ideas de alta belleza escénica".

> ¿Cómo podemos usar este pegamento que nunca seca?

La gente ya no puede mantener casas grandes. ¿Podemos considerarlo como una oportunidad?
La transmisión de TV por satélite se está abaratando. ¿Qué oportunidades brinda este hecho?
En Bulgaria hay una cosecha excelente de uvas este año.

Aunque los diferentes tipos de propósito no son compartimientos cerrados, es más conveniente expresar un tipo de propósito directamente como parte de la definición del foco creativo o la tarea. Así especificamos lo que buscamos y cuáles son nuestras intenciones.

Cuando trabajamos con un foco del tipo de propósito no debemos ser tímidos para expresar explícitamente ese propósito. Pero si creemos que eso limitaría o dirigiría nuestro pensamiento creativo, tenemos dos opciones. Podemos desplazarnos a un foco de tipo de área general. O podemos plantear definiciones alternativas del propósito y trabajar también con ellas.

Quiero algunas ideas para resolver el problema de la sobreventa de pasajes en las líneas aéreas debido a los pasajeros que compran en el último momento.
Quiero ideas para aumentar la velocidad con que damos curso a las reclamaciones por seguros.
La tarea consiste en encontrar un socio en Hungría. Necesitamos algunas ideas sobre cómo lograrlo.
Esta fibra elástica, de maravillosa calidad de elasticidad, podría ofrecer interesantes oportunidades. ¿Cuáles?

No importa si la inclusión del tipo de propósito determina que la formulación del foco sea muy formal. Por el contrario, es mejor así.

Ocasiones de los focos

Hemos examinado ya los tipos de foco; ahora podemos considerar brevemente las ocasiones para esos focos.

1. *Necesidad o propósito definidos.* Existe un propósito o una tarea bien definidos. Esto brinda una oportunidad para el uso del pensamiento creativo. La tarea puede ser asignada o elegida libremente por un individuo o por un grupo.
2. *Revisión de rutina.* Aquí no hay tarea ni problema específicos. Existe, sí, la intención de revisar cierto proceso o procedimiento. Este procedimiento puede dividirse en áreas de atención y en focos que sean convenientes. El pensamiento creativo se aplica a cada una de estas áreas y focos, por turno. Cualquier procedimiento existente puede tratarse de este modo. El tipo de foco puede ser tanto de área general como de propósito.
3. *Punto sensible a las ideas.* La palabra "sensible" indica que en este punto una idea nueva produciría un efecto muy importante. Hablando de un automóvil, "manejo sensible" supone decir que un pequeño giro del volante produce un fuerte cambio en la trayectoria del vehículo. "Película fotográfica sensible" significa que responde incluso a la luz escasa. Entonces nos disponemos a buscar los puntos que responderían a un cambio de idea o concepción. Esta búsqueda constituye una operación en sí misma. Cuando hemos encontrado lo que parece ser un punto sensible a las ideas, tratamos de desarrollar nuevas. Esto difiere de la "revisión" porque en ese procedimiento no se da por sentado que una idea nueva provocará un gran cambio. Revisamos algo simplemente porque está allí. (Nota: hasta ahora me refería a este aspecto como a un "área" sensible a las ideas, pero decidí cambiar por la palabra "punto" para evitar confusión con el foco de área general.)
4. *Capricho.* Esto se vincula a la pausa creativa y el foco simple, y también al aspecto de inversión del pensamiento creativo. De vez en cuando podemos concentrarnos en algo sin razón alguna, excepto que queramos concentrarnos en eso. En resumen: debemos ser capaces de centrar nuestra atención sobre cualquier tema cuando no existe ninguna razón para hacerlo. De este modo podremos concentrarnos en cuestiones a las que los demás no han prestado atención.

Focos múltiples

Podemos abordar un foco amplio como tal o descomponerlo en múltiples subfocos o subáreas.

> Necesitamos ideas nuevas sobre el autotransporte de pasajeros.
>
> Quiero descomponer esta formulación en: equipamiento, control del tráfico, horarios, mercado, problemas por una máxima demanda, capacitación de los conductores, comodidades de los vehículos, etcétera.

Al dividir un foco amplio en múltiples focos más pequeños es posible seguir las líneas generales del análisis. Pero no es necesario respetar estrictamente las divisiones del análisis. De hecho, es mejor que los focos se superpongan considerablemente y que no estén separados por completo. La figura 2.1 muestra la diferencia entre focos separados y superpuestos. Por ejemplo, bajo el foco amplio de "servicio de autotransporte" podría haber otros como "comodidad" y "conveniencia". Evidentemente, estos focos se superponen con otros, como "comodidad de los vehículos" y "horarios". Esto no tiene la menor importancia porque bajo los diversos encabezamientos surgirán ideas diferentes.

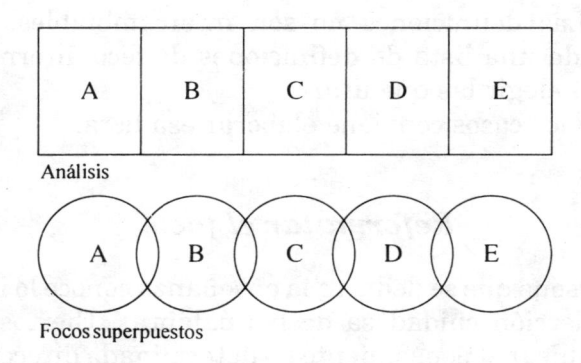

A	B	C	D	E

Análisis

A B C D E

Focos superpuestos

Figura 2.1

Definiciones alternativas

Así como conviene redefinir los problemas y establecer definiciones alternativas del problema en cuestión, también es conveniente tener en cuenta las definiciones alternativas de un foco creativo.

> Queremos ideas en el área de la hotelería.
> Buscamos innovaciones en el área de la relación entre la administración del hotel y el personal.
> Queremos maneras de evaluar la calidad de la administración del hotel.
> Necesitamos ideas para lograr que la administración del hotel dependa menos de los gerentes altamente cualificados.
> Queremos ideas para implantar un infalible sistema de administración semiautomático.
> Pretendemos idear maneras de involucrar a todo el personal en la función administrativa.
> Deseamos sugerencias sobre cómo formar un equipo administrativo fuerte que trabaje en conjunto.

Todas estas definiciones se vinculan a la administración de hoteles, pero en cada caso el énfasis se centra en un punto diferente. Las definiciones no son intercambiables. Una vez confeccionada una lista de definiciones de foco alternativas, el grupo podrá elegir las que usará.

En todos los casos conviene elaborar esa lista.

Reformular el foco

Toda persona que se dedica a la enseñanza conoce la importancia de la elección cuidadosa de las palabras. Ciertos vocablos pueden impulsar el pensamiento en determinada dirección, y una redacción ligeramente diferente puede llevarlo por un camino completamente opuesto. También puede suceder que la redacción sea ambigua.

> Quiero maneras de reducir el papeleo.

Este enfoque puede sugerir ideas de formas de comunicación que no utilicen papel. Sin embargo, la verdadera intención fue reducir la cantidad de procesos que requieren lectura y almacenamiento; entonces, pasar simplemente de las comunicaciones escritas a los sistemas electrónicos no reducirá la "carga de lectura".

> Deseo disminuir la carga de lectura de los ejecutivos.

Supongamos que esta idea hubiera sido formulada así:

> Quiero reducir las comunicaciones entre los ejecutivos.

Posiblemente hubiera cundido cierta alarma en la empresa, porque la comunicación siempre se considera muy importante.

Quizás, entonces, se podría haber expresado así:

> Quiero ideas para reducir la comunicación innecesaria entre ejecutivos.

No se trata de definiciones alternativas sino de la utilización de palabras alternativas: trabajo con papel, carga de lectura, comunicación, comunicación innecesaria.

El tiempo que se dedica a elegir cuidadosamente las palabras es una buena inversión.

El problema subyacente

A veces, en mis seminarios, sugiero a los participantes que consideren el perfeccionamiento del diseño de un paraguas. Casi siempre hay en el grupo alguna persona con experiencia en creatividad. Estas se muestran reacias a perfeccionar el diseño del paraguas. Quieren, en cambio, considerar el problema subyacente: "la protección contra la lluvia". Esta iniciativa podría desembocar en un estudio de los impermeables o incluso en un nuevo diseño de ciudad, donde hubiera arcadas por todas partes y los paraguas dejaran de ser necesarios. Pero nada de eso le servirá al fabricante de paraguas que trata de mejorar el diseño.

A veces, es realmente necesario y conveniente ampliar la definición del foco y desplazarse hacia "el problema subyacente". Este hábito es muy útil.

No necesitamos taladros; sólo necesitamos agujeros.

¿Por qué necesitamos agujeros? Quizás haya formas mejores de unir dos cosas; por ejemplo, ciertos pegamentos especiales.

No obstante, a veces necesitamos concentrarnos en el punto focal que tenemos ante los ojos. No tiene sentido negarse siempre a abordar el problema inmediato a favor del análisis de cuestiones más profundas. Hay que ser capaz de hacer las dos cosas: buscar el problema subyacente, pero también ocuparse del foco tal como se presenta.

¿Cuánta información?

¿Cuánta información hay que tener junto con el foco creativo? Algunas personas exigen mucha, con la esperanza de que el análisis aplicado a un volumen considerable de información brinde una respuesta sin necesidad de apelar al pensamiento creativo.

El foco creativo mismo no debe transportar mucha información; pero resulta útil la existencia de información de apoyo disponible.

Aquí se aplican también los conceptos que expuse sobre la creatividad propia de la inocencia. El exceso de información atasca el pensamiento creativo y nos conduce de nuevo a las ideas existentes. Casi siempre es mejor abordar el tema en un nivel de "inocencia", es decir, tratarlo en función de conceptos y principios. Cuando empiezan a surgir ideas puede ser conveniente aportar más información para considerar si los nuevos conceptos son aplicables. Puede suceder que un concepto innovador resulte inaplicable debido a la existencia de ciertas reglamentaciones. Pero es preferible correr ese riesgo que amontonar información con la esperanza de que de ella surjan ideas nuevas.

El cuestionamiento

El "cuestionamiento creativo" es algo muy particular.

¿Por qué esto se hace de este modo?
¿Por qué hay que hacerlo así?
¿Existen otras maneras?

Lo primero que debemos tener claro es que el cuestionamiento creativo difiere totalmente del cuestionamiento crítico. El cuestionamiento crítico trata de evaluar (la palabra "crítico" proviene del griego *kritikós*, que significa "juez") si el modo actual de hacer algo es correcto. El cuestionamiento crítico es un cuestionamiento de juicio. Se dedica a demostrar que algo es defectuoso o erróneo y después intenta mejorar o cambiar la manera cómo se realiza. Este es el comportamiento normal de perfeccionamiento.

El cuestionamiento creativo, en cambio, no critica ni juzga ni busca defectos. El cuestionamiento creativo opera sin intención de juzgar. Es un incentivo para lograr la "singularidad".

Aunque lo que estoy considerando parezca excelente, ¿no habrá otra manera de hacerlo?

Se dice que el cuestionamiento creativo es una "insatisfacción creativa". En cierto modo, el concepto transmite la idea de inconformidad por aceptar algo como la única manera posible, pero la palabra "insatisfacción" también sugiere la idea de imperfección. En general nos gusta demostrar la imperfección con el propósito de tener una razón para pensar en una alternativa mejor. Sin esa razón no nos sentimos justificados para buscar una idea diferente. Si algo está bien, ¿por qué perseguir una manera mejor de hacerlo? Esta especie de sentimiento de culpa forma parte de la orientación negativa del pensamiento occidental a la que me he referido tantas veces.

¿Por qué resulta tan importante tener claro que el cuestionamiento creativo no es una crítica? En primer lugar, porque si el cuestionamiento fuera una crítica, sólo podríamos cuestionar lo que fuese incorrecto. Esto limitaría gravemente el ámbito de aplicación de la creatividad. En segundo lugar, si no pudiéramos demostrar la imperfección, no podríamos sugerir otras ideas. Y en tercer lugar, todo ataque engendra una defensa. Si atacamos, siempre habrá otros que se apresuren a defender la manera vigente en la actualidad. Y lo que es peor aún, se produciría una polarización entre los que defienden el statu quo y los que parecen atacarlo. Entonces, es mucho mejor no emitir juicios y aclarar que no se trata de un ataque a lo establecido sino sólo de una exploración de nuevas posibilidades. Estas posibilidades no reemplazarán a los métodos existentes a menos que se pueda demostrar que las nuevas ideas son evidentemente superiores.

La secuencia usual del pensamiento occidental es: ataque y crítica, y después búsqueda de una alternativa. La secuencia no occidental es: reconocimiento de lo existente, búsqueda de alternativas posibles y después comparación con el método vigente.

Casi siempre se da por sentado que la manera presente de trabajar debe ser la mejor, por las siguientes razones: este método ha sobrevivido a lo largo del tiempo y ésta es la principal verificación de su eficacia; ha sido utilizado durante cierto tiempo y, por lo tanto, se han eliminado los defectos; es el resultado de un proceso de evolución, que ha eliminado los métodos competidores; fue seleccionado entre muchas posibilidades por ser el mejor; si no lo fuera ya habría sido reemplazado. O sea que existe una especie de acuerdo tácito de que, mientras no se demuestre lo contrario, la actual manera de hacer las cosas es la mejor manera posible.

El creativo se niega, lisa y llanamente, a aceptar que el modo actual sea necesariamente el mejor. El cuestionamiento creativo supone que el modo actual es sólo uno entre varios y que está en vigencia por razones diversas. Los taxis londinenses, por ejemplo, tienen una forma muy particular porque existe una ley que establece que en el vehículo debe haber espacio suficiente para que viaje un pasajero con sombrero de copa. En algunos países se circula por la mano derecha porque en la época de la Revolución Francesa los aristócratas empezaron a dejar los carruajes en sus casas y a circular como peatones por el lado derecho de los caminos.

Imaginemos que las diferentes maneras de actuar estuvieran anotadas en tiras de papel guardadas en una bolsa. Alguien saca una tira al azar y así queda establecida la nueva norma. Evidentemente, este ejemplo es una burda exageración, pero resulta una imagen útil que conviene tener presente al trabajar con el cuestionamiento creativo. Con él damos por sentado que la actual manera de hacer las cosas es sólo una entre otras posibles.

Habitualmente el cuestionamiento creativo se expresa por medio de la pregunta "¿por qué?".

¿Por qué actuamos de este modo?

En cierto modo, al practicar el cuestionamiento creativo nos interesamos por las razones que podrían aducirse para responder a la pregunta "¿Por qué?". Pero esas razones no son fundamentales. Podemos desconocer los motivos por los que determinada acción se efectúa de cierta manera. Las razones pueden ser buenas o malas. Pueden haber tenido sentido en una época y haber dejado de tenerlo (como en el caso de los taxis londinenses).

¿Por qué los platos son redondos?
Porque antiguamente se fabricaban en un torno de ceramista que producía objetos redondos.

Porque la gente está acostumbrada a usar platos redondos.

Porque es más fácil colocarlos en la mesa, ya que no importa la forma como se coloquen.

Probablemente la última explicación sea menor y la explicación del torno de ceramista resulte válida. Pero hoy en día, muchos platos se fabrican comprimiendo los materiales en un molde. De modo que podrían tener cualquier forma.

No tiene sentido realizar una investigación histórica para encontrar respuesta al cuestionamiento. Las explicaciones concretas suelen ser útiles, pero no fundamentales. Si no hallamos ninguna explicación debemos seguir trabajando en nuestra búsqueda de nuevas maneras de hacer las cosas.

Al preguntar "¿Por qué?" no sólo buscamos una explicación, sino que estamos preguntando también por qué la manera actual debe ser la única.

El paso siguiente

Una vez formulado el cuestionamiento creativo, avanzamos al paso siguiente: la búsqueda de alternativas. Hay aquí tres elementos, que están representados en la figura 2.2.

1. *Bloquear*. Si bloqueamos el actual camino, vía o manera de actuar, nos veremos obligados a encontrar una manera alternativa.
   Primero emprendemos la búsqueda de posibilidades directas. Este proceso se describirá con más detalles en la sección dedicada a las alternativas.
2. *Salir*. Aquí se enfatiza la salida. Si escapamos de cierta idea dominante o de la necesidad de satisfacer determinada condición previa, nuestra mente estará libre para la consideración de otras posibilidades. No se trata de una búsqueda consciente de alternativa sino más bien de una salida consciente de los métodos existentes.

1. Bloquear

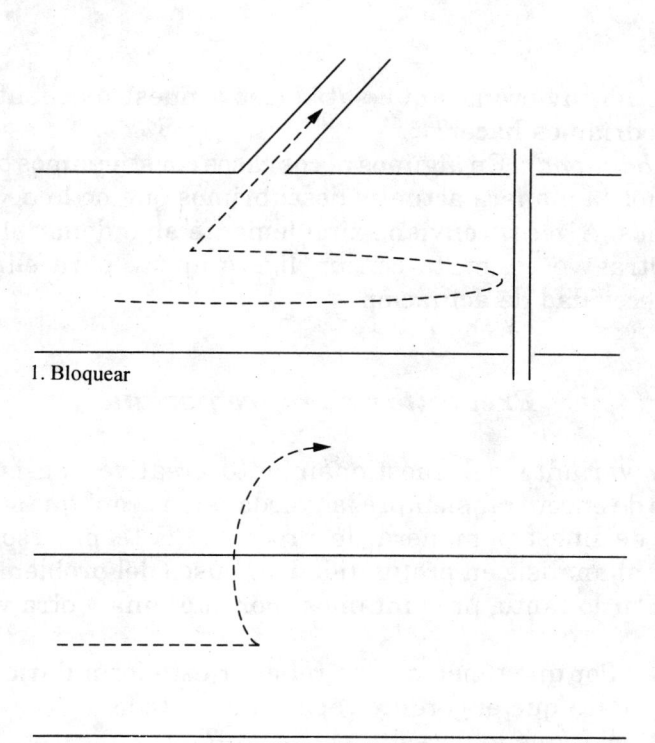

2. Salir

3. Abandonar

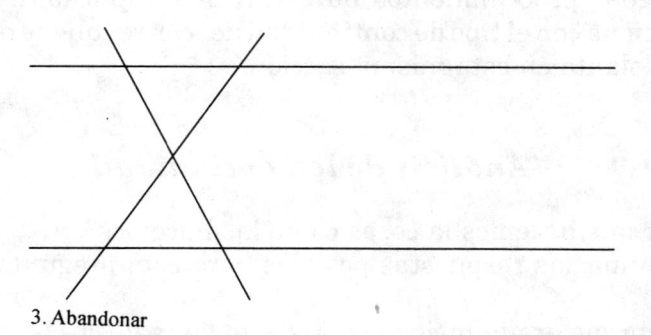

Figura 2.2

Si no tuviéramos que satisfacer a nuestros clientes, ¿qué podríamos hacer?
3. *Abandonar*. En algunos pocos casos cuestionamos o desafiamos la manera actual y descubrimos que no lo necesitábamos. A veces conviene simplemente abandonar el método. Otras veces, basta con un ligero ajuste para eliminar la necesidad de actuación.

Preguntar siempre por qué

Una variante del cuestionamiento creativo consiste en el intento de encontrar siempre la "verdadera razón" que se esconde detrás de nuestra manera de proceder. Este proceso es muy similar al análisis en profundidad en busca del problema subyacente. Por lo tanto, preguntamos "por qué" una y otra vez.

¿Por qué tenemos que rellenar este formulario?
Para que el gerente sepa cómo va todo.
¿Por qué lo necesita el gerente?
Para poder asignar recursos según las necesidades.

Al final de este proceso, quizá se pueda elaborar otro método para la asignación de recursos. El procedimiento tiene valor para desenredar procedimientos burocráticos complicados. Además, se relaciona con el tipo de continuidad de "cierre" que se describirá más adelante en esta misma sección.

Análisis de la continuidad

¿Por qué hacemos la cosas como las hacemos?
Hay muchas respuestas posibles para esta pregunta.

1. Porque era la mejor manera y todavía lo es.
2. Porque consideramos la posibilidad de cambiar y adoptar

un método mejor, pero el costo del cambio y la interrupción que suponía son tan graves que preferimos seguir igual.
3. Porque siempre se ha hecho así y nunca ha habido necesidad, ocasión ni presión para cambiar.

En la tercera respuesta aparece la idea de "continuidad". Todo sigue porque sigue. Muchas razones posibles justifican la continuidad. Consideremos algunas de ellas.

La continuidad de la negación

Seguimos actuando de cierto modo simplemente porque nos negamos a pensar en ello. Nunca nos hemos detenido a considerar si habría una manera mejor de proceder. ¿Por qué nos hemos negado a pensar en esta cuestión? Porque nunca ha sido un problema y nunca ha presentado dificultad alguna, de modo que no ha habido razones para dedicarle tiempo ni atención.

Nuestro pensamiento se orienta tanto hacia los problemas que si algo no constituye un problema simplemente no pensamos en eso. Existe un proverbio muy conocido y también muy peligroso:

Si no está roto, no lo compongas.

El concepto que encierra este proverbio fue, en gran medida, responsable de la declinación de la industria de Estados Unidos. Los gerentes sólo pensaban en solucionar sus problemas. Solucionarlos significaba, en el mejor de los casos, restablecer el estado existente antes de la aparición del problema. Mientras tanto algunos competidores, como los japoneses, se dedicaban a introducir cambios en áreas no problemáticas. Muy pronto los solucionadores de problemas descubrieron que estaban quedándose atrás.

Por estos motivos repito constantemente, a lo largo de todo el libro, que es necesario observar las cosas que no presentan problemas (pausa creativa, foco simple, foco de área general, cuestionamiento creativo, etcétera).

Durante 40 años, en Estados Unidos un cambio de dirección en un automóvil se indicaba por medio del dibujo de un brazo artificial que salía del lateral del coche e indicaba la posición del brazo del conductor en los vehículos viejos. Esta manera de indicar el cambio de dirección no resultaba muy eficiente, pero continuó usándose porque no era un problema y, por lo tanto, nadie se molestó en estudiarla. Finalmente se produjo un cambio, pero no se produjo por un adelanto técnico sino porque alguien se molestó en estudiar la cuestión.

La continuidad por compromiso

"Estar comprometido" significa que efectuamos un cambio porque tenemos que satisfacer a alguien o ajustarnos a ciertas exigencias. Así como una tienda de campaña está sujeta por cuerdas especiales, nuestro comportamiento suele estar determinado por las exigencias de las otras partes que debemos satisfacer.

Existe un aspecto importante del "compromiso" que concierne a otras partes, que originariamente fueron una ayuda. A comienzos de los años setenta, los fabricantes de automóviles estadounidenses empezaron a fabricar coches utilitarios. A los concecionarios no les gustaron y empezaron a presionar a los fabricantes para que volvieran a los automóviles grandes. Después se produjo la segunda alza del petróleo. Los fabricantes estaban comprometidos con los concesionarios y se mostraron reacios a volver a los coches pequeños. Esto dejó libre el terreno para la importación de automóviles japoneses, que en ese momento sentaron las bases de todo lo que llegaron a conseguir después en ese campo.

Cuando Coca-Cola anunció la New Coke no se dio cuenta de hasta qué punto estaba comprometida la firma con las expectativas del público norteamericano. Los consumidores de Coca-Cola habían recibido siempre bien los cambios de sabor, pero no les gustó que les dijeran que la Coca "tradicional" había sido modificada.

Una organización establece un nuevo departamento, el de

informática. Poco después, este departamento llega a dirigir toda la empresa. Entonces, ciertos cambios ya no son posibles porque el sistema no los puede afrontar, etcétera. La organización está comprometida con su estructura y ésta puede, a su vez, estar comprometida con cierta arquitectura, ya obsoleta.

Las organizaciones que declinan suelen estar comprometidas con sus clientes fieles. No se atreven a cambiar porque creen que asustarán a los viejos clientes fieles y se arruinarán más rápidamente. Como son incapaces de evolucionar, no se recuperan del deterioro.

Las organizaciones pueden estar comprometidas incluso con sus propias ventajas. Un fabricante de artículos para el baño tiene una tecnología avanzada en cerámica y, por lo tanto, se muestra reacio a aventurarse en el campo del acrílico.

Los artistas suelen quedarse comprometidos con su estilo o su reputación.

Muchas veces, el "compromiso" es legítimo y no hay escapatoria posible. Un arquitecto, por ejemplo, está comprometido con las reglamentaciones de edificación. A veces se otorga al compromiso más importancia que la que tiene. En las primeras máquinas de escribir, las teclas se trababan si se pulsaba dos consecutivamente con demasiada rapidez. Entonces se diseñó el clásico teclado que disminuía las pulsaciones por minuto. Actualmente, las teclas ya no se traban, pero estamos comprometidos con el teclado tradicional porque fue así como aprendimos a mecanografiar. No veo razón alguna por la que no pudieran existir el teclado clásico —para aquellas personas que aprendieron a teclear en él— y una moderna mesa ergonómica para los que aprendan a mecanografiar hoy. Permitir el cambio en los ordenadores sería sencillísimo.

La continuidad de la complacencia

Cuando un concepto funciona bien durante largo tiempo es comprensible que lleguemos a creer que seguirá funcionando bien siempre. Cuando algo va mal, nunca cuestionamos el concepto de fondo sino que buscamos todo tipo de razones periféricas para explicar la dificultad. En consecuencia, las ideas que fueron satisfactorias en el pasado por lo general siguen en vigencia mucho después del momento en que se hubieran tenido que modificar. En el período en que escribo este libro, en Estados Unidos el 23 por ciento de las ventas al detalle se realizan a través de organizaciones con dificultades financieras. Es posible que el concepto de tiendas especializadas esté verdaderamente obsoleto. No faltarán, desde luego, quienes sostengan que no hay nada de malo en ese concepto y que las tiendas especializadas bien administradas todavía pueden funcionar eficazmente (Nordstroms).

Cuando un concepto ha funcionado bien durante mucho tiempo se instala alrededor de él cierto tipo de complacencia que lo protege de la evaluación. IBM, por ejemplo, ha funcionado satisfactoriamente hasta ahora con el concepto general originario, pero existe en la empresa cierta preocupación respecto de si el concepto del procesamiento de la distribuición no perjudicará gravemente el mercado principal.

Se dice que en Estados Unidos el 70 por ciento de los gastos en salud se efectúan durante el último mes de vida. Esto se debe principalmente al elevado costo de la medicina de terapia intensiva, que no proporciona calidad de vida. Pero no revisamos el concepto de que hay que "seguir vivo a cualquier precio".

En determinado momento necesitamos revisar conceptos fundamentales, independientemente del éxito que puedan haber tenido en el pasado.

La continuidad de la secuencia temporal

Ya me he referido a este tipo de continuidad cuando consideré la necesidad lógica de creatividad. La secuencia temporal en la que se produce nuestra experiencia, permite que se ordene en estructuras, instituciones y conceptos. Una vez establecidos, adquieren vida propia. El ferrocarril fue inventado antes que el avión, de modo que cuando aparecieron los aviones se los consideró ferrocarriles voladores. Muchos de los conceptos de la aviación son conceptos ferroviarios inadecuados.

La figura 2.3 ilustra visualmente cómo una secuencia temporal de nacimiento de diferentes formas establece cierta estructura, que luego debe interrumpirse para que se pueda hacer uso cabal de las que nacen después.

La historia de la actividad bancaria estableció ciertos conceptos y reglamentaciones. Hoy en día, muchas de las funciones de los bancos tradicionales son cumplidas por otras instituciones financieras. Existe una urgente necesidad de reconceptualizar los bancos. La secuencia temporal de la medicina estableció cuerpos profesionales que ahora dificultan el desarrollo de otras actividades médicas a las que se podría acceder con una formación menor. Por ejemplo: podría haber cirujanos capacitados en un tiempo breve para llevar a cabo eficientemente un número definido de operaciones. El anestesista y el especialista en recuperación posoperatoria cuidarían del bienestar del paciente.

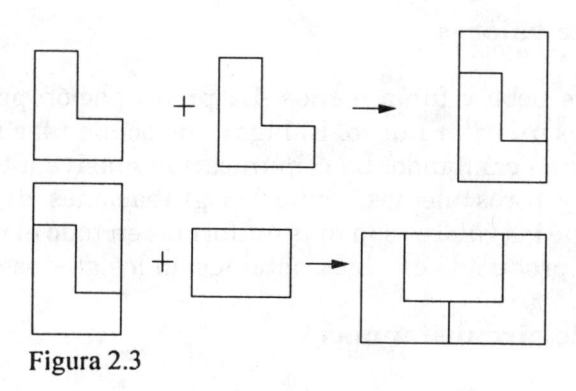

Figura 2.3

El análisis del proceso de continuidad es un tipo de desafío. Examinamos la manera de hacer algo y tratamos de rastrear los elementos de continuidad. Podríamos descubrir ejemplos de compromiso, o bien encontrar la influencia de la continuidad de la secuencia temporal. El propósito del análisis consiste en liberarnos de conceptos e ideas que sólo están presentes debido al proceso de continuidad.

Liberación

Tratamos de liberarnos de conceptos viejos que sólo perviven por razones de continuidad. Puede suceder que ciertos conceptos e ideas que tuvieron sentido en cierto momento sean ya innecesarios y sin sentido.

Cambio tecnológico

Algunos productos de las nuevas tecnologías, como los ordenadores o el transporte aéreo fácil, no sólo abren la posibilidad de nuevos conceptos sino que también convierten a otros en obsoletos. El fax, por ejemplo, permite una comunicación muy rápida.

Cambio de valores

La gente bebe y fuma menos. La preocupación por el medio ambiente es un valor nuevo. El lugar que ocupan las mujeres en la sociedad ha cambiado. La comunicación masiva a través de la televisión y otros medios, como las grabaciones de todo tipo, significa que los valores son más uniformes en todo el mundo. Los viajes han producido cambios notables en los gustos culinarios.

Cambio de circunstancias

Los cambios producidos en la ex Unión Soviética y en Europa oriental e incluso en el resto de Europa tendrán necesariamente algún efecto sobre los conceptos que necesitamos. En la mayoría de los países, las familias son más pequeñas y hay más mujeres que trabajan.

Cambio de costos

Las personas resultan cada vez más caras. El costo del control de la contaminación ambiental se eleva constantemente. Los gastos legales aumentan. Todos estos tipos de cambio indican que ciertos conceptos, que en algún momento fueron valiosos, se han tornado obsoletos. Significa que el análisis de la continuidad y el desafío creativo no son lujos sino que se han convertido en necesidades. Es preciso revisar todos los conceptos. Hay que preguntarse: "En las nuevas condiciones, ¿existen conceptos nuevos que serían más apropiados?".

Existe una generalizada tendencia a confiar en que las dificultades del momento pasarán y volverán los buenos viejos tiempos. A veces resulta difícil distinguir entre un cambio de tendencias temporal y un cambio fundamental en la naturaleza misma de las cosas.

Cuestionamiento de los conceptos y de las ideas

Podemos cuestionar el concepto básico que sustenta una acción y también la manera como se ejecuta (la idea). Podríamos cuestionar el concepto de la instalación de centros comerciales en la ciudad o simplemente poner en duda la ubicación de las tiendas en los centros comerciales. En la sección dedicada a los conceptos, examinaré la cuestión más detalladamente.

¿Qué concepto hay aquí?
¿Todavía es válido?
¿Tiene que ser puesto en práctica de este modo?

El gobierno de Singapur, enfrentado con el problema del creciente congestionamiento del tráfico, ya ha cuestionado el supuesto derecho de un ciudadano a comprar aquello que esté en condiciones de adquirir. En Singapur, uno no puede simplemente comprar un automóvil: primero hay que conseguir el derecho para comprarlo. ¿Qué deberíamos cuestionar, el concepto del control del tráfico en las ciudades o el concepto del desplazamiento personalizado en ellas? La idea del libre uso de las carreteras ya está siendo cuestionada. Hay esquemas para cobrar a los automóviles según las rutas que utilicen y las horas en que lo hagan. Se instalarán sensores que registrarán el paso de un coche y luego se le enviará la cuenta al dueño del vehículo.

No tiene sentido cuestionar ideas cuando lo que realmente necesita cuestionamiento es el concepto que las sustenta. Pero también es erróneo suponer que el concepto básico debe cambiarse sólo porque la manera como se pone en práctica necesita revisión o cuestionamiento. En Inglaterra, la introducción del impuesto personal fue una de las causas de la caída de Margaret Thatcher. ¿Lo que falló fue el concepto o la manera de llevarlo a la práctica?

Cuestionamiento de los factores formadores

En todo momento, nuestro pensamiento está siendo moldeado por numerosos factores. A veces tenemos conciencia de su existencia y a veces no, porque suelen ser tan subyacentes que ejercen su influencia ocultamente. Podemos cuestionar estos factores formadores del mismo modo que cuestionamos métodos, conceptos o ideas existentes. Pero en este caso, no estamos juzgando algo que ya existe, sino que ponemos en tela de juicio los factores y las presiones que nos inducen a pensar de cierto modo.

Uno puede creer que es libre de elegir la ropa que se pondrá por la mañana. Sin embargo, existen ciertos condicionamientos previos que damos por sentados: por ejemplo, el tipo de ropa que exige el trabajo. Podríamos cuestionar esos condicionamientos. Eso es precisamente lo que hacemos cuando ponemos en duda los factores formadores de nuestro pensamiento. No cuestionamos el pensamiento mismo (la elección de la ropa) sino las causas ocultas que limitan nuestro pensamiento (o estipulan el tipo de ropa que debemos elegir).

Este tipo de cuestionamiento puede efectuarse durante una sesión creativa en la que se produce pensamiento real acerca de determinado tema. Retrocedemos y observamos el pensamiento mismo. Separamos sus factores formadores y los cuestionamos.

El concepto dominante

Los conceptos dominantes son muy poderosos. A veces resultan obvios, pero otras, ejercen su fuerte influencia desde el trasfondo.

> ¿Qué concepto domina nuestro pensamiento en este tema?
> ¿Cuál es la idea subyacente que controla nuestro pensamiento?

Por ejemplo, al considerar el problema del congestionamiento del tráfico en las ciudades, el concepto dominante podría ser: "Desalentar el ingreso de automovilistas al centro de la ciudad". Todos los pensamientos tienden a fluir por esta vía. El concepto es válido, pero aun así puede estar dominando el pensamiento.

Cuestionamos la importancia del concepto. ¿Podría haber otras ideas que deberían cambiarse? ¿Podemos buscar conceptos alternativos?

En la mayoría de los casos de resolución de problemas por medio del análisis, el concepto dominante es la necesidad de eliminar "la causa del problema". Con frecuencia, esto complica la posibilidad de pensar en otros enfoques posibles.

Los supuestos

Sin ellos no podríamos pensar. Las suposiciones se basan en la experiencia y reducen la gama de posibilidades de nuestro pensamiento. Nada hay de erróneo en los supuestos mismos, que resultan de utilidad. No obstante, conviene tomar conciencia de la existencia de esos supuestos, a fin de poder cuestionarlos.

¿Cuáles son los supuestos básicos?
¿Qué estamos dando por sentado en este tema?

En el problema del congestionamiento del tráfico en las ciudades, por ejemplo, quizás estemos dando por sentado que los automóviles son conducidos por sus propietarios. También podemos suponer que la gente lleva el automóvil al trabajo y durante el resto del día no lo usa. Podemos dar por sentado que los coches se estacionan en tierra (que no están suspendidos en el aire). Suponemos que todos los automóviles deben tener las mismas posibilidades de acceso. Demasiados supuestos.

Por medio del cuestionamiento los dejamos de lado. Tratamos de escapar de las ideas preconcebidas.

Los límites

No sólo los supuestos son fundamentales para el pensamiento: también lo son los límites. Trabajamos dentro de los límites de lo factible, permisible o aceptable. Si queremos que nuestras ideas resulten razonables, debemos respetar los límites de la razón establecidos por el estado actual de nuestros conocimientos. Como veremos más adelante, el proceso de "provocación" es un método elaborado para sortear deliberadamente la frontera de lo razonable. En este punto nos interesa especialmente el cuestionamiento.

Igual que en el caso de los supuestos, cuando se trata de límites tenemos que visualizarlos para poder cuestionarlos.

¿Cuáles son los límites de nuestro pensamiento?
¿Cuáles son los que nos detienen?

En el problema del congestionamiento del tráfico, muy pronto tropezamos con los límites de los costos y de la aceptación del público. Topamos también con el impedimento de la tecnología (¿podríamos realmente cobrarle a cada automóvil por el tramo de calle que usa cada día?) También debemos considerar los límites físicos de las ciudades y de las redes viarias.

A veces, el cuestionamiento de los límites produce ideas extremas muy parecidas a la provocación. En otras ocasiones, los límites pueden producir una idea perfectamente viable (todas las personas tienen derecho a utilizar su automóvil como taxi).

Los factores esenciales

Sean cuales fueren los inteligentes pensamientos que podamos formular sobre el transporte aéreo, el factor de la "seguridad" debe incluirse en ellos. Los elementos esenciales deben formar parte de toda solución. Por lo general, la inclusión de tales factores esenciales se justifica plenamente. Pero, ya que es posible cuestionarlo todo, podemos cuestionar también los factores esenciales.

¿Cuáles son los "factores esenciales" en este tema?
¿Por qué tenemos que incluirlos siempre?

Al considerar el problema del tráfico en las ciudades podemos pensar que "la provisión de mercaderías a las tiendas" es un factor fundamental. Otro sería el establecimiento de un sistema que "no permita abusos". A veces, un factor esencial se parece mucho a un concepto dominante. Por ejemplo, la idea de que el problema del tráfico sólo puede resolverse por medio de "controles, normas o reglamentaciones", es al mismo tiempo un concepto dominante y un factor esencial. Actualmente, la necesidad de evitar efectos nocivos sobre el medio ambiente es un factor esencial en todo pensamiento, incluyendo el problema del volumen de vehículos en las ciudades. La necesidad de igualdad y de equidad constituye también un factor fundamental (las personas ricas no deben tener ventajas sobre las personas pobres).

Incluso los factores esenciales más justificados pueden ser

objeto del desafío o cuestionamiento creativo. En la práctica esto parece difícil.

Factores de elusión

Estos factores no son límites, dado que sabemos que podemos usarlos si lo deseamos. Pero por lo general tratamos de evitarlos en nuestro pensamiento: nos libramos de ellos, les tememos, nos negamos a tomar un camino si creemos que nos lleva a ellos. A veces, un "factor esencial" no es más que la necesidad de "evitar" algo (por ejemplo, "evitar contaminar el medio ambiente"). Sabemos intuitivamente que estos factores no serán aceptables en ninguna solución de modo que los ignoramos.

> ¿Qué estamos tratando de evitar?
> ¿Qué no deseamos?

En el problema del tráfico, podemos evitar que se simplifiquen las dificultades para circular por la ciudad, de modo que los problemas de congestionamiento no se agraven. O quizá queramos evitar las reglamentaciones que exigen un fuerte control policial, o las que pueden perjudicarnos en las votaciones. Podemos querer que los negocios y las residencias particulares no empiecen a trasladarse a las afueras. Quizá no queremos matar el centro de la ciudad.

Las polarizaciones extremas

Muy frecuentemente, en nuestro pensamiento se producen polarizaciones extremas.

> Tenemos que ordenar el tráfico o eliminar los automóviles del centro de la ciudad.

Estas polarizaciones pueden parecer manifestaciones de un pensamiento amplio. También pueden resultar útiles y estar plenamente justificadas. Pero plantean un peligro: sugieren que la situación sólo puede considerarse de una de dos maneras. Esto excluye los enfoques intermedios o los que combinan elementos diversos. La dicotomía forzosa es una de las limitaciones de la polarización.

>¿Cuáles son las polarizaciones en este tema?
>¿Cuáles son los enfoques dicotómicos posibles?

Retomando el problema de las aglomeraciones de vehículos, podemos llegar al siguiente planteamiento polarizado: "O bien mejoramos el tráfico en los caminos existentes o bien construimos caminos mejores". Este enfoque es razonable, pero aún así puede cuestionarse.

Puesto que el cuestionamiento creativo no es un planteamiento hostil, es posible cuestionar incluso las polarizaciones más útiles: ¿ésta será la única manera de ver las cosas?

En todos los casos de cuestionamiento de un factor formador de nuestro pensamiento, el proceso consta de dos pasos.

1. Tomar conciencia de los factores que aparecen como formadores del pensamiento y expresarlos.
2. Cuestionar esos factores, aunque parezcan sensatos y plenamente justificados.

Alternativas

La operación básica de la actividad creativa es la búsqueda de alternativas.

¿Hay otra manera?
¿Cuáles son las alternativas?
¿Qué más se puede hacer?

De algún modo, la creatividad puede definirse como una búsqueda de alternativas. Esto se aplica especialmente al intento de ser creativo respecto de algo que ya existe.

Aunque la búsqueda de alternativas es fundamental para la creatividad, el proceso no es tan fácil como supone la mayoría de las personas. ¿De dónde salen las alternativas? ¿Cómo las conseguimos cuando las necesitamos?

Detenerse para buscar alternativas

He contado muchas veces la anécdota del reloj despertador que no podía desconectar. Sistemáticamente, paso a paso, fui desmontando el reloj despertador del hotel, que yo mismo había preparado para que me despertara con el tiempo suficiente para tomar un vuelo de las 7 de la mañana. Finalmente arranqué la conexión eléctrica, pero el reloj seguía emitiendo su molesto ruido. Por último descubrí que el sonido salía de mi propio despertador: lo había programado y después lo olvidé por completo.

Cuento muchas veces esta historia porque llama la atención sobre un hecho muy importante. Si uno se encuentra en una situación en la que el siguiente paso lógico es fácil, uno da ese paso, no busca alternativas. Y si el siguiente paso lógico también es fácil, lo da. En otras palabras: es muy difícil detenerse para buscar alternativas cuando no las necesitamos. Yo había conectado el reloj despertador del hotel y conocía la secuencia de pasos que debía dar para desconectarlo. Por lo tanto, no tenía necesidad de buscar fuentes alternativas del sonido.

Cuando nuestra línea de acción es clara y no aparecen inconvenientes, seguimos raudamente esa línea, sin detenernos para buscar alternativas, puesto que aparentemente no las necesitamos.

Cierta vez, un alto ejecutivo de una importante corporación me contó cómo su compañía había perdido 800 millones de dólares de este modo. A nivel de dirección se había planteado la idea de que la empresa debía entrar en cierto campo. La sugerencia parecía sensata. Por lo tanto, fue discutida paso a paso. Todos resultaban factibles y sensatos. No había necesidad de buscar alternativas. Algunos años después, la compañía tuvo que salir del campo, perdiendo una gran cantidad de dinero en el proceso. Según mi informante, no se consideraron maneras alternativas de entrar en él.

En una ocasión, pasé un buen rato mirando una cigarra que estaba inmóvil en un árbol preguntándome cómo podía hacer tanto ruido con tan poco movimiento aparente. Sólo más tarde me di cuenta de que mi cigarra estaba realmente muda y que había otra que cantaba en el extremo opuesto de la misma rama.

Es sumamente difícil detenerse para buscar alternativas cuando no hay inconvenientes y cuando, al parecer, tampoco hace falta alternativa alguna.

Ya me he referido a este punto de diversas maneras:

Foco simple: la disposición para concentrar la atención sobre algo que no constituye un problema, con el propósito de encontrar ideas alternativas.
Pausa creativa: la pausa para buscar alternativas aunque no sea necesario hacerlo.
Cuestionamiento: la disposición a cuestionar la singularidad y a indagar si habría maneras alternativas de actuar.
Continuidad de la negligencia: las cosas se siguen haciendo del mismo modo porque nunca se ha planteado una razón para buscar alternativas.

A pesar de todo, sigue resultando difícil detenerse para buscar alternativas cuando no hay "necesidad". Parece innecesario; se considera una pérdida de tiempo o un lujo. Asociamos la búsqueda de alternativas con las dificultades y la resolución de problemas.

La cultura occidental de pensamiento estipula que, para tener derecho a buscar alternativas, debemos demostrar antes que existe imperfección o error. La imperfección es la única justificación para la búsqueda de alternativas. Así nos encontramos dentro del marco habitual de la argumentación, que consta del ataque y la defensa, y nos obliga a tomar posiciones, con la consiguiente pérdida de tiempo. Los japoneses, como nunca tuvieron el hábito de la discusión (derivado de la infame banda griega de los tres) son capaces de buscar alternativas en cualquier momento, sin sentirse obligados a demostrar que hay imperfección. Son capaces de reconocer que el actual modo de actuar es maravilloso y, sin embargo, ponerse a buscar otro. Cuando se encuentran otras maneras posibles, se comparan con las existentes y si no parece conveniente usarlas, no se usan.

Las alternativas están dadas

¿Qué corbata me pondré esta noche? ¿La azul, la roja, la de rayas, la azul con lunares blancos, la del dragón verde? Miro la percha de las corbatas. Las alternativas están desplegadas ante mí. Lo único que tengo que hacer es elegir.

Hay aspirantes a un cargo. Tengo que elegir entre ellos. Las alternativas me son dadas. Desde luego, puedo también decidir que ninguno de los aspirantes es adecuado para el cargo y volver a publicarlo.

Entro en un restaurante. Las alternativas ofrecidas figuran en el menú. Lo único que tengo que hacer es elegir una de ellas. Es cierto que el menú consigna las alternativas fijas, pero en realidad se pueden generar otras. Puedo, por ejemplo, pedir dos medias porciones de dos platos diferentes. Puedo pedir que no coloquen mi pescado cerca de los camarones porque me producen alergia.

Por lo tanto, hay muchas alternativas más, siempre que efectuemos el esfuerzo de buscarlas.

Un explorador se dispone a encender el fuego y descubre que no lleva fósforos. ¿Cuáles son las alternativas? El joven busca en su propia experiencia y en las instrucciones que ha recibido en los cursos de supervivencia. ¿Y un encendedor para cigarrillos? ¿Frotar dos palos? ¿Concentrar los rayos del sol? Las alternativas no resultan tan claras como en los casos de las corbatas y el menú. Es necesario revisar la experiencia personal y recordar ciertas instrucciones. Este es aproximadamente el procedimiento normal cuando buscamos alternativas: revisamos nuestra experiencia.

Encontrar más alternativas

Cuando disponemos de ciertas alternativas, o todas las alternativas nos son dadas, ¿por qué habríamos de buscar otras? ¿Por qué no dar simplemente por sentado que las alternativas son todas las posibles, o por lo menos las mejores?

¿Por qué malgastar nuestro tiempo en una inútil búsqueda de más posibilidades?

Supongamos que le piden que encuentre un punto escondido entre otras cosas impresas en un papel. Muy sensatamente, usted traza una línea para dividir el papel en dos partes, A y B.

Pregunta si el punto está en A. Si no está en A, debe estar en B. No hay otro lugar donde pueda estar. Las alternativas A y B cubren las posibilidades. Luego usted procede a dividir B en C y D. Y así sucesivamente. Finalmente tiene que encontrar el punto, porque en todo momento ha cubierto todas las alternativas.

En realidad, este sencillo ejemplo es muy peligroso porque nos induce a creer que es posible aplicarlo también en situaciones de la vida real.

> Aumentamos los precios o no.
> Mantenemos nuestra posición o cedemos a las exigencias salariales.

Es absolutamente cierto que en algunas situaciones hay un número limitado de alternativas. También es absolutamente cierto que en algunas situaciones el análisis puede revelar el número fijo de alternativas existentes; éstas son situaciones cerradas. Pero la mayoría de las situaciones son abiertas y en ellas no hay un número fijo de alternativas. Las posibilidades que podemos identificar sólo están limitadas por la capacidad de nuestra imaginación para diseñarlas.

También en este caso la palabra "diseño" es muy importante. Con demasiada frecuencia sólo pensamos en el "análisis" cuando tenemos que encontrar alternativas. La idea de diseño, en cambio, indica que tenemos que esforzarnos para crear nuevas posibilidades. Esto puede conseguirse cambiando los límites de la situación, introduciendo nuevos factores, variando los valores o involucrando a otras personas en el proceso.

"Aumentamos los precios o no." Podemos aumentar los precios de algunos productos y bajar los de otros. Podemos elevar los precios básicos y después realizar descuentos. Podemos aumentar los precios pero ofrecer un servicio adicional. Podemos modificar totalmente el producto y establecer nuevos precios. Desde un punto de vista filosófico, se podría decir que algunas de estas alternativas son simplemente diferentes de aumentar el precio. Pero la creatividad no se rige por la filosofía sino que se trata más bien de producir alternativas útiles.

"Mantenemos nuestra posición o cedemos a las exigencias salariales." Evidentemente, podemos diseñar muchas alternativas más. Podemos introducir la idea de productividad, la de una disminución de la mano de obra por medio del desgaste o el retiro voluntario. Podemos considerar la idea de recibir beneficios (por ejemplo, asistencia médica) en vez de aumento de salario. Podemos pensar en ofrecer más tiempo libre. Podemos considerar esquemas de bonificaciones y horas extra. Las posibilidades sólo están limitadas por nuestra imaginación.

Volvamos a la búsqueda del punto en el papel. A primera vista, la simplicidad del sistema que es el del tipo "sí o no" parece atractiva; pero esa simplicidad es engañosa. Cuando sólo se trata de buscar y cuando la respuesta negativa tiene un valor real (porque clausura una posibilidad), el proceso es conveniente. Pero para generar alternativas comunes no logra nada, excepto complicar un proceso simple. Recordemos el caso del explorador que quiere encender una fogata.

> Uso fósforos o no.
> Si no uso fósforos puedo utilizar un encendedor o no.
> Si no uso un encendedor puedo frotar dos palos o no.

Es obvio que ese procedimiento sería simplemente una manera muy lenta de decir: ¿cuáles son las alternativas que hay aquí? Luego, es mucho más fácil confeccionar una lista.

En ciencia siempre estamos buscando otras alternativas de explicación. No importa lo perfecta que pueda parecernos nuestra hipótesis y cuánto la apreciemos, debemos buscar otras explicaciones. El proceso es abierto.

En la investigación de mercado, por ejemplo, cuando queremos entender la razón de cierto comportamiento de los consumidores tenemos que generar tantas posibilidades como podamos antes de probarlas.

En situaciones que implican acción o decisión, no podemos quedarnos sentados esperando encontrar la alternativa "última". Tenemos que seguir el curso de los acontecimientos. Llega un momento en que debemos congelar el diseño para seguir adelante. La idea perfecta no sirve de nada si aparece demasiado tarde. Por lo tanto, debe haber un elemento de utilidad. Tal vez debamos establecer un punto final. Uno puede decidir que sólo dedicará un minuto a la consideración de la posibilidad de nuevas alternativas. Supongamos que alguien le dice:

> Sólo hay dos maneras posibles de hacer esto.

Usted contesta: "Quizá tengas razón, pero dediquemos sólo un minuto a considerar si podría haber otras alternativas".

En largo plazo, lo que cuenta es la intención y el esfuerzo por encontrar otras alternativas. Cuando la cuestión es muy seria, se puede establecer el punto final una semana e incluso un mes después. Al finalizar ese plazo, es preciso decidir entre las alternativas disponibles.

Consideramos tres posibilidades:

1. "Sólo se me ocurren estas alternativas, de modo que no puede haber más."
2. "Por el momento sólo se me ocurren estas alternativas, pero sugiero que dediquemos cierto tiempo, con un plazo final, a la búsqueda de otras posibilidades."
3. "Tenemos que seguir buscando alternativas."

La primera posibilidad es limitadora, arrogante y sumamente anticreativa. La segunda, práctica. La tercera únicamente es posible en ciertas situaciones. Por ejemplo, un cuerpo de la policía busca mejores maneras de cumplir con su trabajo.

No obstante, existe una razón práctica por la que la gente en general se muestra reacia a considerar la posibilidad de otras alternativas. Esto no tiene nada que ver con el tiempo que se dedica a pensar, porque puede ser poco. Si usted cree que ya ha pensado en todas las alternativas, puede confiar plenamente en su elección. Pero si "admite" la posibilidad de que haya otras, no puede sentirse tan confiado. Y si luego no encuentra alternativas mejores, habrá disminuido su confianza sin motivo alguno. Esta es una razón práctica válida, pero no lo suficientemente poderosa como para interrumpir la búsqueda de alternativas menos obvias.

Hay una segunda razón, menos válida, por la que la gente no intenta buscar alternativas.

"Si por lo general considero dos posibilidades, y usted me aconseja que busque cuatro, mi trabajo de elección se duplica."

Muchas veces he oído comentarios de este tipo, formulados con toda seriedad. Es cierto que el aumento del número de alternativas generadas incrementa el trabajo necesario para elegir entre ellas; pero lo contrario es absurdo. Uno no tendría que tomar ninguna decisión si nunca pensara en una alternativa. La verdad lisa y llana es que no se puede mejorar una decisión disminuyendo el número de alternativas a considerar. Por lo tanto, es necesario ser capaz de generar alternativas y de elegir entre ellas.

Si a usted le resulta difícil decidir, es posible que sea implacable en ese terreno. Tal vez descarte toda alternativa que no ofrezca beneficios obviamente mayores que los derivados de la actual manera de realizar las cosas. Esto significa que perderá algunas buenas ideas que podrían haber resultado valiosas sometidas a un examen más profundo; pero no significa que haya facilitado el proceso decisorio. Resulta preferible generar muchas alternativas y ser implacable en el proceso de decisión que contar con pocas y ser meticuloso en la decisión. Al producir más posibilidades, algunas ideas son tan buenas e incluso tan obviamente superiores a las otras, que de hecho la decisión será muy fácil. En muchos casos se convertirá en una especie de proceso intuitivo.

Encontrar y crear alternativas

Como he explicado anteriormente (el caso de la elección de la corbata), puede suceder que se le presente a uno una lista fija de alternativas. Uno puede, por ejemplo, organizar programas de vacaciones alternativos valiéndose de folletos de agencias y de recomendaciones de amigos. Puede pedirle información al conserje del hotel sobre los restaurantes de la zona. O elegir apartamento leyendo los anuncios de los periódicos. A veces, las alternativas surgen de una búsqueda consciente y de la revisión de la experiencia.

En todos los casos tiene sentido el esfuerzo por encontrar alternativas antes de dedicarse a su creación. Es cierto que las alternativas existentes suelen ser conocidas y estándar, y pocas veces brindan una idea realmente original. Pero como principio general, conviene, por lo menos, tener conocimiento de las alternativas existentes, antes de empezar el desarrollo de otras nuevas. No tiene sentido buscar una manera rarísima de hacer algo cuando existe un modo muy bueno que está al alcance de la mano si uno realiza el esfuerzo de encontrarlo. Cuando se conocen las maneras estándar, tiene sentido buscar otras más creativas.

Ya he mencionado las actitudes de "diseño" en la creación de nuevas alternativas. Esto significa negarse a considerar la situación como si fuera fija. Significa cambiar los límites y los elementos, como ya se ha sugerido en esta sección.

En este punto, quiero considerar la creación deliberada de nuevas alternativas. Puede decirse que esta "creación" es sólo otra forma de "hallazgo". Esto parece ser siempre así porque toda alternativa aceptable parecerá razonable retrospectivamente, de modo que puede argumentarse que con una buena búsqueda hubiéramos dado con ella inmediatamente. Los sofismas no tienen ningún valor. Cuando se han examinado todas las alternativas disponibles, es necesario hacer algo para presentar otras. Por lo general esto se logra mediante una mezcla de hallazgo y creación.

El punto fijo

Quiero una alternativa para un volante de automóvil.
¿Qué tal los espagueti como alternativa?

Como no hay una conexión obvia entre un volante de automóvil y los espagueti, no la aceptamos. Desde luego, también podríamos haber dicho "bastón" o "cucaracha".

Siempre que nos dedicamos a buscar alternativas, tenemos un punto de referencia.
¿Alternativas con respecto a qué?
¿Con referencia a qué?
Este punto de referencia puede denominarse "punto fijo".
La figura 2.4 indica cómo empezamos con una idea; después identificamos el punto fijo; luego buscamos las ideas que se vincularán también a este punto fijo. Estas otras ideas son nuestras alternativas.
El significado estricto de la palabra "alternativa" es una elección diferente. En este libro, utilizo el término con su significado corriente de múltiples elecciones, opciones o posibilidades.
Existen varios tipos posibles de punto fijo.

Propósito

Es el tipo más común y obvio de punto fijo.
¿Qué maneras alternativas me permiten realizar este propósito?
¿De qué otro modo puedo realizar esta función?
Para el explorador de nuestro ejemplo el punto fijo de propósito era "encender" el fuego. Por lo tanto, buscó maneras alternativas de lograrlo. Para el volante de automóvil el punto fijo del tipo de propósito podrá haber sido encontrar "alternativas" para realizar la función de conducir, o bien "maneras posibles de transmitir los movimientos de las manos al mecanismo de dirección".
Siempre que alguien cumple un propósito, el punto fijo puede ser su cumplimiento.
¿Cuál es el propósito en este tema? Ese es el punto fijo.

Grupos

Pensemos en una alternativa para una naranja. Podríamos decir una manzana, una pera, un plátano, etcétera. En este caso estamos ofreciendo otros miembros del grupo de los que llamaríamos "frutas de consumo familiar corriente". Pero quizás a otra persona se le ocurra pensar en "cítricos" y ofrezca limones o

```
        Idea
          |
          |         Punto
          |         fijo
          v
        Idea
       Alternativa
       Figura 2.4
```

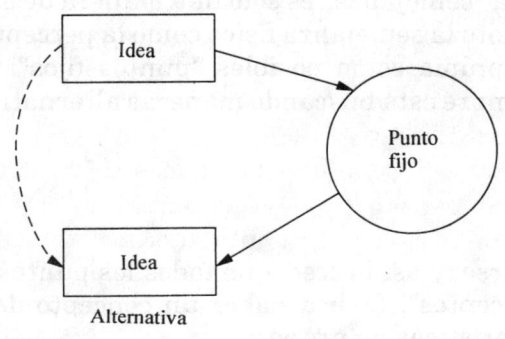

pomelos como alternativas. Por eso es tan importante definir el punto fijo con precisión. Alguien podría haber pensado que el grupo estaba formado por las "bebidas refrescantes" e incluso podría haber incluido la cerveza. En este último ejemplo existe una clara superposición con el propósito.

> ¿Qué otros moluscos hay en el mar?
> ¿Qué otros vehículos de cuatro ruedas tenemos?
> ¿Qué otros apartamentos de tres dormitorios con vista al mar tienen ustedes?

Podemos dar el nombre de algún grupo o enumerar algunas particularidades. Estas se convierten en los puntos fijos y entonces buscamos los miembros del grupo o la información que satisfacen las particularidades de este nuevo grupo específico.

Semejanza

> ¿Qué hojas se parecen a éstas?
> ¿Qué pintores tienen un estilo semejante a éste?
> ¿Qué otras enfermedades producen una erupción cutánea en todo el cuerpo?

En efecto, la "semejanza" es sólo una manera de especificar un grupo. Pero tanto la semejanza física como la perceptual merecen una posición propia como posibles "puntos fijos". Un cocinero innovador siempre está buscando maneras alternativas de lograr cierto sabor.

Conceptos

Podría decirse, y así lo creo, que todos los puntos fijos son, en realidad, "conceptos". Podría haber un concepto de propósito o uno de características de grupo.
Pasamos de la idea real al concepto que esconde, y después buscamos otras maneras de realizarlo. Es como pasar de un niño a sus padres para encontrar los hermanos y hermanas del niño.
La "idea" es una manera práctica de actuar. El concepto es el "método general" involucrado. Uno puede decir que va a "viajar" por cierto camino. Eso es un concepto. Pero uno tiene que hacer algo específico: caminar, ir en bicicleta, desplazarse en automóvil, coger un autobús. El modo específico de viajar es la "idea".

El punto fijo es el concepto de recompensa: ¿cómo recompensaremos a nuestros vendedores?
Creo que el punto fijo debe ser "motivar" y motivación no es igual que recompensa.
Mi punto fijo es el concepto de dar "comisión" a los vendedores. ¿Cuáles son las alternativas posibles?

Resulta importante expresar con claridad y precisión el concepto que se utilizará como punto fijo.
En general, cuando nos proponemos la búsqueda de alternativas somos muy indolentes. Tenemos una vaga idea de un punto fijo (por lo general un propósito) y después buscamos posibles soluciones. Si el punto fijo se define como "motivación", entonces el miedo es una alternativa. Pero si es la "recompensa", el miedo ya no es una alternativa. Si, en cambio, el punto fijo es la "comisión", la recompensa selectiva no será una alternativa.

Podríamos buscar posibilidades para el ascenso. Los puntos fijos podrían ser: dinero, poder, posición, reconocimiento, responsabilidad, sentimiento de realización personal, posición social, etcétera. Algunas de estas expectativas podrán satisfacerse aumentando la categoría del empleado (el "nombre de la función"), pero otras no.

El abanico de conceptos

Supongamos que quiere colocar algo en el techo de una habitación de altura normal. La solución es simple: necesita una escalera. Pero no la consigue. ¿Qué hará? ¿Desistirá y dirá que no se puede hacer el trabajo?

Una escalera es sólo una manera de "elevarme por sobre el nivel del suelo". Por lo tanto, este concepto se convierte en el punto fijo. Las maneras alternativas de satisfacerlo incluyen subirme a una mesa o que alguien me sostenga en alto.

Pero "elevarme por sobre el nivel del suelo" es sólo una manera de "reducir la distancia entre el objeto y el techo". Esto se convierte en el nuevo punto fijo y nos dedicamos a buscar alternativas. Esta vez las posibilidades mismas son conceptos. Uno consiste en: "alargar mi brazo". Ese concepto puede realizarse "usando un palo". Otra idea alternativa: "conseguir que el objeto se desplace". Esto puede lograrse sujetándolo a una pelota y arrojándola hacia el techo.

En este ejemplo podemos comprobar que obtenemos dos tipos de alternativas, tal como muestra la figura 2.5. Pasamos de una idea (la escalera) a un concepto que se convierte en el punto fijo para otras ideas. Pero también pasamos del concepto mismo a un "concepto más amplio", que entonces se convierte en el punto fijo para otros alternativos. Cada una de estas nuevas posibilidades alternativas se convierte en un punto fijo para ideas alternativas. Así, usamos los dos tipos de conceptos para lanzar ideas alternativas. Este proceso se denomina "abanico de conceptos".

En un extremo del abanico tenemos el propósito, u objetivo, del pensamiento. El abanico de conceptos es una técnica de realización. ¿Cómo resolvemos el problema? ¿Cómo realizamos la tarea? ¿Cómo llegamos a donde queremos ir?

Retrocediendo a partir del propósito del pensamiento obtenemos los "conceptos amplios", enfoques o "direcciones" que nos llevarán a nuestro objetivo. De modo que si el objetivo era, por

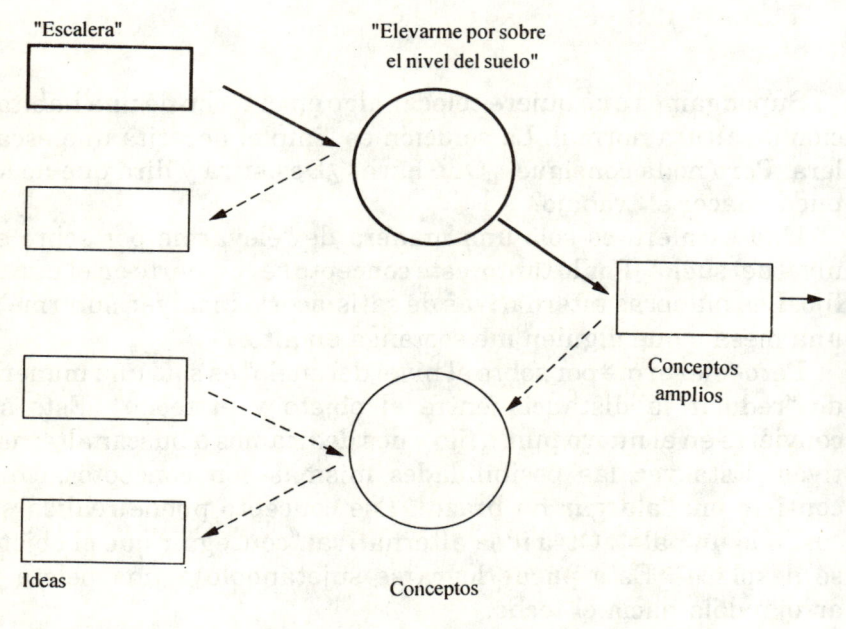

Figura 2.5

ejemplo, "afrontar la escasez de agua", los enfoques o direcciones podrían ser:

>reducir el consumo
>aumentar la provisión
>arreglárselas sin agua

Cada uno de estos conceptos amplios o "direcciones" se convierte ahora en el punto fijo para encontrar "ideas" alternativas. Por lo tanto, nos desplazamos hacia la izquierda y creamos el nivel de concepto. Cada concepto es una manera de alcanzar alguna de las "direcciones".

Para "reducir el consumo de agua" podríamos tener como conceptos:

>el aumento de la eficiencia del uso
>la disminución del despilfarro
>el desaliento del uso
>la educación

Para "aumentar la provisión de agua" podríamos tener:

>nuevas fuentes
>reciclaje
>menos despilfarro de las fuentes

Para "arreglárnoslas sin agua" podríamos tener:

>detención de los procesos que utilizan agua
>sustitución del agua por otras sustancias
>evitar la necesidad del uso del agua

Al finalizar esta etapa tenemos nueve "conceptos" alternativos en el nivel de conceptos. Cada uno de ellos se convierte ahora en un punto fijo para el siguiente nivel. Luego buscamos maneras alternativas de realizar cada uno de los conceptos.

Por ejemplo, para el concepto "desalentar el uso" podríamos obtener las siguientes ideas alternativas:

medir el consumo
cobrar por el uso
aumentar el precio del uso
que sólo haya agua en fuentes públicas
restringir el agua sólo a ciertas horas
mezclar el agua con una sustancia inocua pero de sabor desagradable
restringir su uso para jardines, piscinas, etcétera.
publicar los nombres de los infractores
amenazar con racionamientos

Se puede llevar a cabo el mismo proceso para cada una de las ideas en el nivel de concepto.

La figura 2.6 ilustra el proceso completo.

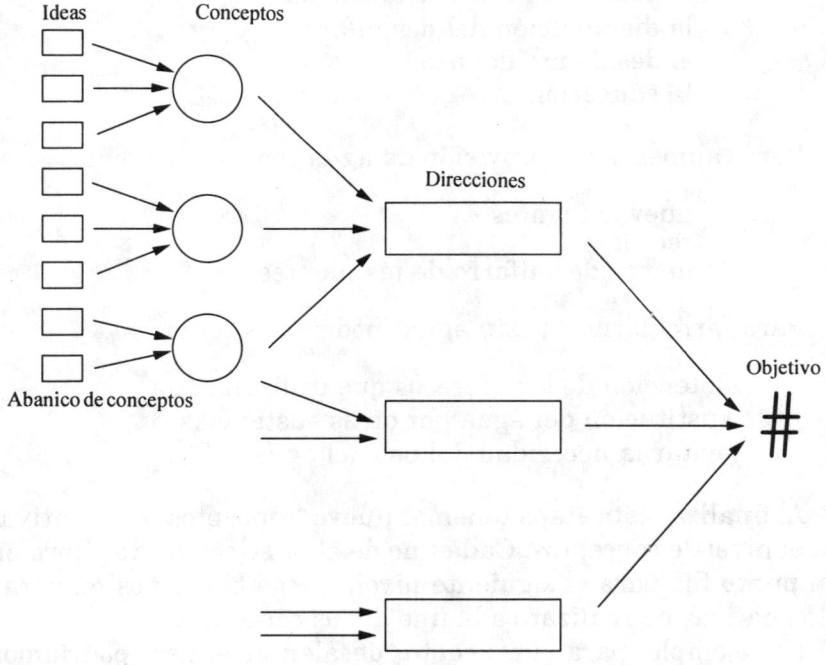

Figura 2.6

Los tres niveles del abanico de conceptos son:

Direcciones

Conceptos o enfoques muy amplios. El más amplio que uno pueda concebir se convierte en la dirección.

Conceptos

Métodos generales para hacer algo.

Ideas

Maneras concretas y específicas de poner en práctica un concepto. Una idea debe ser específica; debe ser posible su puesta en práctica directamente.

Podemos utilizar la analogía que he mencionado anteriormente. Si uno se dirige al norte, ésa es su "dirección". Hay muchas rutas que van hacia el norte. Estas son las maneras; por lo tanto, son los "conceptos". Pero uno tiene que hacer algo específico para viajar por una de esas rutas (viajar en automóvil, caminar, coger un autobús). Esa acción específica es la "idea".

A algunas personas les desconcierta que establezcamos una diferencia entre "conceptos" y "direcciones", ya que la diferencia es relativa. Una "dirección" consiste simplemente en el concepto más amplio que uno puede concebir. Si después pensamos en un concepto aún más amplio, éste se convierte en la dirección.

Nada mágico se esconde en los tres niveles del abanico de conceptos. En la práctica algunas veces puede haber capas de conceptos entre las direcciones y las ideas. La dirección es siempre el concepto más amplio y la idea la manera específica de realizarlo. Todo lo que está en el medio se convierte en "concepto".

Cómo construir un abanico de conceptos

Para construir un abanico de conceptos se empieza por el "propósito" y después se trabaja retrocediendo. En cada paso, uno se pregunta: "Y ahora, ¿cómo llego a este punto?". De modo que se va retrocediendo desde las direcciones hacia los conceptos, hasta terminar en un conjunto de ideas alternativas. Llegar allí es precisamente la finalidad del ejercicio.

Lamentablemente, al cerebro no le gusta comportarse de esta manera tan cuidadosa. Con bastante frecuencia, cuando nos disponemos a construir un abanico de conceptos, el cerebro salta a una idea práctica. Supongamos, por ejemplo, que estamos construyendo un abanico de conceptos sobre la congestión del tráfico en las ciudades. Nuestro cerebro podría sugerirnos inmediatamente: "Que la gente trabaje en casa". Entonces nos preguntamos: ¿sería una decisión conveniente? La respuesta: trabajar en el hogar "reduciría la necesidad de desplazarse". Ahora bien, ¿y por qué ese hecho sería conveniente? Porque reduciría la cantidad de vehículos en las calles. De modo que "disminuir la cantidad de vehículos en las calles" es una dirección. Reducir la necesidad de viajar es un concepto. Y trabajar en casa es una "idea". (En este caso "trabajar en casa" es también un concepto, así que necesitaríamos encontrar ideas prácticas para realizarlo).

Podríamos pensar en "compartir los automóviles". ¿Cómo influiría? Aumentando el índice de ocupación por vehículo. ¿Qué conseguiríamos? La reducción del tráfico. Aumentar "el índice de ocupación" por vehículo es un concepto y otra manera de ponerlo en práctica sería el "transporte público".

Podríamos pensar en "flexibilizar los horarios de trabajo". ¿Cómo ayudaría esto? ¿Consecuencias? "Mejoraría el desplazamiento por las rutas existentes." Esto proporciona una segunda "dirección" o enfoque del problema.

De modo que si usted piensa en una idea (o incluso en un concepto), tratará de avanzar preguntando: "¿Cómo ayuda esto?". Si piensa en una dirección (o en un concepto) puede tratar de retroceder preguntando: "¿Cómo se puede realizar?".

De este modo, desde cualquier punto que parta, construirá gradualmente un abanico de conceptos.

Es necesario aclarar que un abanico de conceptos es un "abanico de realizaciones". Se refiere a "¿Cómo puedo llegar allí?". No consiste en un análisis ramificado que simplemente divide un tema en secciones y subsecciones. Se enfatiza la acción, no la descripción o el análisis.

En el abanico de conceptos puede aparecer exactamente el mismo punto tantas veces como uno quiera. Por ejemplo, en el caso de cómo "afrontar la escasez de agua", una de las direcciones era "arreglárselas sin agua". Es evidente que esto es también un concepto para "reducir el consumo de agua". Por lo tanto, el mismo punto puede aparecer en más de un lugar y también en más de un nivel. Si no se decide en cuál de los dos ponerlo, inclúyalo en ambos.

El propósito del abanico de conceptos es proveer un marco para generar ideas alternativas. El marco fuerza las alternativas proporcionando una sucesión de puntos fijos. El abanico puede brindar también nuevos puntos focales. Por ejemplo, uno podría imaginar un concepto pero no tener aún una idea para ponerlo en acción. En el problema del tráfico el concepto podría ser "recompensar a las personas que podrían ir al centro de la ciudad en automóvil pero deciden no hacerlo". Quizá no haya todavía una manera factible de realizarlo. Entonces, el concepto se convierte en un punto focal creativo. Luego, nos disponemos a encontrar maneras de conseguirlo.

La gente que vive en el campo proporciona información del siguiente modo: "Después de pasar por el pueblo X, llegar a nuestra casa resulta muy fácil". Entonces el viajero trata de llegar a X. Después, otro campesino le dice: "Cuando se llega al pueblo Y, ir a X es fácil, porque el camino está señalizado". Las instrucciones, por lo tanto, proceden retrocediendo. Llegar a Y, después a X, y después a nuestra casa. El abanico de conceptos es un modo de trabajar alejándonos de nuestro objetivo y retrocediendo hacia las maneras prácticas alternativas de alcanzarlo.

La figura 2.7. muestra la diferencia entre un abanico de conceptos y un listado directo de las alternativas. En esta figura se aprecian claramente el efecto en cascada del concepto y los niveles de dirección.

Alternativas
directas

Abanico de conceptos

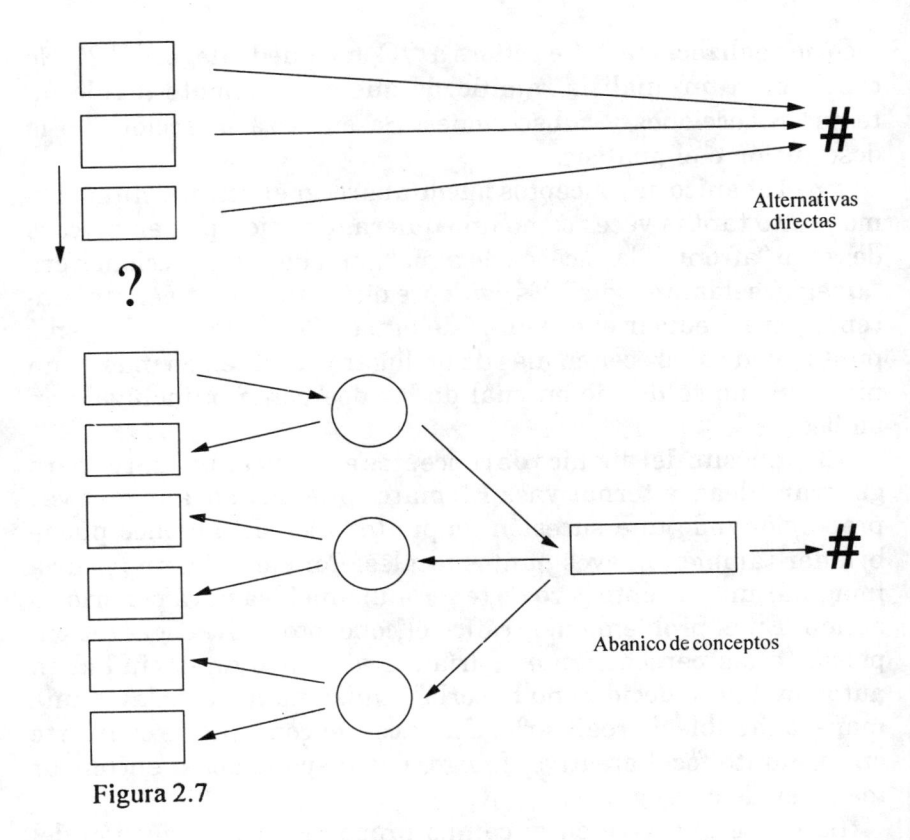

Figura 2.7

Alternativas provocativas

Habitualmente, cuando buscamos alternativas tratamos de conseguir ideas que sean útiles y tengan un valor obvio. Los signos de advertencia son generalmente rojos. Si quisiéramos buscar colores alternativos podríamos sugerir el amarillo o el naranja. El amarillo es un color brillante y más visible en la oscuridad que el rojo. En cuanto al naranja, es un color impactante y menos usado que el rojo o el amarillo. De modo que tanto el amarillo como el naranja son alternativas interesantes, con un valor justificable.

Sin embargo, a veces proponemos una alternativa deliberada sin valor. Por ejemplo, podríamos sugerir que los signos de advertencia sean azules. Decimos "azul" porque es el color alternativo para el rojo. Es otro color primario. Pero al sugerir el azul como color de peligro no afirmamos que la alternativa propuesta tenga ningún valor. Primero lo sugerimos y después observamos a nuestro alrededor para ver si podría tener algún valor. Esta es una alternativa provocativa, porque la razón para elegir el color azul sólo se torna obvia *después* de haberla propuesto.

Debe quedar claro que existe una gran diferencia entre proponer alternativas porque ya tienen algún valor y proponerlas para "comprobar su efecto".

Esto forma parte del proceso general de provocación. La lógica y las técnicas de la provocación se considerarán con más detalles en una sección posterior. Sin embargo, la técnica provocativa puede usarse de una manera bastante simple:

He aquí una alternativa provocativa: veamos si podemos encontrarle algún valor.

Pero no se puede garantizar que se encuentre.

Evaluación

Cuando hemos generado las alternativas, ¿cómo las evaluamos? La evaluación constituye un tema aparte y lo trataré más adelante, en la sección Aplicaciones. En principio, la evaluación de las ideas generadas mediante las técnicas creativas no debería ser diferente de la estimación de cualquiera otra idea. El proceso de valoración es lógico, contiene un juicio y no forma —ni debe formar— parte de la creatividad.

Antes de someter las ideas creativas a la etapa del juicio conviene trabajar algo más sobre ellas, a fin de darles forma, mejorarlas, aumentar su potencia y eliminar sus debilidades. Este proceso se aplica a todas las ideas que han sido generadas creativamente y que, por lo tanto, serán consideradas en una etapa posterior.

En general, la evaluación responde a cuatro planteamientos:

Utilidad. ¿Esta idea funciona realmente? ¿Será posible hacerla funcionar?

Beneficios. ¿Cuáles son los beneficios? ¿Son grandes? ¿De dónde provienen? ¿Cuánto durarán? Si la idea no resalta en el campo de los "beneficios", no tiene valor inmediato.

Recursos. ¿Hay recursos disponibles para poner en práctica la idea? Los recursos pueden incluir tiempo, dinero, gente, tecnología, mecanismos y motivación. Una idea puede ser factible en sí misma, pero quizá no se disponga de los recursos para que funcione.

Conveniencia. ¿La idea "se ajusta" a las necesidades de quien tenga que aplicarla? El concepto de "conveniencia" incluye estrategia, política, personalidades, agendas, etcétera.

Esta lista de control puede aplicarse como evaluación preliminar a todas las alternativas que se generen.

Los conceptos

La capacidad de formar "conceptos" abstractos constituye la base de la capacidad humana de raciocinio. El explorador que buscaba "otra manera de encender el fuego" estaba utilizando este concepto general para hallar alternativas. Usamos conceptos constantemente, tanto explícita como implícitamente. Pero muchas personas, sobre todo en Estados Unidos, se sienten muy incómodas cuando deben manipular conceptos. Para esta gente las ideas son algo vago, académico, innecesario. Están ansiosos por precipitarse en la acción concreta.

Estados Unidos de Norteamérica fue una sociedad pionera, y en una sociedad pionera prima la acción sobre el pensamiento. El hombre de acción realizaba el trabajo mientras que el hombre de pensamiento se quedaba en su casa cavilando. Así se desarrolló en Estados Unidos la maravillosa cultura de la acción. Pero hoy en día, la competencia invade el mundo, saturado de bienes y servicios. Hoy en día, el pensamiento tiene tanta importancia como la acción.

Un banco de California fue uno de los primeros que instalaron cajeros automáticos en sus oficinas. El concepto era que la innovación sería "conveniente" para las personas que estaban demasiado ocupadas como para esperar su turno dentro del banco hasta ser atendidas personalmente. Al parecer, uno de los mayores grupos de usuarios de las nuevas máquinas fueron los inmigrantes mejicanos (legales e ilegales), que en general hablaban mal el inglés y preferían el anonimato de los cajeros automáticos. Aquí, el concepto que se puso en acción fue "anonimato".

En todo lo que hacemos, y también dentro de toda actividad comercial, está implícito un concepto. ¿Es acaso un ejercicio académico el intento de extraer ese concepto y hacerlo visible? En toda acción pueden estar presentes numerosos conceptos. Cada persona puede considerarlo de un modo diferente. ¿Cómo sabemos que hemos extraído el concepto "correcto"? ¿Por qué habríamos de querer que sea visible? ¿Acaso no basta con que el concepto parezca funcionar satisfactoriamente?

Hay una serie de razones por las que conviene la posibilidad de extraer un concepto y visualizarlo.

Alternativas

Si podemos extraer el concepto, podremos usarlo como "punto fijo" para encontrar maneras alternativas de realizarlo. Algunas de estas alternativas podrían ser aún más potentes que las ideas que usamos actualmente.

Reforzamiento

Cuando extraemos un concepto podemos reforzarlo mediante un esfuerzo deliberado de perfeccionamiento. Podemos aumentar su potencia y eliminar sus defectos y debilidades.

Cambio

Cuando ya conocemos el concepto podemos decidir cambiarlo. Quizá lo queramos si las cosas no van bien, hay una amenaza competitiva o sentimos que no estamos aprovechando lo suficiente las ventajosas condiciones del mercado.

He aquí algunos conceptos extraídos del ramo de las "comidas rápidas":

rapidez del servicio
productos, precios y calidad estándar
producto barato
lugar de reunión de jóvenes

Ahora podemos "cuestionar" cada uno de estos conceptos. Aunque podríamos mantener la "rapidez del servicio" para quienes la necesitaran, también podríamos tratar de que los clientes permanecieran más tiempo en el local, a fin de vender más productos: ensaladas, helados, etcétera. De este modo obtendríamos una ganancia mayor por cliente. Se podría encontrar otra manera de ofrecer "productos, precios y calidad estándar". Por ejemplo, producir paquetes de comida con precios y calidad estándar. Todos los restaurantes que los vendieran tendrían un cartel indicador. Para eliminar el riesgo de la mala cocina, la gama de productos debería limitarse a comidas congeladas que pudieran prepararse rápidamente en un microondas.

El concepto "barato" ya ha sido ampliamente cuestionado por la mera existencia de locales que sirven "comidas rápidas" que no son en absoluto baratas y que ofrecen también pescados, mariscos y otras especialidades caras.

En cuanto al concepto de que los restaurantes de comidas rápidas son una especie de club social para gente joven, podría reforzarse de diferentes maneras, o desalentarse, si se comprobara que el uso del espacio no resulta rentable.

De la idea al concepto

En general es difícil trabajar a nivel de conceptos. Por lo tanto, conviene actuar a nivel de ideas y después "saltar hacia atrás" para encontrar el concepto.

¿Cuál es aquí el concepto?
¿Qué concepto representa esta idea?

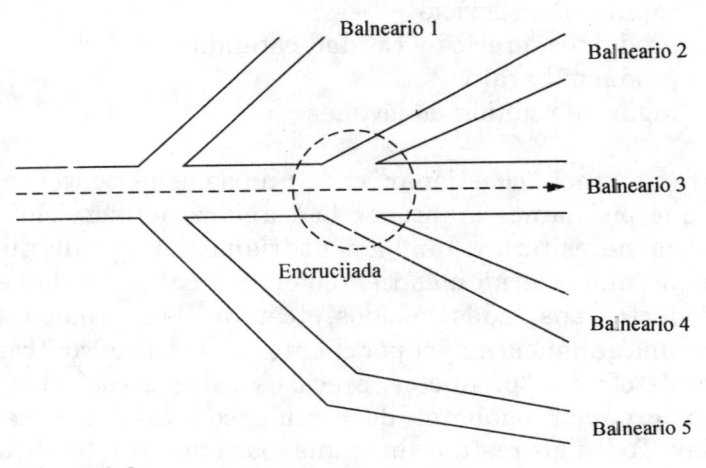

Figura 2.8

En la figura 2.8 se muestra una ruta que lleva a un lugar turístico. Supongamos que usted se dirige en automóvil hacia ese sitio lo más rápidamente posible. Pasa sin detenerse por un cruce de caminos y, por lo tanto, no verifica si ha tomado la dirección correcta para llegar a su destino. Por alguna razón, cuando llega allí el sitio no le gusta: hay demasiada gente, quizás. Entonces piensa que podría volver hasta el cruce de caminos y elegir allí otra ruta, que conduzca a otro lugar de esparcimiento.

Los conceptos son muy parecidos a las encrucijadas. Retrocedemos hasta el cruce para encontrar otra manera de seguir adelante. Por eso los conceptos son excelentes puntos fijos para la generación de alternativas.

Con cualquier idea que desemboque en el pensamiento creativo vale la pena el esfuerzo de retroceder para ver cuál es el concepto básico. Quizás haya varios conceptos involucrados y también opiniones diversas acerca de las verdaderas características del concepto. Esto no importa, ya que el propósito del retroceso es la generación de nuevas ideas y son éstas las que importan.

Se puede facilitar el "salto hacia atrás" hasta el nivel del concepto formulando algunas preguntas:

> ¿Cuál es el método general?
> ¿Cuál es el mecanismo de acción?
> ¿Qué pretendemos llevar a cabo con esta idea?

Una vez creado el hábito de retroceder constantemente hasta el nivel de los conceptos, se puede trabajar en el nivel de las ideas. Resulta mucho más fácil que el intento continuo de trabajar en un nivel abstracto, el de los conceptos.

La naturaleza de los conceptos

Cuando se trata de pensar, nos sentimos impulsados a tratar de ser precisos y definidos. Los conceptos son la excepción. Con ellos debemos ser generales, no específicos, vagos y "confusos". Mientras más específicos seamos, más limitaremos la utilidad del concepto.

En este punto tropezamos con una dificultad. Existen muchos niveles de conceptos, desde los específicos hasta los generales.

> Trabajamos en la venta de bolígrafos bañados en oro.
> Nos dedicamos al negocio de la venta de instrumentos para escribir bañados en oro.
> Estamos en el negocio de la venta de instrumentos para escribir que conceden prestigio al usuario.
> Nuestro negocio es la venta de artículos personales de lujo.
> Estamos en el negocio de artículos suntuarios.
> Estamos en el negocio de venderle a la gente lo que desea tener.
> Estamos en el negocio de ganar dinero.

Vemos aquí siete "niveles de concepto" referidos a la naturaleza de determinada actividad comercial. Resulta obvio que el primero es muy específico y se limita a describir la actividad. El último es demasiado general y podría aplicarse a cualquier actividad comercial. La habilidad consiste en encontrar el nivel de concepto más útil; y esto no es en absoluto fácil. Por otra parte, tampoco existe una fórmula mágica que nos permita hallar el nivel de concepto que más nos conviene. Se trata de "sentir" y esta capacidad se adquiere con el tiempo.

La mejor manera de encontrar un nivel de concepto útil es pensar en un concepto y después generalizarlo y también especificarlo. Así, desplegando los conceptos, encontraremos el más conveniente.

Supongamos que está analizando el ramo de alquiler de automóviles. Quizá su concepto sea: "brindarle al público un medio de transporte temporal". Una formulación más específica del mismo concepto podría ser: "tener coches disponibles para su alquiler en el lugar y el momento en que la gente los necesite, y a un precio rentable". Una formulación más general sería: "satisfacer las necesidades de transporte del público".

Desplegando un concepto hacia arriba y hacia abajo podemos intuir si estamos en un nivel de concepto conveniente.

A veces, un concepto se asemeja mucho a una "definición" de un producto o servicio.

> Concepto de un cepillo dental: "un soporte, con un manojo de cerdas en la punta, donde se coloca la pasta dentífrica".

En ocasiones el concepto consta de una sola palabra.

> Cepillo dental: "una manera conveniente de usar la pasta dentífrica".

Muchas palabras simples son conceptos: "conveniente", "flexible", "comisión", "balance". A veces basta con una sola palabra;

otras, se necesita una frase. El exceso de detalles es siempre innecesario.

Tipos de conceptos

Algunos conceptos generales pueden estar "incluidos" dentro del concepto del producto o servicio de que se trate. He aquí algunos: "conveniente", "adaptable", "potente", etcétera. Otros conceptos son "definidores", captan el aspecto más singular de la situación. La prueba para verificar un concepto definidor consiste en preguntar: ¿podría esta descripción aplicarse a alguna otra cosa?

Examinemos los siguientes intentos de descripción del "concepto de una escalera":

> Una manera de acceder a un lugar alto.

Este enunciado es demasiado amplio. Puede aplicarse a un ascensor, a una grúa e incluso a un par de botas de escalador.

> Un método para usar la fuerza muscular humana para desplazarse verticalmente.

Esta formulación se acerca, pero podría aplicarse también a los peldaños empinados.

> Una estructura que permite avanzar en sentido vertical.

Esta última descripción del concepto escalera es bastante exacta.

Notemos ahora que una descripción física de una escalera podría ser:

> dos soportes verticales y paralelos, con piezas horizontales colocadas a intervalos regulares.

Examinemos los siguientes conceptos posibles del seguro en general:

>un método de compensación
>recuperación de las pérdidas por accidente o catástrofe
>protección contra pérdidas inesperadas
>las personas que están expuestas a daños potenciales aportan un fondo que les compensará por ellos
>reducción del riesgo
>pago de una cuota para tener derecho a indemnización por daños
>protección económica mutua.

Todas estas definiciones son correctas, pero algunas omiten características fundamentales, como por ejemplo el elemento de la contribución. El enunciado "reducción del riesgo" podría aplicarse igualmente a la decisión de permanecer en casa o de poner un cerrojo en la puerta del garaje. En otros casos, una sola palabra, como por ejemplo "mutua", incluye un conjunto de elementos que realmente deben ser expresados.

Desde el punto de vista de la definición filosófica, el trabajo con conceptos es muy frustrante porque hay diferentes niveles de conceptos. De todas maneras, no tiene sentido aventurarse en un ejercicio filosófico. Desde un punto de vista práctico, se limita a probar las diferentes versiones de los conceptos posibles y a elegir el más conveniente.

A veces tratamos de reunir el propósito, el mecanismo y el valor en un solo concepto. Algunas de las definiciones de la idea de "seguro" son un buen ejemplo. En general, este procedimiento es útil. Otras veces, en cambio, nos conformamos con separar tres tipos básicos de concepto.

Conceptos de finalidad o propósito

¿Qué pretendemos hacer? ¿Cuál es el propósito de la actividad o acción? Se trata simplemente de enunciar el propósito en términos generales.

El propósito de un paraguas es "proteger contra la lluvia".

Conceptos de mecanismo

¿Cómo funciona? ¿Cómo se realiza el propósito? ¿Cuál es el mecanismo operativo? ¿Qué sucede? Tratamos de descubrir qué mecanismo se usa o se aconseja usar para el logro de determinado efecto.

La protección contra la lluvia se logra, en un paraguas, con un trozo de tejido que pueda desplegarse o plegarse para guardar doblado.

Desde luego, al describir el mecanismo puede haber diversos niveles de detalle.

Conceptos de valor

¿Por qué esto es útil? ¿Qué valor tiene? ¿En qué reside ese valor? ¿Por qué ese detalle es valioso?

El valor de un paraguas es que resulta portátil y manejable.

Estos son los tres tipos más útiles de concepto. Podríamos añadir a la lista los "conceptos descriptivos", en los que el concepto sólo describe algo. La mayoría del léxico son conceptos descriptivos. La palabra "montaña" describe una gran elevación de la corteza terrestre. En la práctica siempre nos interesa más la "función" que la descripción, y los tres conceptos mencionados (de propósito, de mecanismo y de valor) cubren este aspecto.

Trabajar con conceptos

Al trabajar con conceptos lo más importante es esforzarse. Con el tiempo resulta mucho más fácil, a medida que se adquiere una "intuición" de los niveles de concepto más útiles. No se trata de encontrar el concepto "correcto" sino de probar diferentes descripciones de él (como en las definiciones de problemas) hasta encontrar una conveniente. El uso de un concepto está determinado por lo que uno puede conseguir después con él en términos de generación de ideas o de cambio de concepto.

El desplazamiento de la idea al concepto y viceversa debe ser permanente. Esto es característico de las personas creativas por naturaleza.

Provocación

Einstein acostumbraba realizar lo que denominaba "experimentos de pensamiento". Decía: "¿Qué vería si estuviera viajando a la velocidad de la luz?".

El niño que coloca un cubo sobre otro "para comprobar qué pasa" está llevando a cabo un experimento.

La provocación es una especie de experimento mental.

En una sección anterior he explicado que muchas ideas nuevas importantes surgen por azar, accidente, error o "locura". Estos hechos producen una discontinuidad que nos obliga a rebasar los límites habituales de lo "razonable" establecidos por nuestra experiencia. La provocación deliberada es un método sistemático que puede producir los mismos efectos. No tenemos que esperar el cambio, el accidente o el error. Podemos ser temporalmente "locos", sólo durante treinta segundos cada vez y controlar la situación. Podemos conectarnos y desconectarnos de la locura a nuestro arbitrio. Por eso la provocación es un aspecto tan fundamental del pensamiento lateral y de la creatividad en general.

Supongamos que estamos analizando la contaminación de los ríos.

Po, la fábrica está aguas abajo de sí misma.

Esto es una provocación. Parece completamente imposible. ¿Cómo podría una fábrica estar en dos lugares al mismo tiempo? Usamos la palabra simbólica "po" para indicar que la frase es una provocación y no una sugerencia (más adelante describiré el origen y la naturaleza de "po"). De esta provocación surge un análisis de la entrada y la salida del agua en la fábrica. Lo normal es coger el agua río arriba y arrojar los restos río abajo. La provocación sugiere que podríamos legislar para que toda fábrica construida sobre un río deba tomar el agua río abajo y arrojar los desperdicios río arriba. De este modo, la fábrica sería la primera en sufrir la contaminación que provoca y, en consecuencia, se preocuparía por disminuirla. Retrospectivamente, la idea resulta perfectamente lógica. Me han comentado que algunos países la han estado convirtiendo en ley.

En la firma Du Pont hubo cierta vez una reunión para decidir cómo se controlaría un nuevo producto. David Tanner presentó una provocación.

>Po, le vendemos el producto a la competencia.

Esa provocación produjo un cambio en la manera normal de tratar el producto y una enorme reducción del tiempo de desarrollo.

>Po, los automóviles tienen ruedas cuadradas.
>Po, los aviones deberían aterrizar boca abajo.
>Po, las cartas deberían cerrarse después de haber sido enviadas.

Todos los enunciados anteriores parecen altamente ilógicos e incluso "alocados". De hecho, son enunciados perfectamente lógicos dentro del contexto de un sistema de información de construcción de pautas.
La definición de provocación es simple:

>En la provocación puede no haber motivos para afirmar algo hasta después que ha sido dicho.

Esto contrasta fuertemente con nuestros hábitos normales de pensamiento, según los cuales debe haber una razón para hablar antes que algo sea dicho. En la provocación, emitimos el enunciado y después su efecto proporciona la retrojustificación por haberlo formulado.

Al principio podría parecer que la provocación es simplemente un procedimiento caprichoso, según el cual uno dice lo primero que le pasa por la mente, con la esperanza de que ello resulte algo útil. En alguna medida, esta descripción se ajusta perfectamente a la "tormenta de ideas" que practican algunas personas. Pero ese procedimiento resulta débil y una pérdida de tiempo.

En realidad, la provocación es una necesidad lógica en todo sistema autoorganizado. Se han escrito trabajos matemáticos sobre este tema. Estos sistemas se inmovilizan, por así decir, en estados estables. Una provocación introduce inestabilidad y permite alcanzar una nueva estabilidad.

La figura 2.9 muestra cómo el cerebro forma pautas asimétricas. El humor se produce cuando nos apartamos del camino principal y nos situamos al final del desvío. Desde allí podemos ver nuestro recorrido para volver al punto de partida. La creati-

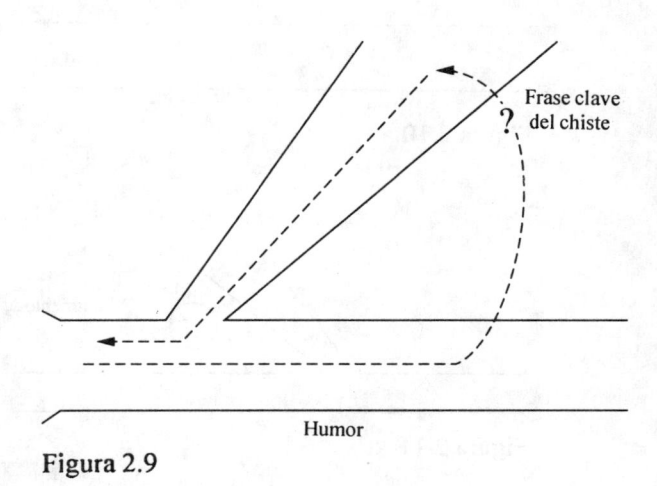

Figura 2.9

vidad se produce exactamente de la misma manera. ¿Pero, cómo pasamos del camino principal al desvío? Aquí entran los métodos de provocación sistemática del pensamiento lateral.

En la figura 2.10 se aprecia cómo planteamos en forma de provocación un concepto o una idea inexistentes en nuestra experiencia. Por lo tanto, la provocación supera las pautas de nuestra experiencia.

La figura 2.11 muestra cómo pasamos depués del camino principal a la provocación y luego al desvío. Una vez allí, podemos rastrear nuestro recorrido de vuelta al punto de partida y explorar el camino lateral como idea nueva.

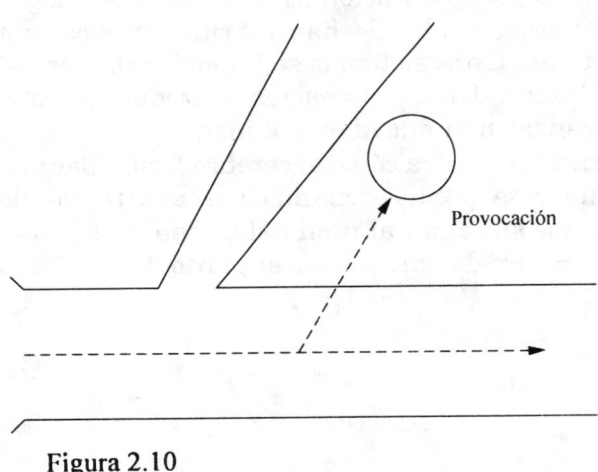

Figura 2.10

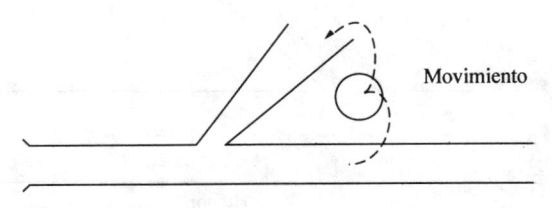

Figura 2.11

Nada hay de mágico en este proceso. En química, si queremos pasar de un compuesto estable a otro tenemos que llegar primero a un compuesto inestable, que luego se reestabiliza en el nuevo. En física, la modificación de una configuración atómica puede atravesar la misma etapa de inestabilidad.

En el pensamiento normal, cada paso que damos está firmemente apoyado en el paso anterior (pensamiento vertical). Cuando llegamos a una solución, su validez se demuestra por la validez de cada uno de los pasos que se han dado desde el punto de partida hasta la solución. La figura 2.12 muestra este proceso.

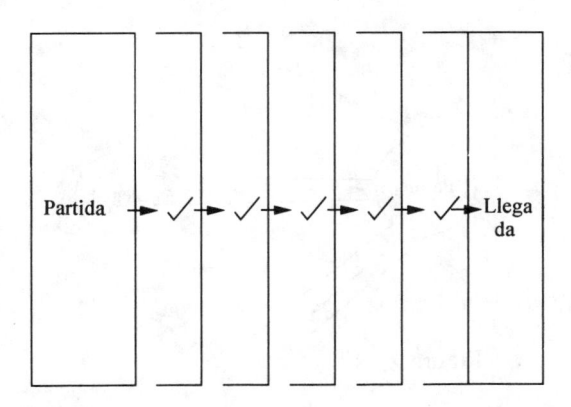

Figura 2.12

En la provocación, pasamos del punto de partida a una provocación arbitraria. Después "pasamos" de la provocación a una idea o a un concepto. La validez de este resultado no puede justificarse por la manera como llegamos allí. Pero si miramos hacia el punto de partida (el problema o el área de preocupación) podemos ver, retrospectivamente, que la nueva posición adquiere un verdadero valor. Si se puede demostrar la existencia de este valor, lógica y retrospectivamente, entonces es tan útil como si se hubiera logrado mediante una sucesión de pasos válidos. La justificación de una idea una vez se ha llegado a ella es en conjunto tan válida como cualquiera otra forma de justificación.

¿Por qué necesitamos usar este método de justificación de "saltos"? ¿Por qué tenemos que encontrar justificaciones retrospectivamente? La razón es muy simple. En todo sistema de formación de pautas tenemos que llevar la pauta establecida hasta cada nuevo punto de nuestro avance. Así la línea de pensamiento establecida, o tradicional, nos permite avanzar. No hay elección posible y ni siquiera pensamos en otras posibilidades.

Sólo trabajando hacia atrás podemos explorar y usar estas otras vías, que han estado allí todo el tiempo. Este proceso se ilustra en la figura 2.13.

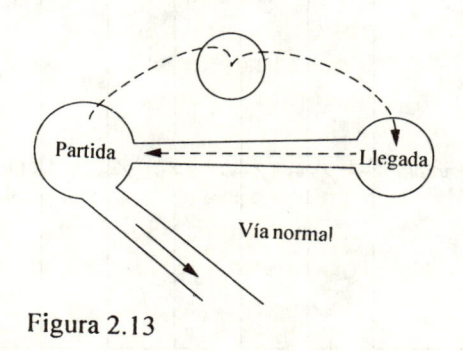

Figura 2.13

La finalidad de la provocación es precisamente desviarnos del recorrido habitual del pensamiento. A partir de la provocación avanzamos hasta encontrar un nuevo punto que, retrospectivamente, parece ventajoso. Lo que verdaderamente importa es el modo de salir del camino establecido. Para establecer sus caminos principales el cerebro tiene que trabajar, y esto constituye la esencia misma de su excelencia. Al mismo tiempo, necesitamos métodos para esquivar estos caminos principales, a fin de poder ser creativos. Por eso la provocación desempeña un papel fundamental en el pensamiento lateral.

Provocación e hipótesis

Ya he mencionado el gran valor del mecanismo de la "hipótesis", que nos permite estimar aproximadamente un mecanismo básico. Después, esta estimación conjetural nos brinda orientación y un marco de trabajo para la reflexión sobre la situación. La provocación también nos proporciona un nuevo marco de trabajo para la consideración del tema. Pero la provocación supera la hipótesis. Una hipótesis trata de ser racional, mientras que una provocación pretende ser "irracional" a fin de sacar nuestro pensamiento de sus canales habituales.

Elaboramos, justificamos y verificamos una hipótesis, que después se convierte de conjetura en una verdad provisional. Por el contrario, si se trata de una provocación nunca tratamos de justificarla. Nunca pretendemos demostrar la conveniencia de que los automóviles tuvieran ruedas cuadradas y que los aviones deberían aterrizar boca abajo. Tratamos de llegar a una idea útil, que difiere de la provocación y está separada de ella. La provocación es precisamente una manera de llegar a esa idea.

Tanto la hipótesis como la provocación tienden a cambiar nuestras percepciones. Una hipótesis las orienta en determinada dirección. Una provocación trata de desviarlas de su dirección habitual.

Tanto la hipótesis como la provocación son especulaciones que construimos en nuestra mente y que luego usamos para perfeccionar nuestro pensamiento respecto a la situación dada. Tanto la hipótesis como la provocación forman parte del proceso creativo y son diferentes del análisis. El análisis examina lo que está presente. La provocación y la hipótesis introducen algo ausente anteriormente.

Proceso en dos etapas

La técnica formal y deliberada de la provocación es un proceso de dos etapas. La primera incluye el planteamiento de la provocación. La segunda, el uso de la provocación para avanzar hacia una idea nueva y conveniente.

Evidentemente, cuando aplicamos la técnica de la provocación, la primera etapa precede a la segunda. La secuencia debe ser la siguiente:

1. Elección del foco creativo.
2. Planteamiento de la provocación.
3. Utilización de la provocación.

No obstante, desde un punto de vista práctico tiene sentido aprender cómo usar la provocación antes de aprender cómo plantearla. De este modo, cuando aprendemos a plantear las provocaciones ya sabremos cómo usarlas. No sería adecuado proponer provocaciones rarísimas sin tener la menor idea de cómo utilizarlas. Ya me he referido en otros trabajos —por ejemplo, mi libro *I Am Right, You Are Wrong*— a este proceso general de aprendizaje hacia atrás, que resulta muy potente y muy lógico.

El uso de la provocación supone el uso de una operación mental llamada "movimiento". Esta operación mental es activa y completamente diferente del juicio. El movimiento es un proceso que tenemos que aprender y practicar para la adquisición de fluidez y eficiencia.

Después de analizar el movimiento trataremos la exposición de los métodos de planteamiento y provocación.

El movimiento

El movimiento es una operación mental extremadamente importante. Es fundamental para la creatividad. Es casi imposible ser creativo sin tener cierta destreza en el "movimiento". No es una parte normal de nuestro comportamiento de pensamiento, excepto quizás en la poesía. En la lírica nos desplazamos desde las imágenes y las metáforas hacia los significados y los sentimientos.

El cerebro actúa como un sistema autoorganizado que permite que la información introducida se organice como pautas, caminos, canales, secuencias, etcétera. Por eso el cerebro es tan eficiente y nos permite enfrentar el complejo mundo que nos rodea. Este comportamiento de formación de pautas no es, en modo alguno, un defecto del cerebro. Al contrario, constituye su mayor fuerza como mecanismo de información.

La percepción es la formación original y el posterior uso de las pautas. Esto incluye el "reconocimiento" de la pauta adecuada y la certeza de que la estamos siguiendo. En este punto interviene el juicio, un elemento fundamental de la percepción.

Hay un tipo de juicio que se ejerce conscientemente, como por ejemplo cuando un juez emite un veredicto en la corte, un profesor evalúa un trabajo o un diseñador de moda elige telas. Pero existe también un juicio que se produce automática e inconscientemente en el cerebro: ¿qué tenemos aquí?

El juicio desempeña dos papeles importantes en la percepción. El primero consiste en encontrar, identificar, combinar o reconocer la pauta apropiada. Esto se produce casi automáticamente pero, a veces, requiere la ayuda del análisis consciente, que divide una situación en partes más fácilmente reconocibles.

El segundo papel consiste en proporcionarnos la certeza de que no nos hemos desviado de nuestra trayectoria. El juicio señala el error, la divagación, la pérdida del rumbo o la discordancia, y nos lleva de vuelta al camino trazado. Este segundo aspecto del juicio se relaciona con el rechazo de las ideas erróneas y contrarias a la experiencia.

Si se le presentan provocaciones, como "los automóviles con ruedas cuadradas" o "los aviones que aterrizan boca abajo", el juicio las rechaza inmediatamente y debe rechazarlas. El juicio tiene una función y debe desempeñarla correctamente. El pensamiento de sombrero negro tiene que ser un pensamiento de sombrero negro eficiente. En este punto, y por razones obvias, los profesores de pensamiento creativo empiezan siempre hablando de "suspender el juicio", de "postergar el juicio" y otras expresiones similares. El método de la "tormenta de ideas" trabaja con este enfoque. Lamentablemente, es un método débil. Decirle a la gente que no use el juicio no le transmite lo que debe hacer, igual que decirle a una persona que no coma huevos fritos para desayunar no le brinda un desayuno.

Nos ocuparemos ahora del "movimiento", que es una operación mental activa. Este proceso puede aprenderse, practicarse y usarse deliberadamente. El movimiento no consiste meramente en una ausencia de juicio. El movimiento nos brinda cereales para el desayuno en vez de huevos fritos.

En la figura 2.14 aparece representada la diferencia entre juicio y movimiento. En el juicio, cuando llegamos a una idea la comparamos con nuestras pautas de experiencia. Si la idea no encaja, la rechazamos. Esto es un buen pensamiento de sombrero negro. En el movimiento, llegamos a una idea y no nos interesa saber si es correcta o errónea o si encaja en nuestra experiencia; sólo nos interesa saber hacia dónde podemos desplazarnos a partir de ella. Tratamos de avanzar.

El juicio es estático y se preocupa por lo que "es" y por lo que "no es". Forma parte de la lógica de la roca. El movimiento es fluido y se ocupa del "hacia": "¿Hacia dónde conduce esto?". Forma parte de la lógica de agua con su fluidez y su fluir. Al movimiento le corresponde el sombrero verde.

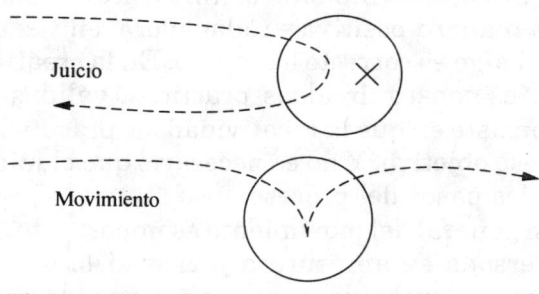

Figura 2.14

Es muy importante darse cuenta de que el movimiento y el juicio son "juegos" totalmente diferentes. Alguien me enseña a jugar al bridge. Después, otro amigo me enseña a jugar al póquer. Cuando juego al bridge juego bridge, no juego un mal póquer, y cuando juego al póquer, juego póquer, no un mal bridge. Del mismo modo, cuando usamos el juicio usamos un buen juicio. Pero cuando pasamos al movimiento, usamos un buen movimiento. Son dos operaciones mentales separadas y no se produce compromiso ni existen situaciones intermedias posibles.

El uso del movimiento

En este momento estamos considerando el uso del movimiento a fin de pasar de una provocación a una idea nueva útil o a un concepto conveniente. Sin movimiento no tiene sentido utilizar la provocación.

Sin embargo, es preciso aclarar que en la creatividad la utilización del movimiento resulta mucho más amplia. El uso del movimiento en las provocaciones es la forma extrema del movimiento. ¿Cómo avanzamos desde una provocación "imposible" hasta algo útil? Pero, en algunas ocasiones, el uso del movimiento no es tan extremo. Podemos utilizarlo para pasar de una idea débil a otra fuerte; de una sugerencia a una idea concreta o de un concepto a una idea.

En este sentido, "movimiento" significa la disposición a desplazarse de una manera positiva e indagadora, en vez de detenerse para juzgar si algo es correcto o erróneo. En la creatividad, lo que nos interesa es conseguir ideas prácticas, válidas y útiles. La diferencia consiste en que la creatividad acepta muchas maneras de alcanzar ese objetivo. Y no es necesario que el juicio convalide cada uno de los pasos del proceso.

La actitud general del movimiento es importante. Alguien dice algo. Una persona se apresura a juzgar si lo que ha dicho es correcto e incluso trata de encontrar pequeños aspectos de la cuestión que no lo sean. Otra persona se interesa por el objetivo que orienta al enunciado. La diferencia es una cuestión de secuencia. La primera persona se pone inmediatamente el sombrero negro; la segunda, el sombrero verde (movimiento) y sólo después se pone el negro para evaluar una conclusión.

Hay dos maneras generales de usar el movimiento: actitud general y técnicas sistemáticas.

Actitud general

La actitud general es la disposición para avanzar a partir de un enunciado o de una provocación. Las ideas nuevas suelen presentarse de improviso. Una persona que ha practicado el movimiento y que conoce las técnicas sistemáticas, obtendrá movimientos útiles limitándose a emplear esta actitud general. Siempre conviene probar primero la actitud general. Si ésta no proporciona resultados útiles, hay que intentar la aplicación de las técnicas sistemáticas de movimiento. Al aprender el pensamiento lateral resulta satisfactorio el uso de las técnicas sistemáticas para empezar a adquirir la destreza general del movimiento.

Técnicas sistemáticas

Hay cinco técnicas sistemáticas para ponerse en movimiento a partir de una provocación o un enunciado. Cada una de ellas puede aprenderse, practicarse y aplicarse deliberadamente. No es necesario emplearlas todas en todos los casos, pero si existen es para ser usadas. Todo esto difiere del hecho de decirle a la gente que "postergue el juicio".

Técnicas de movimiento

A continuación se describirán las cinco técnicas que pueden usarse sistemáticamente para conseguir movimiento. No significa que no haya otras, ni que las cinco que aquí se explican no puedan subdividirse en más. En algunos casos, las diferentes técnicas se superponen. Esto no tiene importancia alguna, ya que el único propósito del movimiento es avanzar hacia una nueva idea o un nuevo concepto.

1. Extraer un principio

Uno examina la provocación (proporcionada por uno mismo o por otra persona) y trata de extraer de ella un principio. Se puede obtener un "principio", un "concepto", una "característica" o un "aspecto". La elección de la palabra no importa. Se toma algo de la provocación, ignorando completamente el resto y se trabaja sólo con lo que se ha "extraído". Después se intenta construir una idea útil alrededor de este principio.

Una agencia de publicidad estaba buscando un "nuevo medio para anunciar". Se presentó una provocación: *Po*, recuperar al pregonero.

En una ciudad moderna, con edificios altísimos y herméticamente cerrados por causa de la climatización artificial y con calles de intenso tráfico, un pregonero no serviría de mucho; pero se trata sólo de una provocación. ¿Qué principios, conceptos o características vemos en un pregonero?

el pregonero puede acercarse donde está la gente
el pregonero puede cambiar de mensaje según su audiencia
el pregonero puede responder preguntas
el pregonero es una figura tradicional respetada
el pregonero está siempre bien informado
no se le puede desconectar

Es posible "extraer" y usar cualquiera de estos planteamientos. En el ejemplo se ha utilizado el principio de que "no se le puede desconectar". De modo que ahora nos olvidamos del pregonero y nos dedicamos a buscar un medio que la gente no pueda (o no quiera) desconectar. Inmediatamente nos viene a la mente el teléfono. La idea sería instalar teléfonos públicos que no cobraran las llamadas porque en la conversación se intercalarían mensajes publicitarios. Los anunciantes pagarían por la inserción de los mensajes grabados y el usuario que quisiera usar ese teléfono se beneficiaría con una llamada gratuita. El sistema podría limitarse a las comunicaciones locales.

Por lo tanto, comprobamos que es perfectamente posible pasar de una provocación al desarrollo de una idea original que puede tener gran valor.

2. Foco sobre la diferencia

En este punto comparamos la provocación con la idea existente de "la manera de hacer las cosas". Se expresan los puntos de diferencia y se examinan, con el propósito de comprobar si podrían conducir a una idea nueva interesante. Aunque la provocación parezca muy similar a lo que ya se está haciendo, nos esforzamos conscientemente para concentrarnos en la diferencia.

Aunque la diferencia sea sólo del uno por ciento, exploramos esa posibilidad.

Existe un foco de "tipo de área general" referente a un sello de correos. Alguien presenta una provocación: "Po, los sellos deberían ser largos y muy delgados".

Nos concentramos en la "diferencia":

> se podrían poner mensajes en ellos
> dejaría más espacio para la dirección
> se podría usar para cerrar el sobre
> se podrían vender rollos de sellos autoadhesivos
> su longitud podría ser proporcional al valor
> podría doblarse de modo que una parte abarcara el dorso del sobre

La sugerencia de que la longitud del sello podría indicar el valor deriva directamente de la "diferencia" de la nueva dimensión. Esto indica que una unidad de longitud podría representar una unidad de valor. Luego, no sería necesario consignar el valor en cada sello, porque ya estaría dividido en "unidades postales". Estas unidades podrían adquirirse al precio del momento, como si fueran unidades de electricidad o de gas. Este concepto podría trasladarse ahora a los sellos de formato corriente, que no llevarían impreso valor alguno sino que podrían ser denominados "franqueo interno", "franqueo de primera clase", etcétera. Estos sellos se comprarían al precio del momento.

Vemos, así, que una idea suscitada por la provocación puede aplicarse nuevamente a los sellos de formato corriente. Hay otras ideas que también valdría la pena considerar. Algunas se decantarían por el sello fino y largo surgido de la provocación. A veces, la provocación misma tiene un valor directo, aunque su propósito no sea éste.

3. Minuto a minuto

Esta es, posiblemente, la más poderosa de las técnicas del movimiento. Imaginamos la provocación hecha realidad, aunque eso signifique entregarnos a la fantasía. Visualizamos lo que sucedería "minuto a minuto". No nos interesa el resultado final sino los acontecimientos que se van produciendo. Es como ver un vídeo secuencia a secuencia, para observarlo a fondo. Luego, a partir de esta observación tratamos de desarrollar un concepto o una idea interesantes.

Po, los automóviles tienen ruedas cuadradas.

Imaginamos un automóvil con ruedas cuadradas. Imaginamos que empieza a andar. La rueda cuadrada se levantaría en cada ángulo. Esto produciría un desplazamiento brusco. Pero la suspensión podría anticiparse a la elevación y compensarla. Esto nos lleva al concepto de la adaptación de la suspensión. Y, a su vez, a la idea de un vehículo preparado para transitar por terrenos accidentados. Una rueda accesoria le indicaría el estado del terreno a la suspensión, que se adaptaría para que la rueda se levantara para seguir el "perfil" del terreno. De este modo el coche, en vez de avanzar bruscamente, se deslizaría con suavidad. Sugerí esta idea por primera vez hace unos veinte años. Actualmente, varias compañías, como la Lotus (parte de GM), están desarrollando una "suspensión inteligente" que se comporta de una manera muy similar.

Po, los aviones aterrizan boca abajo.

Esto parecería totalmente absurdo si no fuera porque las provocaciones nunca son absurdas. Alguien dice que, cuando el avión se acercara a tierra, el piloto tendría una mejor visión de la pista de aterrizaje. Ejemplifica el típico movimiento del tipo "minuto a minuto". De allí surge la consideración del lugar que ocupan los pilotos. Cuando los aviones eran muy pequeños, el piloto tenía que sentarse en la parte superior. Esta disposición ha seguido usándose. ¿Es éste el mejor lugar para el piloto? ¿Es el mejor lugar en todos los casos? El Concorde, por ejemplo, desciende en un ángulo tan agudo que el piloto no puede ver nada. Por lo tanto, esta nave cuenta con un mecanismo que hace descender la nariz del avión para facilitar la visión del piloto. Tal vez el piloto podría tener otra ubicación para el momento del aterrizaje. Quizá pudiera haber videocámaras en puntos estratégicos de la nave.

4. Aspectos positivos

Esta es la más simple de las técnicas de movimiento. Es más bien una técnica de sombrero amarillo que de sombrero verde. Buscamos directamente las ventajas o los aspectos positivos de la provocación. ¿Cuáles son los valores evidentes? En este punto nos interesa lo que está directamente presente y no aquello a lo que la provocación podría conducirnos. Luego tomamos este valor y tratamos de avanzar con él hacia una nueva idea.

Po, los automóviles deberían tener el motor en el techo.

Una de las desventajas sería el centro de gravedad elevado, pero también presenta aspectos positivos:

> facilidad de acceso al motor para el mantenimiento
> menor riesgo de daño del motor en caso de colisión
> buena distribución del peso
> más espacio en el coche, o un vehículo más corto
> menos aire para la refrigeración

De aquí podría surgir la idea de un automóvil más corto, con el motor en el medio y los asientos para los pasajeros sobre la plataforma del motor.

Cuando la provocación invierte un valor, tratamos de encontrar maneras de lograr el mismo valor de una manera más práctica. Nos preocupamos por el valor y tratamos de construir una idea a su alrededor.

5. Las circunstancias

¿En qué circunstancias tendría un valor directo esta provocación? Por ejemplo, en una inundación, un coche que tuviera el motor en el techo sería mucho más conveniente. Con este método de llegar al movimiento, observamos el entorno en busca de las circunstancias especiales que otorgarían validez a la provocación.

Po, los vasos deberían tener un fondo abombado.

¿En qué circunstancias el fondo abombado de los vasos tendría un valor directo? No podríamos apoyar el vaso hasta que no hubiéramos terminado de beber, y a causa de ese detalle los bares venderían más bebidas. No podríamos dejar el vaso sobre la mesa a menos que hubiera un soporte especial, de modo que posiblemente los muebles no tendrían las feas manchas circulares que suelen tener, ya que dejamos los vasos en cualquier sitio.

Es evidente que la superposición es grande. Por ejemplo, en el caso de los vasos de fondo cóncavo hay un elemento de movimiento de "minuto a minuto" cuando visualizamos a alguien colocando un vaso vacío sobre una superficie pulida. Aparece también un elemento de aspectos positivos cuando examinamos la forma alargada y estrecha del sello provocativo.

Consideremos ahora un ejemplo final:

> Po, toda persona que quiera ser ascendida en su trabajo debe vestir una camisa o una blusa amarilla.

Podemos tomar cada uno de los métodos de movimiento y asignarles un punto a cada uno.

Extraer un principio: el principio de que el empleado debe poder mostrar sus ambiciones de ascenso de un modo inequívoco.

Foco sobre la diferencia: las personas ambiciosas podrían darse a conocer. ¿Es mejor tratar de proporcionar ambición a los competentes o tratar de conceder talento a los ambiciosos? He aquí una pregunta muy interesante como ejercicio.

Minuto a minuto: cuando una persona se viste por la mañana para ir al trabajo, su cónyuge podría preguntarle: "¿Por qué no te pones hoy una camisa (o una blusa) amarilla?". Allí podría radicar el germen de una idea: la motivación de las familias de los trabajadores.

Aspectos positivos: todo aquel que vista una camisa amarilla se ha prometido a sí mismo ascender y quizás intente estar a la altura de su promesa.

Circunstancias: toda persona que compra o va a comer preferirá llevar una camisa o blusa amarilla, no sólo porque la atención será más esmerada sino también porque una queja suya tendría más peso.

Quisiera señalar que ciertos aspectos de las técnicas de movimiento son analíticos y "convergentes". Por este motivo no basta una actitud de pensamiento "divergente" para conseguir una creatividad eficaz. El procedimiento del "minuto a minuto" no sólo implica fantasía sino también un intento analítico de visualizar lo que podría suceder. La búsqueda de los aspectos positivos también es analítica. La extracción de un principio tiene un aspecto analítico.

Posibles resultados del movimiento

A medida que avanzamos en el "movimiento" pueden suceder muchas cosas.

Negativas

Cuando nos concentramos en la diferencia o cuando procedemos "minuto a minuto" pueden surgir algunos puntos auténticamente negativos. Esos puntos no deben pasarse por alto porque sin ellos es fácil elaborar juicios simplistas. Los puntos negativos deben observarse y es preciso hacer un esfuerzo consciente para pasar de ellos a una idea útil. Por ejemplo: se podría decir que si una persona usa sistemáticamente una camisa amarilla pero no es ascendida, se sentirá decepcionada y mortificada. Esto es absolutamente cierto. Pero quizá sea mejor para esa persona saber que no ascenderá que aguardar el ascenso durante años con una falsa esperanza.

Ideas viejas

A veces los caminos del movimiento nos hacen retroceder hasta una idea vieja. Cuando sucede, hay que hacer un esfuerzo consciente para imaginar otras vías. De nada sirve vincular una provocación a una idea ya conocida.

El punto interesante

El movimiento puede llevar al pensador a un "punto interesante". Esta sensación de que algo es "interesante" tiene importancia. El tema en sí puede no tener valor, pero existe esa sensación de que tiene posibilidades. A medida que se afianzan las destrezas del pensamiento creativo, los estudiantes se acostumbran a detectar lo que es interesante. "Siento que aquí hay algo", es una frase corriente. Se percibe algo en potencia. Entonces uno se detiene y mira a su alrededor. Es la misma sensación que se experimenta cuando al recorrer el campo en automóvil llegamos a una aldea "interesante". En el movimiento no hay prisa. Al contrario, es mejor pensar muy lentamente, porque así se advierten más aspectos.

Diferencia

La "diferencia" es un punto de gran interés. Advertimos que un concepto o una idea difiere de lo anterior. Nos damos cuenta de que nuestro propio pensamiento toma un rumbo diferente. Siempre vale la pena considerar la diferencia, para comprobar si conduce a un término ventajoso. Se puede buscar la diferencia y se puede estudiar. Los puntos de diferencia o cambio en el pensamiento son siempre dignos de atención, aunque momentáneamente no conduzcan a algo útil.

El valor

El valor es un "trofeo". Cuando uno encuentra un punto de valor o de evidente conveniencia, se apodera de él. Nos demoramos contemplándolo y evaluándolo. Después miramos alrededor para comparar este nuevo valor con lo que existía antes. Y por último, nos esforzamos para ver si este mismo valor puede obtenerse de otra manera, más práctica.

En el pensamiento lateral, cada vez que llegamos a una idea final debemos mirar alrededor para verificar si el "valor" puede ser obtenido de una manera más simple o más práctica. El valor se convierte en el punto fijo. ¿Qué maneras alternativas existen para su obtención?

Llegar a un concepto

Sea cual fuere la provocación, casi siempre es posible llegar a algunos conceptos interesantes, aunque no ofrezcan inmediatamente un valor. Es necesario expresarlos para tomar conciencia de ellos. Después se comparan los conceptos nuevos con los antiguos, y por último se intenta redefinir y reforzar los nuevos.

No siempre se puede pasar de un concepto a una manera eficaz de ponerlo en práctica. Por lo tanto, los conceptos deben ser enumerados y almacenados como parte del producto de la provocación. Los conceptos existen por derecho propio. No son sólo un paso en el proceso de obtención de una idea.

Finalmente se intenta pasar del concepto a las ideas prácticas, para poner en funcionamiento el concepto. A veces puede tratarse de ideas realistas, pero en ocasiones sólo surgen ideas ejemplificadoras, que sirven para mostrar cómo podría aplicarse el concepto.

Llegar a una idea

El producto que se desea lograr en toda sesión de creatividad es una idea nueva y útil. Ocasionalmente la aparición de esa idea puede ser consecuencia directa de la aplicación de la técnica de provocación. Pero lo más frecuente es que se prevea una idea o el comienzo de una idea que necesita elaboración para que se pueda considerar conveniente o digna de ser evaluada. En una sección posterior se abordará este tratamiento de las ideas.

A veces, mediante la técnica del movimiento llegamos a una idea que obviamente no es práctica ni útil en su forma actual. En tales casos hay que intentar un retroceso desde la idea al concepto. Este concepto puede almacenarse como tal. También es conveniente buscar otra manera de poner en práctica el concepto. Las ideas del tipo "por ejemplo" siempre tienen algún valor, porque muestran algún concepto en acción.

No llegar a ninguna parte

A veces el movimiento no nos lleva a ninguna parte. Tenemos la impresión de que el pensamiento vuelve constantemente a las ideas establecidas. En estos casos hay que tratar de "cosechar" lo máximo de la sesión de pensamiento (más adelante se describirá este proceso de cosecha). Además, conviene reconocer que no se ha conseguido nada y formularlo claramente: "No he llegado a nada útil". En ese punto ya no tiene sentido seguir pensando sobre el tema. Es mejor intentarlo de nuevo después, con una provocación diferente o con otra técnica. Nada garantiza que cada vez que usted se disponga a ser creativo obtendrá una idea maravillosa. Reconocer que no ha llegado a ninguna parte le permitirá sentir más confianza en sus propias fuerzas que intentarlo de nuevo, con más ímpetu, y fallar otra vez.

La confianza

Lo que verdaderamente importa es tratar de lograr fluidez, destreza y confianza en el proceso del movimiento, de modo que pueda usarlo cada vez que lo desee. A medida que se adquiere destreza y se fortalece la confianza, se empieza a lograr más y mejores resultados.

No se puede confiar en que se conseguirá una idea maravillosa cada vez que se busque. Pero sí en que uno está en condiciones de utilizar el proceso del movimiento con destreza y seguridad.

Cuando haya adquirido confianza en la operación mental del movimiento, descubrirá que puede aplicarla a cualquier provocación, no importa lo extravagante o ilógica que pueda parecer.

Ha llegado entonces el momento de indagar de dónde proviene la provocación y cómo se plantea.

Cómo presentar las provocaciones

Inventé la palabra "po" en 1968. Desde entonces muchas personas la han usado, por lo general sin entender correctamente a qué hace referencia.
¿Por qué necesitamos la palabra "po"?
La provocación abarca un espectro muy amplio. Con ella presentamos enunciados, pero no para describirlos sino para que en nuestra mente sucedan cosas. En un extremo de la curva tenemos frases como: "¿Qué pasaría si…?", "Supongamos que…", "¿Y si…?". Estas expresiones bastan para presentar enunciados razonables, que indican ciertas condiciones. Después analizamos lo que sucedería. Pero en el lenguaje no existe nada que abarque el extremo opuesto, donde se pueda formular una provocación imposible, contradictoria o descabellada. No existe una palabra, tal vez en ningún idioma, que nos permita utilizar estas provocaciones, porque el lenguaje sirve para describir la realidad, y allí no podría existir lo que evoca la provocación. La palabra "po" no podría existir en ningún lenguaje y es, en cierto sentido, una palabra antilenguaje.
La base lógica para la palabra "po" surge de la consideración de la índole asimétrica de los sistemas de información autoorganizados que crean y usan pautas. Estos sistemas exigen la función "po". Por lo tanto, fue necesario inventarla para indicar en qué

momento algo se utiliza deliberadamente como una provocación. Existe una necesidad constante de cierto tipo de señal: de otro modo, malgastaríamos gran parte de nuestro tiempo en la elaboración de juicios. Si sugiriéramos que los automóviles deberían tener ruedas cuadradas, todo el mundo gastaría muchísima energía criticando una idea tan alocada. Y al autor de la idea se le pediría, por lo menos, que justificara su sugerencia. Pero tan pronto como decimos "Po, los automóviles deberían tener ruedas cuadradas", podemos pasar inmediatamente al movimiento: ha quedado claro lo que queríamos decir.

Hay palabras que indican el "uso anticipado" de un enunciado; por ejemplo, *hi(pó)tesis, su(po)ner, (po)sible* y *(po)esía*. Formulamos el enunciado y después vemos a dónde nos lleva. Esto es lo contrario de lo que sucede en prosa y la descripción, donde tratamos de mostrar algo tal como es ahora. Por lo tanto, extraemos de esas palabras la sílaba *po* y la formalizamos como un símbolo para la provocación.

En la antigua Polinesia y en lengua maorí, "po" representa el informe caos original a partir del cual se formó todo lo que existe. Es un significado muy adecuado para lo que estamos exponiendo.

En general, se puede entender que "po" significa:

(p)rovoking (o)peration [operación provocadora]
(p)rovocative (o)peration [operación provocativa]
(p)rovocation (o)peration [operación de provocación]

Las fuentes de la provocación

Existen dos fuentes principales de provocación. A veces "surgen" provocaciones que no pretendían serlo. Pero también hay maneras deliberadas y formales de presentarlas.

Las provocaciones pueden suceder por azar, accidente o error: la historia ofrece muchos ejemplos. Y éstas pueden cambiar nuestro pensamiento, con nuestra colaboración o sin ella.

Hay también enunciados que no pretenden ser provocaciones

pero que pueden ser tratados como si lo fueran, si el oyente así lo prefiere. Pueden ser observaciones serias o tontas.

Alguien dice algo con lo que usted no está de acuerdo. Usted puede discrepar y emitir un juicio sobre lo dicho. En ese caso, la conversación probablemente terminará allí. Pero se plantea otra opción posible: considerar la observación de su interlocutor como una provocación. Puede hacerlo después o antes de emitir su juicio. No importa si el autor del comentario pretendió hacer una provocación, ni si entiende ese proceso. La elección le corresponde a usted.

Se cuenta que a finales de la década de 1930 un individuo algo chiflado le escribió una carta a Robert Watson Watt, en la que comentaba que el Ministro de Defensa debería considerar la posibilidad de emitir una onda de radio lo suficientemente potente para derribar aviones. Según la historia, Watson Watt rechazó la idea por descabellada, y lo era, porque la cantidad de energía de una transmisión de radio es pequeña. Se dice también que fue el ayudante de Watson Watt quien utilizó la idea como una provocación y sugirió que quizás el reflejo de la onda de radio podría ayudar en la detección de la presencia de aviones. Así nació el concepto del radar, que resultó tan valioso en la guerra que estallaría pocos años después.

Como en todas las historias de este tipo, es difícil verificar los hechos reales, pero la anécdota constituye un buen ejemplo de la disposición de alguien a tratar una idea como provocación, independientemente de lo absurda que pueda resultar la idea.

Las diversas opiniones pueden expresarse en conversaciones privadas o en reuniones. Las ideas pueden ser presentadas informalmente o en informes redactados al efecto. En una ocasión, había recibido muchas sugerencias sensatas. Entonces, un joven, tratando de ser desafiante, dijo: "Hay que poner el edificio de lado, recorrerlo longitudinalmente y no olvidarse de contar los pasos". Aunque su intención fue simplemente decir algo divertido, podemos encarar el enunciado como si fuera una provocación. "Po, poner el edificio de lado". La primera idea obvia es medir la longitud de la sombra y usar esa cifra para calcular la altura del edificio (comparando la sombra del observador con su propia estatura). Otra idea es tomar una fotografía del edificio y después poner de lado la foto. Pero antes de fotografiarlo habría que tener una caja grande y colocarla exactamente a veinte yardas de distancia a la base del edificio. En la foto, la distancia entre la base del edificio y la caja representaría veinte yardas, y serviría de escala. Desde luego, la misma provocación puede sugerir muchas ideas más.

En la práctica resulta bastante difícil decidirse a tratar como provocaciones ideas que sabemos que son impracticables y que no nos gustan. No obstante, siempre debemos estar preparados para tratar una idea como provocación. La decisión está en nuestras manos y no es preciso que nadie lo sepa.

Llegamos ahora a los métodos deliberados y formales para presentar provocaciones. Estos métodos proporcionan los instrumentos sistemáticos de provocación del pensamiento lateral. Nos permiten realizar de una manera deliberada y controlada ciertas acciones que, de otro modo, exigirían la intervención del azar, un accidente o un error. Es importante comprender que la provocación se basa en la lógica y que no se trata simplemente de ser "alocado" y esperar un resultado conveniente. Planteamos una provocación formal y luego aplicamos los métodos sistemáticos del movimiento para avanzar desde la provocación hasta una nueva idea o un nuevo concepto. El proceso se desarrolla paso a paso.

El método de la huida

El método de la huida es una manera simple y directa de crear provocaciones. En cualquier situación se producen hechos "normales" que damos por sentados. Damos por sentado que una taza tiene asa y se coloca sobre el plato, que su borde es circular o que la taza se sostiene por sí misma. Prefiero utilizar la expresión "dar por sentado" en vez del verbo "suponer", porque muchas veces pensamos que lo que se da por sentado no necesita justificación. No es imprescindible que ciertas características que "damos por sentadas" estén presentes siempre; pero por lo general lo están y forman parte de la situación.

Nunca debemos plantear un problema, una queja o un rasgo negativo como algo que "se da por sentado". El método de la huida no funciona a partir de las negaciones, porque escapar de una negación no tiene un efecto provocativo.

A veces, las características que se dan por sentadas son obvias. Por ejemplo, damos por sentado que los zapatos tienen suela. Otras veces nos esforzamos para descubrir información "oculta". Damos por sentado que hay zapatos para el pie izquierdo y zapatos para el pie derecho, o que el tacón eleva ligeramente el pie.

Por lo tanto, el primer paso consiste en escoger algo que se dé por sentado. Debemos expresarlo específica y formalmente. Damos por sentado, por ejemplo, que los restaurantes tienen comida.

El segundo paso consiste en "huir" de lo que hemos dado por sentado. Esto significa anular, negar, dejar de lado, eliminar, desmentir lo que dábamos por sentado, o simplemente huir de ello.

Damos por sentado que los restaurantes tienen comida.
Po, los restaurantes no tienen comida.

He aquí nuestra provocación.

El próximo paso es el movimiento. Valiéndonos de la técnica "minuto a minuto" imaginamos un elegante restaurante, lleno de gente, donde no hay comida. La próxima vez que esas personas vayan al restaurante, llevarán bocadillos. A partir de allí surge la idea de que un restaurante puede ser un lugar elegante para celebrar *pic-nics* bajo techo. Uno invita a sus amigos, todos llevan su comida y se paga por el servicio. Quizá se pueda llegar a un arreglo con otro restaurante para que prepare la comida en las horas de menos afluencia de público. Así, del mismo modo que podemos invitar a un grupo de amigos a un *pic-nic* a orillas de un río, podemos invitarles al *pic-nic* en un agradable local, bajo techo.

Damos por sentado que los restaurantes cobran por la comida.
Po, los restaurantes no cobran por la comida.

Los restaurantes podrían cobrar el "tiempo" y no la comida. Los clientes pagarían cierta suma de dinero por cada minuto, pero la comida sería gratuita. Esto tendría sentido en los cafés donde los clientes permanecen largo rato frente a una taza de café. En vez de cobrar muy caro el café para cubrir los gastos del local, el café sería barato pero habría una especie de parquímetro en la mesa, que mediría el tiempo de permanencia del cliente. Dicho más sencillamente, la cuenta que le llevaría el camarero estaría expresada en unidades de tiempo y a la salida se evaluaría la cantidad de dinero a abonar.

Es interesante recordar que fue una "huida" de la necesidad de abonar la cuenta en el acto lo que llevó al concepto que respaldó la fundación del Diners Club hace muchos años.

Damos por sentado que los restaurantes tienen menúes.
Po, los restaurantes no tienen menúes.

A partir de esta provocación podemos movernos en diferentes direcciones. Podríamos imaginar un restaurante donde el *chef* prepara un menú como si fuese para una fiesta y podemos imaginar también que confiamos lo suficiente en ese *chef* como para comer lo que nos sirven. Actualmente esos restaurantes existen. O bien podríamos tomar otro camino e imaginar un restaurante que presentara una lista de los ingredientes disponibles: dentro de esos límites, los clientes podrían ordenar sus platos.

Damos por sentado que en los restaurantes los camareros son amables (no siempre).
Po, los camareros no son ambles.

Esto nos proporciona la idea de que los camareros podrían ser actores y actrices. El menú indica su "carácter". Uno puede pedir el camarero que desee: belicoso, irónico, atento, etcétera. Quizá podríamos pedir uno belicoso y divertirnos peleando con él. Los actores y las actrices contratados por el restaurante interpretarían el papel que se les indicara.

>Damos por sentado que los restaurantes proveen los platos y los cubiertos.
>Po, los restaurantes no proporcionan los platos y los cubiertos.

O sea que cada cliente lleva los suyos. Pero como uno no quiere estar llevando y trayendo su servicio de mesa, lo deja en el restaurante. Nuestros platos podrían ser especiales, y llevar grabadas nuestras iniciales o el logotipo de nuestra empresa. Si invitamos a gente, nuestros invitados serán servidos con nuestros platos especiales. Esto significa que posiblemente volveríamos muchas veces al mismo restaurante, sobre todo cuando quisiéramos agasajar a alguien.

Todo supuesto puede ser "eludido"; podemos huir de él, salir de él para crear una provocación. No importa en absoluto lo imposible o absurda que pueda parecer.

Un método posible consiste en que los participantes anoten los temas que "se dan sentados" en tiras de papel que luego se colocan en una bolsa. Se saca una tira al azar y se trata de huir de ese supuesto. Otra manera de organizar la actividad es pedirles a todos que confeccionen una lista de "hechos que se dan por sentados". Después alguien dice un número, por ejemplo cinco, y cada persona trata de escapar del hecho número cinco de su lista. También se puede confeccionar una lista para la reunión y elegir un punto para realizar la huida.

La técnica de la huida es particularmente útil para examinar los métodos, procedimientos o sistemas establecidos, que han evolucionado a lo largo del tiempo hasta alcanzar una estabilidad y en los que todo parece estar en orden. Si queremos introducir mejoras o cambios, es posible que no sepamos por dónde empezar. El proceso de huida subvierte súbitamente los procedimientos existentes, de modo que uno se ve obligado a pensar las cosas de nuevo.

Si bien es fácil de usar, la técnica de la huida plantea algunas dificultades. A veces la salida simplemente bloquea una vía y entonces el pensador elige una alternativa simple.

Damos por sentado que vamos al trabajo, en el centro de la ciudad, en automóvil.
Po, no se puede ir al centro de la ciudad en automóvil.

En el nivel más simple podríamos aceptar que se ha prohibido el uso de los automóviles en la zona céntrica; en consecuencia, sugeriríamos tomar un autobús o un tren. En otras palabras: si se bloquea una posibilidad, miramos alrededor en busca de otras. Aunque a veces las ideas así producidas resulten útiles, es muy improbable que sean originales. Podríamos tomar otras direcciones a partir de la misma provocación. Podríamos imaginar que tenemos que dormir en nuestra oficina durante largos períodos y después disfrutar de unas vacaciones prolongadas. O tal vez, que trabajamos en casa o que el trabajo viene a casa en automóvil. Podríamos imaginar que en vez de dirigirnos al centro de la ciudad tenemos que ir a las afueras. De ahí deduciríamos que por la mañana sólo estaría permitido el desplazamiento de automóviles hacia las afueras de las ciudades. Esto fomentaría la idea de emplazar los lugares de trabajo en la periferia de los centros urbanos.

El método del puente

Hay una dificultad implícita en la creación de provocaciones: el pensador tiene que plantear la provocación, pero ésta debe provocarle. Existe entonces el peligro de "elegir" una provocación que encaje perfectamente con las ideas o conceptos que uno ya posee. Esto es inútil, ya que la técnica no provocará ideas nuevas. Al crear provocaciones, algunas personas tienen una idea general acerca de dónde hay una idea nueva y plantean una provocación que apunta hacia esa dirección. Esto tiene muy poco valor. Una provocación debe ser audaz y mecánica. El pensador no debe tener una idea previa acerca de a dónde le llevará su provocación.

Por esta razón, muchos de los métodos de creación de provocaciones son semimecánicos. En el procedimiento de la huida, uno formula la información "dada por sentada" y después la niega. Eso es mecánico. En la mayoría de los métodos del tipo de "puente" realizamos cierta operación mecánica sobre algo existente.

Trate de visualizar una escena: usted va por un camino y llega a un arroyo que necesita cruzar. Su primera acción es coger una piedra grande y arrojarla en medio de la corriente. La segunda acción, utilizará la piedra como puente para cruzar. Menciono esta analogía para indicar que la construcción del puente y su utilización son dos operaciones diferentes. Una excelente manera de verificar si sus provocaciones resultan provocativas y mecánicas es observar cuántas de ellas pueden ser utilizadas convenientemente. Debe haber por lo menos un 40 por ciento que no pueda usar. Si puede aprovecharlas a todas, entonces o bien usted está excepcionalmente dotado para el movimiento o bien sólo está creando provocaciones que se adapten a las ideas que ya tiene.

Po, los aviones aterrizan boca abajo.

He aquí una provocación mecánica del tipo "inversión". He mencionado ya que una idea induce a considerar la posición del piloto. Otra línea de pensamiento se concentra en la diferencia y observa que ahora las alas deben proporcionar un impulso hacia abajo. Esto conduce al concepto de "aterrizaje positivo". Se necesitarían unas pequeñas aletas que darían ese impulso hacia abajo. ¿En qué circunstancias este tipo de aterrizaje tendría un valor directo? Si en una emergencia el piloto necesitara elevarse rápidamente cancelaría el impulso hacia abajo flexionando las aletas hacia arriba. El resultado sería un aumento inmediato de la altura.

El propósito de las provocaciones es llegar a ideas que uno no haya tenido antes, no confirmar las que ya tiene.

Examinaremos ahora cuatro maneras formales y deliberadas de crear "provocaciones puente".

La inversión

Supone la observación de la dirección "normal" o usual en que se desarrolla algo y después desplazarse en la dirección opuesta, inversa. Los aviones que aterrizan boca abajo y los automóviles con ruedas cuadradas son ejemplos de una provocación "inversa". En los anteriores Juegos Olímpicos, los comités organizadores se habían mostrado reacios a favorecer el uso de la televisión, porque creían que retransmitir los juegos por televisión reduciría la asistencia a los estadios. Uno de los cambios de concepto de los Juegos Olímpicos de 1984 fue invertir la actitud normal y encararlos como un espectáculo televisivo. Fue este concepto el que los hizo económicamente viables. En este caso, la provocación se convierte directamente en la idea.

Con frecuencia la gente supone que "arreglárselas sin algo" es una inversión. No lo es. Es una huida.

Tengo zumo de naranja para el desayuno.
Po, no tengo zumo de naranja para el desayuno.

Esto no es una inversión sino una huida. Entonces, ¿cuál sería en este caso la provocación inversa?

Po, el zumo de naranja me tiene a mí para el desayuno.

Visualicemos un enorme vaso de zumo de naranja e imaginemos que caigo adentro de él. Salgo oliendo a zumo de naranja. Esto induce a la idea de un accesorio para la ducha del baño donde se podría colocar un perfume, de modo que quien se bañe pueda elegir su perfume preferido.

El teléfono suena cuando hay una llamada en la línea.
Po, el teléfono suena todo el tiempo y enmudece cuando hay una llamada en la línea.

Esta es una buena provocación de inversión, pero parece difícil usarla porque es muy absurda. De ella surgen dos ideas útiles. Si el teléfono estuviera sonando todo el tiempo, por lo menos uno sabría que funciona. De allí llegamos a la idea de una lucecita roja en el aparato que indique que el teléfono funciona. La segunda es que el teléfono podría estar conectado al aparato de televisión. Al producirse una llamada, el televisor enmudecería y podría permanecer sin sonido hasta que se terminara de hablar (esta última parte sería opcional).

El que llama por teléfono paga la comunicación.
Po, al que recibe la llamada se le paga por atender el teléfono.

Una inversión diferente hubiera sido que quien recibe la llamada la pague. Pagarle al receptor por atender a la llamada es una idea interesante en sí misma. Técnicamente no sería difícil agregar una determinada suma a la factura del que llama y regresarla de la factura del que recibe. Así, cuantas más llamadas recibiera uno, menor sería la factura telefónica. Desde luego, existiría la opción de dar a los amigos un número especial, que no tuviera esta característica.

La exageración

La segunda manera formal de crear una provocación de tipo puente es la exageración. Este método se vincula directamente a las mediciones y las dimensiones: número, frecuencia, volumen, temperatura, duración, etcétera. En cada situación existe una gama normal de medición que es preciso encontrar. Exagerar significa sugerir una medida que excede mucho de esa gama normal. La exageración puede ser ascendente (incremento de las medidas) o descendente (disminución de las medidas).

Po, cada casa de familia tiene 100 teléfonos.
Po, el teléfono tiene un solo botón para marcar los números.

Cuando la exageración se realiza en dirección descendente, la disminución no debe llegar nunca a cero, porque en ese caso se convertiría simplemente en una huida.

Po, la pasta dentífrica es una sola gota de líquido.
Po, no hay pasta dentífrica.

La gota única podría sugerir una sustancia que se incorpora a la comida y realiza su función de limpieza mientras se mastica. La exageración crea la inestabilidad típica de una provocación. Como no podemos quedarnos en la exageración, avanzamos hacia alguna idea.
Hace muchos años, la revista *New York Magazine* sugirió que la intendencia de la ciudad me planteara algunos problemas. Uno de ellos era la falta de efectivos policiales para patrullar las calles.

Po, la policía tiene seis ojos.

A partir de esta simple exageración se elaboró la sugerencia de que las personas podrían actuar como ojos y oídos de la policía. El relato del episodio apareció en la tapa del *New York Magazine* en abril de 1971. Posteriormente el concepto ha sido ampliamente utilizado como "vigilancia de los vecinos".

Po, los estudiantes se examinan a cada momento.

Esta provocación lleva a la idea de un ordenador que está constantemente a disposición de los alumnos. La máquina formula preguntas y el estudiante las responde. Cuando la proporción de respuestas correctas alcanza cierto nivel, se considera que el alumno sabe lo suficiente sobre el tema. Los estudiantes pueden acceder al ordenador en cualquier momento. Se idearían maneras de evitar el fraude y el abuso.

Po, los teléfonos son demasiado pesados para levantarlos.
Po, los teléfonos son tan pequeños que se pueden usar como botón.

Po, todas las llamadas telefónicas deben durar una hora.
Po, todas las llamadas telefónicas deben durar diez minutos.
Po, para llamar hay que marcar 100 dígitos.
Po, para llamar hay que marcar un solo dígito.
Po, una llamada cuesta siempre 100 dólares.
Po, el precio máximo de una llamada es 10 centavos.
Po, desde cada teléfono sólo se puede llamar a una persona.
Po, se puede hablar con 1000 personas al mismo tiempo.

Una vez, el instituto de cinematografía de Suecia me consultó para ver cómo podrían reunir dinero para realizar películas.

Po, cada entrada para el cine cuesta 100 dólares.

Este enunciado provocador conduce a la siguiente idea: establecer un mecanismo muy simple por el cual todas las personas que ven una película de estreno pueden volver a la taquilla e invertir dinero en la película que acaban de ver. Habrían tenido oportunidad de evaluar el producto y, por lo tanto, no invertirían por adelantado y a ciegas. Al mismo tiempo, se convertirían en una especie de agente de promoción de la película en cuestión, recomendando a otras personas que la vieran. Se establecería un sistema para recompensar económicamente a los inversores iniciales; de este modo se reduciría el riesgo y se alentaría la inversión inicial.

Siempre me sorprende que a muchas personas les resulte difícil usar la provocación del tipo exageración. Sospecho que se debe a que es una provocación muy pura. Uno la plantea y no sabe adónde le llevará. Quienes la encuentran dificultosa prefieren elaborar una provocación alrededor de ideas que ya poseen.

Es importante señalar que las provocaciones de exageración se basan siempre en las medidas. No se aplica aquí el sentido amplio de la exageración, que incluye también todo tipo de desafuero.

La distorsión

En toda situación se establecen relaciones normales entre las partes. También hay ciertas secuencias temporales de acción que se consideran normales. La provocación por distorsión se obtiene cambiando estas pautas normales. Se "distorsiona" la situación y se crea una provocación.

En un seminario propuse cierta vez el ejercicio de crear provocaciones de todo tipo sobre el sistema postal.

Po, uno cierra la carta después de enviarla.

Este excelente ejemplo de provocación por distorsión (distorsión de la secuencia de las operaciones) fue sugerido por un participante. Surge de él una idea interesante: si uno no quiere pagar franqueo, envía la carta abierta. Entonces, un anunciante directo incluye un folleto u otro tipo de anuncio en el sobre, lo cierra y paga el franqueo. El remitente se beneficia porque el envío le resulta gratis. El anunciante se beneficia porque tiene acceso directo a clientes potenciales. Evidentemente, sería necesario seleccionar los distritos postales para dirigirse al tipo de clientes que el anunciante quiere abarcar.

Po, los estudiantes se examinan mutuamente.

Esta provocación conduce a una idea simple: una pregunta excelente para cualquier examen sería pedirle al estudiante que formulara preguntas y explicara por qué las eligió. Es necesario conocer bien un tema para elaborar preguntas sobre él. Además, los examinadores podrían usarlas en exámenes posteriores.

Po, uno muere antes de morir.

Una provocación de este tipo llevó a Ron Barbaro, de la compañía Prudential Insurance, a desarrollar la exitosa idea de los "beneficios en vida". En las hipotecas, por ejemplo, se reciben los beneficios primero y se pagan las pólizas después.

Po, uno vota en nombre de su vecino.
Po, el cartero escribe mis cartas.
Po, los intereses de mi inversión se pagan a un tercero.
Po, los delincuentes aportan dinero para mantener a las fuerzas policiales.
Po, se puede servir una bebida sin alcohol antes de abrirla.
Po, en un avión uno aterriza antes de despegar.
Po, la TV elige lo que veré.
Po, los hijos deciden con quién se casarán sus padres.

En los casos en que sólo están involucradas dos partes, la distorsión y la inversión conducen exactamente a los mismos resultados.

¿Cuál es la disposición normal (relaciones, secuencia temporal, etcétera) de las cosas? Ahora cambiémoslo todo.

El método de la distorsión es probablemente el más difícil de los métodos del tipo puente, pero puede proporcionar ideas poderosas, porque las provocaciones así creadas son muy provocativas y no permiten deslizarnos fácilmente hacia ideas existentes.

La expresión de anhelos

El caso de la fábrica que debía estar "río abajo de sí misma" es un ejemplo de provocación por "expresión de anhelo".

¿No sería bueno que...?

Expresamos un deseo, un anhelo forjado por nuestra fantasía y que consideramos imposible de realizar. Es importante que la provocación sea una fantasía. Proponer un deseo normal, un objetivo o una tarea resulta mucho más débil.

Me gustaría fabricar este lápiz por la mitad del costo.

Este es un objetivo (o una tarea) que se puede perseguir (o acometer) aunque parezca muy difícil; pero no es una provocación.

Po, el lápiz tendría que escribir solo.

Este enunciado es, obviamente, una fantasía, y más obviamente aún, una provocación.

En una ocasión, me pidieron que sugiriera un esquema de ordenamiento para una pequeña ciudad que constantemente tenía todo su espacio para estacionamiento ocupado por automóviles de gente que entraba a su trabajo y dejaba el coche allí todo el día.

> Po, los automóviles tendrían que limitar su propio estacionamiento.
> (¿No sería bueno que los automóviles limitaran su propio estacionamiento?)

Surge de aquí la sencilla idea de que uno podría estacionar en cualquier lugar siempre que dejara encendidas las luces del coche. Desde luego, la batería podría agotarse si el estacionamiento fuera prolongado. La idea podría aplicarse también en ciudades dotadas de parquímetros. Si el coche tuviera las luces encendidas, no pagaría el parquímetro. Así se lograría una mayor rotatividad de los espacios para estacionamiento en las zonas céntricas.

Las tres maneras anteriores de formular provocaciones de tipo puente funcionan "empujando contra" algo que ya existe (invirtiéndolo, exagerándolo, distorsionándolo); pero en el método de la expresión de anhelos tenemos que crear la provocación prácticamente de la nada. A algunas personas esto les resulta difícil porque es menos mecánico; para otras, en cambio, expresar una fantasía, un sueño, les resulta sumamente fácil.

> Po, los ladrones de supermercados deberían delatarse a sí mismos.
> (¿No sería bueno que los ladrones de supermercados se identificaran voluntariamente?)

Es poco probable que pudiera suceder algo así. Visualizamos un ladrón levantando la mano y diciendo: "Soy un ladrón de supermercados". Quizá podrían identificarse por la ropa. Por ejemplo, una túnica para hacer compras, que podría ponerse por encima de la ropa normal. La túnica no tendría aberturas ni bolsillos, de modo que robar resultaría muy difícil. A toda persona que se pusiera la túnica se le haría un pequeño descuento sobre su compra. A los que se negaran a ponérsela se les vigilaría más de cerca. Detrás de esta idea se esconde un concepto y, lógicamente, debe de haber maneras más eficaces de ponerlo en práctica. El concepto es que los ladrones se resistirán a aceptar una medida que a otros les parece insignificante.

Mientras más fantasía haya en una provocación, más provocativa será.

> Po, apenas llegamos al aeropuerto, subimos al avión.
> Po, cada pasajero tiene avión y piloto propios.
> Po, el avión le lleva a uno adonde quiera y cuando quiera.
> Po, cierto personal del avión se dedica exclusivamente a mí.
> Po, siempre que uno viaja en avión, duerme.
> Po, uno siempre se sienta al lado de la persona más interesante.
> Po, la línea me provee de todo el equipaje que necesito.
> Po, el pasaje de avión da derecho a acciones de la línea.
> Po, los retrasos son agradables y convenientes.
> Po, siempre que quiero viajar hay descuentos en las tarifas.
> Po, si uno se retrasa por el tráfico, el avión le espera.

Si bien algunos de estos enunciados parecen totalmente irrealizables, todos pueden usarse como provocaciones. Mientras más confianza llegue usted a tener en su destreza de "movimiento", más capaz será de aceptar una provocación y de extraer de ella algo valioso. Cuanto más capaz sea de usar provocaciones extremas, más hábil será para crearlas. Las provocaciones débiles no tienen gran valor provocativo.

> Po, si uno se retrasa por el tráfico, el avión le espera.

Este enunciado lleva a la idea de que todos los vuelos se anuncien con media hora de anticipación a la verdadera hora de partida. Entonces, si uno llega tarde paga una sobretasa, pero puede subir al avión, y si llega temprano, se beneficia con un descuento. Otra idea posible: los pasajeros que llegan con retraso tienen automáticamente una plaza en el vuelo siguiente, pero esa reserva sólo tendría validez durante una hora.

Un procedimiento útil y que constituye una buena práctica cuando uno está tratando de ser creativo sobre determinado tema consiste en crear cierto número de provocaciones de puente como una operación en sí misma. Hay que limitarse al planteamiento de los puentes sin tentativa alguna de usarlos. Este ejercicio liberará la mente. Después, es muy posible que uno se sienta tentado de utilizar uno de esos puentes. El propósito del ejercicio, sin embargo, es construir alrededor del foco creativo tantos puentes como sea posible.

La aportación del azar

Esta es la más simple de todas las técnicas creativas. Actualmente muy usada por grupos de diseño de productos nuevos, agencias de publicidad, grupos de rock, conjuntos de teatro, etcétera. Desarrollé esta técnica en 1986 y desde entonces la han plagiado constantemente, por lo general gente que no sabe cómo ni por qué funciona.

Esta técnica es muy poderosa pero parece totalmente ilógica. Supongamos que tenemos un foco creativo donde necesitamos la aportación de ideas nuevas. Entonces introducimos una palabra que no tenga conexión alguna con la situación y la unimos a ésta.

Fotocopiadora po nariz.

A partir de esta yuxtaposición tratamos de elaborar ideas nuevas.

Cualquier persona que aplique la lógica tradicional señalará lo absurdo de la iniciativa. Si la "palabra" es realmente elegida al azar, servirá de ayuda para cualquier tema. Del mismo modo, cualquier palabra funcionaría con el foco elegido. O sea que cualquier palabra vale para cualquier tema. Esto parece el colmo de lo ilógico.

Este proceso sólo tiene sentido si entendemos el funcionamiento del cerebro como sistema autoorganizador y creador de pautas. Supongamos que la figura 2.15 muestra el hogar del lector, situado en una ciudad pequeña. Cuando usted sale de su casa toma siempre el mismo camino. Pero si un día alguien le ha traído en automóvil desde la oficina le deja en las afueras de la pequeña ciudad y usted camina hasta su casa, es muy probable que haga un recorrido totalmente diferente del habitual. Simplemente, las probabilidades de elección de pautas son diferentes en el centro que en la periferia, y no hay nada de mágico en ello.

El cerebro es tan eficiente para establecer conexiones que aunque la palabra que se incorpora al azar parezca remotísima, el cerebro establecerá las conexiones necesarias para volver al área del foco. Nunca me ha sucedido que una palabra al azar resulte demasiado remota. Al contrario, lo que suele suceder es que la palabra al azar está tan íntimamente vinculada al foco que el efecto provocativo es mínimo.

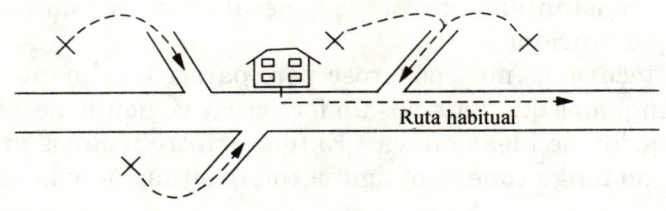

Figura 2.15

La historia de las ideas cuenta con muchos casos en que un hecho casual pareció desencadenar una importante idea nueva. Desde luego, esto sólo acontece en una mente "preparada" que ha estado pensando en el tema. Un ejemplo clásico es la historia de Newton que estaba sentado debajo de un árbol, leyendo, cuando le cayó una manzana en la cabeza. Supuestamente, este hecho "desencadenó" la idea de que la gravedad es una "fuerza". Y aunque las cosas no hubieran sucedido así en el caso de Newton, hay muchos ejemplos más.

Entonces, ¿tenemos que sentarnos debajo de los árboles a esperar a que nos caigan manzanas en la cabeza? Aunque nos sentáramos siempre debajo de manzanos cargados de frutas y soplara un fuerte viento, el procedimiento seguiría siendo totalmente pasivo. ¿Acaso no podemos ponernos de pie y sacudir el árbol cada vez que queremos conseguir una idea nueva? Podemos hacerlo y es precisamente de eso de lo que se trata cuando usamos la técnica de la aportación del azar.

Es una de las técnicas de provocación, pero funciona de un modo ligeramente diferente de las otras. Según muestra la figura 2.16, con las otras técnicas inventamos una provocación (po) y luego la usamos para salir de la vía principal a fin de incrementar nuestras posibilidades de "desplazarnos" hacia la nueva vía. Con la técnica de la aportación del azar, en cambio, comenzamos en un nuevo punto y esto aumenta inmediatamente nuestras posibilidades de dar con el nuevo recorrido. Una vez realizado, nos conectamos de nuevo con el foco y podemos utilizar la nueva línea de pensamiento.

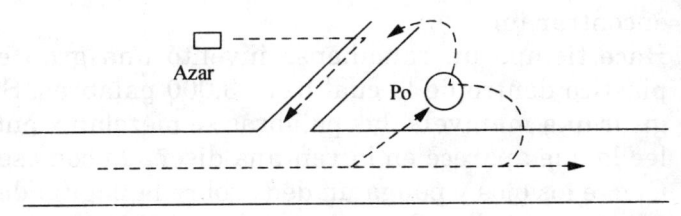

Figura 2.16

Comenzar desde un nuevo punto de entrada es un proceso conocido en el pensamiento creativo. Por ejemplo: podemos desplazar nuestra atención desde el ganador de un torneo de tenis hacia los perdedores; desde los delincuentes que son apresados hacia los que escapan; desde los lectores que se interesan por el libro hasta los que se aburren, etcétera. En ciertos casos los puntos de entrada posibles son evidentes. La técnica de la aportación del azar es mucho más amplia y abarca todos los casos, haya o no puntos de entrada obvios.

En realidad, no podemos "elegir" un punto de partida al azar, porque lo elegiríamos según nuestros hábitos de pensamiento, y entonces no habría provocación. Por lo tanto, necesitamos un método que incluya lo aleatorio. Y existen muchas maneras prácticas de hacerlo.

1. Confeccione una lista de 60 palabras (fuego, escritorio, zapatos, nariz, perro, avión, hamburguesa, tigre, etcétera). Cuando necesite una palabra al azar, simplemente mire su reloj y fíjese qué número marca el segundero. Use ese número para elegir una palabra de su lista. Si posee un reloj que marca las centésimas de segundo, puede confeccionar una lista de 100 palabras. Cambie la lista cada seis meses, aproximadamente, a fin de disponer de palabras nuevas.
2. Use un diccionario. Piense en una página (por ejemplo, la página 82) y a continuación piense en una posición dentro de esa página (digamos, la octava palabra empezando desde arriba). Abra el diccionario en la página 82 y busque la octava palabra definida. Si no es un sustantivo, siga hasta encontrar uno.
3. Hace tiempo un canadiense inventó una gran esfera de plástico dentro de la cual hay 13.000 palabras. Si se hace girar una manivela, las palabras se mezclan y entonces se lee la que aparece en la ventana diseñada con ese fin.
4. Cierre los ojos y ponga un dedo sobre la página de un libro o de un periódico. Tome la palabra más próxima al dedo.

Todos estos procedimientos permiten encontrar rápidamente una "palabra al azar".

La técnica de la aportación del azar es más fácil de usar que otras técnicas de provocación, porque la provocación se obtiene fácilmente, no es preciso "construirla".

Cigarrillo po semáforo.

En pocos segundos este enunciado llevó a la idea de imprimir una banda roja alrededor del cigarrillo, a cierta distancia de la boquilla. Esta banda serviría para indicar la "zona de peligro". Si uno deja de fumar antes de llegar a la banda, el fumar es menos perjudicial, porque la última parte del cigarrillo es la más nociva. Si una persona fumara más allá de la "zona de peligro" se sentiría culpable. Si alguien quisiera reducir su consumo de cigarrillos, compraría los que tuvieran la banda más lejos del filtro.

> Cigarrillo po flor.

Esta provocación llevó a la original sugerencia de que se colocaran semillas en los filtros de los cigarrillos, a fin de que cuando un cigarrillo fuera arrojado en un parque, por ejemplo, de la colilla crecieran flores. Si se eligiera determinada flor para identificar una marca de cigarrillos, la aparición de esa flor sería una especie de publicidad para la marca.

> Desempleo po dentadura postiza.

Las dentaduras postizas deben adaptarse bien a la boca. Por lo general ofrecen cierto tipo de garantía. Del mismo modo, los individuos podrían tener algún tipo de garantía de empleo que se adaptara bien a sus necesidades. Si desearan una garantía más larga, el salario sería menor, y si optasen por un salario más alto, su ganancia de estabilidad sería más breve. Se establecerían prioridades y la política de empleo se diseñaría en función de éstas.

Ahora podemos volver a la provocación mencionada anteriormente en esta sección.

> Fotocopiadoras po nariz.

Inmediatamente pensamos en el olor. ¿Cómo podríamos utilizarlo? Quizá podríamos diseñar un cartucho que se colocaría en la copiadora de modo tal que cualquier desperfecto produjera un "mal olor" característico. Si uno está junto a la copiadora y no funciona, lo huele. Si hay aroma a lavanda, sabemos que falta papel. Si huele a alcanfor, sabemos que hay que cambiar el cartucho de tinta. La tecnología resultaría simple. Además, no sería necesario estar junto a la copiadora. Si uno estuviera trabajando en su escritorio y percibiera olor a lavanda, podría levantarse y cargar de papel la copiadora. El concepto de utilizar los olores para indicar el estado de mecanismos complejos es poderoso en sí mismo y puede aplicarse a muchos tipos de máquinas.

Es evidente que la técnica de la aportación del azar es muy buena para producir nuevas líneas de pensamiento y también ideas a las que no se hubiera llegado nunca mediante procedimientos lógicos o analíticos.

Esta técnica resulta particularmente valiosa en las siguientes situaciones.

Estancamiento

Sentimos que nos hemos quedado completamente sin ideas y sin conceptos. Hemos intentado ser creativos, pero siempre volvemos al mismo punto. Parece imposible generar ideas nuevas. Entonces introducimos una palabra al azar e inmediatamente se abren ante nosotros nuevas líneas de pensamiento.

Papel en blanco

Suponga que le han encomendado un proyecto que requiere ideas nuevas. No sabe por dónde empezar; no tiene ninguna idea. No puede trabajar sobre nada. En estos casos la técnica del aporte de una palabra al azar es especialmente útil para poner en funcionamiento sus ideas creativas: le ofrece un punto de partida.

Ideas adicionales

Si ya tiene algunas ideas pero siente que quizás haya una línea de pensamiento completamente diferente, que no ha aparecido aún, conviene dedicar algún tiempo a la técnica de la aportación del azar. Muy pronto verificará si puede encontrar esa nueva línea de pensamiento.

Bloqueo

Cuando estamos realmente bloqueados y no encontramos cómo seguir adelante, conviene emplear el método de la aportación del azar. Nada garantiza que el método funcionará, pero la inversión de tiempo y esfuerzo se justifica plenamente. La técnica de la aportación del azar puede no proporcionar la solución buscada, pero sin duda abrirá nuevas líneas de pensamiento y nos permitirá progresar.

Aunque emplear la técnica de la aportación del azar resulta fácil, es preciso recordar algunos detalles. En otras palabras, hay que evitar las siguientes trampas.

1. No tiene sentido demostrar lo inteligente que uno es para vincular la palabra incorporada al azar a una idea que ya tiene. Esto es una tontería y se nota. El objetivo de la técnica consiste en obtener ideas nuevas, no en encontrar una excusa para sacar a relucir ideas viejas.
2. Utilice la palabra tal como es presentada; no cambie el orden de las letras ni suprima una parte, para formar otra palabra. Hacerlo significa simplemente cambiar la palabra al azar por otra que se adapte mejor a sus ideas previas. Así, se pierde el efecto provocador.
3. No construya demasiadas etapas: esto sugiere esto otro..., lo lleva a..., y esto me recuerda que..., etcétera, etcétera. Si da demasiados pasos llegará a alguna de las ideas que ya tiene y, por lo tanto, habrá desperdiciado la provocación.
4. No enumere todas las características de la palabra al azar. Si lo hace, repasará la lista hasta encontrar algo que "encaje" demasiado fácilmente y también en este caso malogrará el efecto de la provocación. Tome la primera característica que se le ocurra y trate de que funcione.
5. No decida que la palabra propuesta no sirve y que hay que buscar otras. De este modo lo único que conseguirá será esperar que aparezca una palabra que "se ajuste" a las ideas existentes. El único caso en que está permitido buscar otra

palabra al azar es cuando la conexión entre el foco y la palabra resulta tan fuerte que no se produce ninguna provocación.

Todos estos puntos son importantes para preservar el efecto "provocador" del método. El propósito no es encontrar una manera de vincular la palabra al azar a ideas existentes, sino precisamente provocar ideas nuevas.

A veces, al utilizar la técnica de la palabra al azar se produce un fenómeno muy interesante. Al principio las personas se muestran escépticas porque no pueden creer que un método tan sencillo sea eficaz. Pero después, cuando comprueban que el método funciona, suelen tornarse ávidas.

Si esta palabra al azar ha producido ideas tan interesantes, ¿cómo sabemos que otra no producirá ideas aún mejores? ¿Cómo podremos encontrar la "mejor" palabra al azar?

Las respuestas para ambas preguntas son muy simples: no se puede saber ni se puede encontrar. El proceso tiene que ser abierto. Es cierto que quizás otra palabra propuesta al azar hubiera producido ideas mejores. Pero no existe una manera de encontrar la "mejor" palabra al azar, porque entonces dejaría de ser al azar. Hay que conformarse con haber conseguido algunas ideas nuevas.

No hay que usar una sucesión de palabras al azar con la esperanza de extraer todas las ideas posibles. Utilice la técnica de la aportación del azar y después utilice otras. Vuélva a la primera en otra ocasión. Si usa demasiadas palabras al azar correrá el riesgo de no esforzarse a fondo con ninguna y de esperar sólo que aparezca una fácil.

No es necesario decir que la técnica de la aportación del azar no se aplica sólo a las palabras. Es posible usar ilustraciones, fotografías, dibujos. Se mezclan las imágenes y después se elige una al azar. También se pueden usar objetos. Elija un objeto o cómprelo y utilícelo como estímulo. El proceso de la aportación del azar incluye también la asistencia a eventos de otros campos y la conversación con personas de otras disciplinas. Quizá le agrade la idea de leer revistas de otros temas.

El principio general de la aportación del azar es la disposición para buscar aportaciones aisladas y utilizarlas para generar nuevas líneas de pensamiento. Todas las personas deberían leer algo al azar. Si uno se encierra dentro de lo que le parece importante, lo único que consigue es reforzar sus ideas previas, clausurando así las posibilidades de elaborar otras, nuevas.

La palabra al azar es una forma muy conveniente de aplicación del método de la aportación del azar, porque es práctica y fácil de usar. Una palabra contiene muchas funciones, conceptos, detalles y asociaciones. Otras aportaciones del azar, por el contrario, son menos potentes debido a que resultan más limitadas. También es importante variar estas aportaciones, porque si se usan siempre las mismas la mente tenderá a volver por los surcos ya trazados.

La técnica de la aportación del azar es una de las técnicas sistemáticas para usar la provocación deliberadamente.

Técnicas de sensibilización

Presentaremos ahora algunas técnicas de "sensibilización". Aunque no son provocaciones en el sentido estricto de esa palabra, son provocativas porque consisten en proponer algo "para ver qué sucede". Además, hay en ellas un elemento aleatorio, ya que no se intenta ni entender ni analizar.

Como es un sistema constructor de pautas, el cerebro es muy susceptible de sensibilización. Si se estimulan ciertas áreas, éstas se preparan para tomar parte en las siguientes secuencias del pensamiento. Esta preparación se denomina sensibilización. Si, por ejemplo, en un estadio deportivo una persona decide identificar a todos los espectadores que visten de amarillo, al recorrer el estadio con la mirada distinguirá fácilmente a los que vistan de ese color. El cerebro se ha "sensibilizado" al amarillo.

El propósito de las técnicas de sensibilización consiste en incorporar ideas en la mente a fin de generar líneas de pensamiento nuevas y creativas. Las técnicas no son tan potentes como las de provocación deliberada, pero pueden generar nuevos conceptos y nuevas ideas.

Estratales

"Estratales" es un neologismo que inventé para utilizarlo en mi libro titulado *I Am Right, You Are Wrong*. El término se refiere a los estratos o capas. Un estratal es una serie de enunciados paralelos que se consideran como una totalidad. No es necesario que los enunciados tengan entre sí conexión alguna. Tampoco se pretende entenderlos. No se intenta abarcar todo los aspectos ni ser descriptivo. No se intenta ser analítico. Así como se usa una palabra al azar simplemente porque uno quiere usarla, los diferentes enunciados se colocan juntos en un "estratal" simplemente porque se desea colocarlos juntos de ese modo. Un estratal es una serie de enunciados aislados y sin vinculación mutua alguna que se reúnen sólo para formarlo. El propósito de un estratal es la sensibilización de la mente para que puedan aparecer ideas nuevas.

Un estratal podría constar de cualquier número de líneas de texto, pero para su formalización he establecido que las líneas sean cinco. De modo que un estratal consta de cinco líneas de texto. Cinco es suficiente para tener cierta riqueza de posibilidades, pero no tanto como para que no se pueda considerar el estratal como un todo. Cada línea debe ser una frase o enunciado, no una sola palabra. Una lista de palabras no funciona como estratal, aunque se pueda argumentar que cada palabra contiene en sí un párrafo completo.

Un estratal sobre seguros para automóviles
... peligro de fraude por parte de supuestos damnificados y talleres de reparación de automóviles
... creciente costo de las reparaciones, debido a la mano de obra y la complejidad de las tareas
... reglamentaciones gubernamentales, etcétera
... costos legales crecientes
... diferente comportamiento de los grupos seleccionados

De aquí surgen las siguientes ideas:

1. Concentrarse sólo en grupos altamente selectos.
2. Si no es posible esa selección, abandonar el negocio.
3. Ofrecer, administrar y dirigir un sistema de seguros que dependa del Estado.

La tercera idea es la más original y probablemente tenga ciertos méritos. En Estados Unidos el seguro ha llegado a ser considerado un derecho reglamentado y, por lo tanto, se hace cada vez más difícil administrarlo como empresa rentable. Tal vez ahora los beneficios puedan provenir de la administración de un esquema.

Un estratal sobre "reclutamiento" de personal superior
... los mejores están satisfechos con sus actuales empleos
... dificultades para evaluar el desempeño futuro
... equilibrio entre personalidad y capacidad
... los que ingresan fácilmente pueden irse fácilmente
... cuál es el precio justo del talento

De aquí podrían surgir las siguientes ideas:

1. Es más barato capacitar al propio personal que comprar talentos desconocidos.
2. Considerar al talento caro como cargo temporal con miras a lograr ciertos objetivos de cambio.
3. Contratar consultores en vez de empleados con dedicación completa.
4. Contratar consultores y después, si son competentes, ofrecerles puestos fijos.
5. Buscar una manera de recibir en préstamo personal de otras empresas y después devolverlo (con más experiencia).

La idea más original es la del préstamo del personal.

Un estratal sobre la cerveza
... bebida consumida principalmente por hombres
... fácil de comprar, fácil de beber

... difícil establecer diferencias entre marcas
... casi siempre comprada por mujeres, en los supermercados, para el hogar
... valor de mercado de los nuevos consumidores o de las ocasiones de consumo

De aquí surge la idea de vincular deliberadamente ciertas cervezas a ciertos tipos de comida. Por ejemplo, establecer que Heineken es la cerveza que hay que beber cuando uno come pollo, o Guinness, con pescados y mariscos. Detrás de esto está el concepto de desarrollar el mercado de la "cerveza con comida", que ofrece la ventaja de abrir el mercado femenino.

La utilización de estratales es un proceso reflexivo. Uno lo confecciona y después lo lee una y otra vez hasta que empiezan a perfilarse algunas ideas. Evidentemente, el método no tendrá sentido si elegimos un estratal para adecuarlo a una idea que ya tenemos y luego lo usamos para dar vueltas en torno de esa idea. Pero si el estratal se forma inconscientemente, a partir de una idea también inconsciente, entonces puede servir muy bien para traer esa idea a la conciencia, y eso constituiría un valor legítimo.

Confeccionar estratales requiere práctica. Al principio existe una fuerte tendencia a comprender y, por lo tanto, a vincular los enunciados entre sí. Se debe resistir a este impulso, porque una descripción lógica no lleva a ninguna parte. Lo que importa y tiene valor es, precisamente, la calidad aleatoria y arbitraria del estratal.

Mientras más inconexas sean las capas del estratal, más amplia será la sensibilización. Si todas las capas se reúnen en una zona, existen pocas posibilidades de desarrollar una nueva línea de pensamiento.

Piense que los estratales son como las partes húmedas del papel antes de pintar con acuarela. Cuando se llega a las partes húmedas, la pintura fluye y forma nuevos diseños.

La técnica del filamento

Esta técnica fue desarrollada mediante la utilización de la técnica de la palabra al azar. La palabra al azar que se utilizó fue "cabello".

En la técnica del filamento tomamos el foco creativo y luego dejamos de lado algunas de las exigencias normales para diseñar algo para ese foco. Después tomamos cada exigencia por separado e ignoramos totalmente el contexto real del área de foco. A partir de la exigencia entendemos un "filamento" compuesto por diversas maneras de satisfacer esa exigencia. Después examinamos los filamentos paralelos y escogemos cierta información de cada hilo. Luego tratamos de unirlos para formar una idea nueva. La elección de la información puede ser explícita o inconsciente.

Consideremos una aproximación de filamento a la publicidad. (Las exigencias normales están anotadas en mayúsculas abajo y a la izquierda. De cada una sale un filamento.)

Publicidad

VISIBLE: grande, bien iluminada, en lugar destacado, llama la atención, manipulación frecuente.
LLAMATIVA: ruidos, gritos, escándalo, sorpresa, hechos inesperados.
BENEFICIOS: promesa, valor, recompensa inmediata, dinero.
BUENA IMAGEN: sentimientos afectuosos, asociaciones, calidad, cosas buenas, atractiva.
CREÍBLE: digna de crédito, respaldo, autorizada, oficial.

De aquí surge el concepto de firmas que administran el juego de lotería con fines benéficos. En Estados Unidos hay varias: WWF, United Way, Sociedad Protectora de Animales, Oxfam, etcétera. La publicidad para la lotería, la impresión de los billetes, los actos en que se conocen los premios (a menos que se trate de una lotería instantánea, del tipo de rascar una tarjeta), todo estaría vinculado a determinada imagen de una marca. Las palabras clave que condujeron a esta idea fueron, probablemente, "manipulación frecuente", "sorpresa", "recompensa inmediata" y "autorizada".

En una sesión de pensamiento creativo se intenta encontrar una nueva manera de atar los zapatos. Se emplea la técnica del filamento.

Sistema para ajustar los zapatos

ROBUSTO: ferretería, goma, vidrio, acero, cerámica, asfalto.
AJUSTABLE: continuo, nudos, elástico, resortes.
AJUSTE PERMANENTE: ganchos, nudos, tornillos, pegamento, cerrojo, uñas.
FUERTE: acero, plástico, metal, soga, cadena.
SIMPLE: un solo gesto, broche.
ATRACTIVO: impreso, color, diseño, escultura.

De aquí surge la idea de una hebilla de cerámica o esmaltada, con ganchos a ambos lados, que encajan en ojales en el zapato. La hebilla puede cambiarse fácilmente, para combinar con la ropa. Además, se convierte en un artículo de adorno, debido a su forma y a su aspecto.

Las palabras clave serían: "cerámica", "ganchos", "plástico" y "diseño".

En cierto sentido, la técnica del filamento produce un tipo diferente de "estratal". Los filamentos para cada requerimiento forman una capa del estratal y sensibilizan la mente. Existe también un elemento del proceso de la elección de una palabra al azar, porque podemos tomar diferentes ideas de cada filamento y luego tratar de combinarlas para producir una idea nueva. O sea que podemos esperar que surja una idea o bien podemos forzarla a través de la yuxtaposición de posibilidades.

En una sesión de pensamiento creativo se intenta perfeccionar las "premisas bancarias" (para clientes pequeños).

Premisas bancarias

FÁCIL ACCESO: a la vuelta de la esquina, en todas las esquinas, en una tienda, en paradas del transporte colectivo, en centros deportivos.

Espacio suficiente: grande, despejado, salas de espera, espacio suplementario cuando sea necesario.

Buena distribución: espacios para desplazarse, salas de espera, espacio para las operaciones, buena señalización, sin cuellos de botella, acceso y salida fáciles.

Suficiente personal: sin problemas de horas punta, operaciones flexibles, personal de reserva si es necesario, operaciones que no requieren intervención del personal.

En este caso tomaremos algunas sugerencias y las combinaremos deliberadamente, esforzándonos para generar una idea.

Tomamos: en paradas de transporte colectivo, espacio suplementario cuando sea necesario, buena señalización, operaciones flexibles.

De esta combinación deriva la idea de instalar bancos móviles, en vehículos que estacionarían temporalmente en las zonas convenientes. Si fuera necesario, se podrían agregar vehículos suplementarios. Se elegirían las funciones bancarias más requeridas. Los camiones podrían operar en zonas de estacionamiento.

En definitiva, la técnica del filamento puede usarse de dos maneras:

1. Las nuevas ideas se forman cuando examinamos los filamentos y permitimos que éstas surjan.
2. Las ideas forzadas se forman cuando reunimos algunas posibilidades y tratamos de generar una idea a partir de ellas.

Hemos llegado así al final de nuestra exposición de las técnicas específicas del pensamiento lateral. Pero aún queda mucho que hacer para completar el proceso creativo.

Aplicación de las técnicas del pensamiento lateral

Existen numerosas técnicas formales de pensamiento lateral. Se ha demostrado, a través de años de aplicación con gentes diferentes y en diferentes culturas, que estos instrumentos funcionan sistemática y eficazmente. Ese hecho ya no se cuestiona. Pero si descubre que para usted algunos de estos procedimientos no funcionan, considere las siguientes tres posibilidades:

1. Que el procedimiento no haya funcionado para usted en este caso. Es de esperar, porque no todos los instrumentos de trabajo son eficaces cada vez que se usan.
2. Que usted necesita practicar más y confiar en el procedimiento.
3. Que en su utilización del método hay algún "punto flojo" y por eso no logra aplicarlo con total eficacia.

Los instrumentos de trabajo son tan fundamentales y tan básicos para el proceso creativo que si alguien no logra utilizarlos bien es imposible que pueda ser creativo. No obstante, es de suma importancia que los estudiantes del pensamiento creativo se esfuercen por aplicar correctamente los métodos. Sería lamentable que abandonaran en el primer intento, con la convicción de que nunca llegarán a ser creativos. Es como ir en bicicleta: el aprendizaje es molesto, pero sólo hasta que se "capta" lo fundamental del manejo.

En los seminarios, si alguien me comenta que, según su opinión, las técnicas no funcionan, acostumbro responder:

> Quizá las técnicas no le funcionen a usted, en este momento, pero hay muchísima gente que ha descubierto que, para ellos, dan resultado.

Esta es la gran ventaja de los años de experiencia en el campo: la mayor o menor eficacia de las técnicas deja de ser una cuestión de opinión.

¿Las diferentes técnicas tienen usos diferentes? ¿Cada técnica tiene diferentes áreas de aplicación? ¿Qué técnicas son las mejores y en qué situaciones?

El uso general de las técnicas

En términos generales, todas las técnicas del pensamiento lateral pueden ser usadas en cualquier ocasión que requiera pensamiento lateral. Sin embargo, a veces es preciso formular la tarea creativa de un modo adecuado. Por ejemplo: la técnica provocativa de la "huida" funciona mejor cuando debemos huir de algo. ¿Cómo se podría aplicar en una situación de "planicie", cuando la dificultad consiste precisamente en que uno no sabe por dónde empezar? Formulemos la tarea del siguiente modo:

> ¿Cuál sería el enfoque de pensamiento "normal" o estándar para esta situación? Entonces, huiré de este planteamiento.

El ejemplo opuesto sería la resolución de un problema. En ese caso existe un punto preciso que se debe lograr: la eliminación del problema. ¿Cómo podría aplicar la técnica de la "palabra al azar"? Por definición, esta técnica no está dirigida a un objetivo y funciona mejor con un tipo de foco de "área general". Entonces, mantenemos en la mente las necesidades del problema y aplicamos la técnica de la palabra al azar. Luego comprobamos si alguna de las ideas generadas tiene una utilidad directa para el problema. Aunque no fuese así, tratamos de modelar o adaptar una idea para ver si podría tener algún valor con miras a la resolución del problema. Quizá la idea no sea utilizable pero haya en ella algún principio de valor.

Es absolutamente cierto que a algunas personas les gustan más determinadas técnicas. Los pensadores creativos llegan a tener su técnica favorita, porque la encuentran fácil de usar o porque han comprobado que les funciona muy bien. Por ejemplo, mucha gente se inclina por la técnica de la palabra al azar porque es fácil. Otros prefieren la de la huida porque les sirve para escapar del pensamiento habitual sobre cualquier tema. A los más audaces les gusta la técnica del puente porque permite el planteamiento de provocaciones extremas. El abanico de conceptos es el favorito de las personas más sistemáticas, que proceden paso a paso.

Aunque tenga una técnica favorita, es importante que practique otras de vez en cuando. Como los golfistas, hay que tener un palo favorito, pero mantenerse diestro en la utilización de cualquier otro.

El uso específico de las técnicas

Algunas de las técnicas tienen una utilización directa siempre que sea necesaria la obtención de ideas nuevas.

Foco

En todos los casos es de gran valor creativo la capacidad de concentrar la atención con precisión, desplazarla hacia otro foco y crear subfocos. Aunque se nos haya asignado una tarea fija, conviene clarificar el foco y crear otros nuevos dentro de la misma tarea. Repetir el foco de vez en cuando y dar definiciones alternativas (que a veces constituye un problema) son también hábitos creativos básicos, útiles para cualquier caso.

Cuestionamiento

El cuestionamiento creativo puede aplicarse a algo existente o al pensamiento que se produce durante el esfuerzo creativo. ¿Por qué tenemos que ver las cosas de este modo? ¿Por qué tenemos que mantenernos dentro de estos límites? Una solución explícita o una idea previa pueden ser cuestionadas, o se pueden cuestionar algunos de sus aspectos.

Alternativas

La simple búsqueda de alternativas constituye la esencia misma de la creatividad. ¿Hay definiciones alternativas del foco? ¿Cuáles son los enfoques alternativos? ¿Qué otras técnicas podríamos emplear? Cada vez que durante el pensamiento creativo extraemos un "concepto", buscamos maneras alternativas de realizarlo. Aunque hayamos conseguido una idea podemos preguntarnos: ¿existe una manera mejor de hacerlo?

La aportación del azar

La técnica de la aportación del azar (por ejemplo, la palabra al azar) tiene una aplicación vastísima. Si uno está bloqueado y se ha quedado sin ideas durante el proceso del pensamiento creativo, puede probar con una breve sesión de "palabra al azar" para generar nuevas líneas de pensamiento. Cuando no sabemos por dónde empezar, la palabra al azar nos brindará puntos de partida. Este método funciona mejor cuando se puede reformular el foco como foco de tipo de "área general".

Estratales

El estratal es también una técnica de objetivos generales. Al comenzar el ejercicio de pensamiento se confecciona un estratal que se refiera a la situación en su conjunto. Esta recomendación es aplicable a cualquier situación. En el transcurso del ejercicio de pensamiento se puede probar otro estratal, que esta vez se referirá a nuestro pensamiento sobre el tema. ¿Qué clase de ideas acudieron a nuestro pensamiento? En su aplicación general el estratal se parece a la palabra al azar, pero resulta menos provocativo; se adapta mejor al tratamiento de situaciones complejas.

La técnica del filamento

La técnica del filamento puede ser empleada en todos los casos en que es posible formular claramente los requisitos de la situación. Primero se confecciona una lista de los requisitos. De cada uno de ellos surge el "filamento" que nos aparta del contexto de la situación. Dado que en la mayoría de las situaciones de pensamiento es posible formular requisitos amplios, la técnica del filamento ofrece amplias posibilidades de aplicación.

Tipos básicos de pensamiento

Hay algunos tipos básicos de pensamiento que pueden ser considerados junto con las herramientas más apropiadas para cada tipo. Estos tipos básicos son en realidad una simplificación del pensamiento, pero sirven para proporcionarnos una orientación en el uso de las diferentes técnicas del pensamiento lateral.

Pensamiento de realización (cómo llegar a)

¿Cómo podemos llegar a ese punto? ¿Cómo resolvemos este problema? ¿Cómo realizamos esta tarea? Sabemos claramente a dónde queremos llegar. En el caso de un problema, queremos eliminarlo. Este tipo de pensamiento abarca problemas, tareas, proyectos, negociaciones, conflictos, etcétera. Si bien muchas de las técnicas del pensamiento lateral son adecuadas para el "pensamiento de realización", las más convenientes son las que siguen:

CUESTIONAMIENTO. Es posible cuestionarlo todo: los límites, los conceptos dominantes, los factores esenciales e incluso la definición misma del problema. ¿Por qué tenemos que ver esto de esta manera? ¿Por qué debemos abordarlo como problema?

ABANICO DE CONCEPTOS. Esta es la técnica clave para el pensamiento de realización, porque se refiere a la manera de lograr el objetivo. ¿Cuáles son los conceptos necesarios? El abanico de conceptos suele producir nuevos puntos de foco, que también requieren una atención creativa. El recorrido sistemático del abanico de conceptos producirá muchos enfoques alternativos y nuevas vías de realización. Evidentemente, es una forma bastante compleja de buscar alternativas. Cuando no es posible recorrer el abanico de conceptos, conviene efectuar una simple búsqueda de alternativas.

PUENTE. Esta técnica es fuertemente provocativa y resulta muy útil para obtener enfoques realmente nuevos porque examina a fondo el problema y lo plantea de un modo que requiere el aporte de un pensamiento renovador. Mientras que el abanico de conceptos despliega una diversidad de enfoques posibles, la provocación de puente crea enfoques absolutamente diferentes. Si hemos estado dándole vueltas al problema durante mucho tiempo, es importante probar por lo menos una técnica de provocación; de lo contrario, volveremos a recorrer caminos trillados.

El pensamiento de perfeccionamiento (cambio)

Muchas veces es posible formular el pensamiento de perfeccionamiento como si fuera de realización: "¿Cómo podemos conseguir un proceso más rápido?". Sin embargo, conviene examinarlo por separado porque manifiesta ciertas características especiales. La primera de ellas es que ya está en acción algo que funciona. La segunda, la dirección del perfeccionamiento (más velocidad, menos tiempo, menos energía, menor cantidad de errores) se formula de manera general y abierta. También aquí es posible utilizar diversas técnicas, pero las más útiles son las siguientes:

CUESTIONAMIENTO. Esta es la técnica clave. ¿Cómo llegamos a hacer las cosas de este modo? ¿Por qué hay que hacerlas así? ¿Por qué trabajamos dentro de estos límites? Podemos cuestionar no sólo lo que es sino también nuestro pensamiento sobre el proceso. El análisis de la continuidad resulta particularmente importante.

ALTERNATIVAS. Buscamos alternativas en todas las posibilidades. Definimos puntos fijos y luego buscamos maneras alternativas de llegar a ellos. Esto no se aplica al proceso general sino a cada una de sus partes.

HUIDA. Esta es la técnica provocativa más adecuada. Formulamos lo que "damos por sentado" en el proceso normal y luego huimos de ello. En el perfeccionamiento siempre hay que escapar de algo, porque estamos tratando de perfeccionar un proceso que está en marcha. Incluso los temas más importantes pueden someterse a la provocación de huida.

Pensamiento de planicie (comienzo)

¿Por dónde empezamos? ¿Cómo seguimos avanzando? El pensamiento de planicie se opone al pensamiento de perfeccionamiento: en este último tenemos el proceso existente para trabajar, pero en el de planicie no tenemos sobre qué trabajar, excepto un resumen general. La invención y el diseño son ejemplos obvios del pensamiento de planicie; también lo son el desarrollo de nuevas oportunidades o nuevos conceptos. A veces se aborda erróneamente el pensamiento de planicie como pensamiento de "realización" (necesito aquí un invento nuevo).

APORTACIÓN DEL AZAR. Esta es la técnica clave. Nos proporcionará inmediatamente nuevos puntos de partida, sea cual fuere la situación. La aportación del azar lleva al pensamiento por diferentes rumbos. Una vez establecidos, es posible modificarlos o cambiarlos. También se pueden indicar nuevas direcciones. Por esta razón los grupos de rock y otros utilizan esta técnica.

LA TÉCNICA DEL FILAMENTO. Una manera posible de aplicarla es anotar los requerimientos generales de la tarea (el "resumen") y después aplicar la técnica del filamento para el desarrollo de líneas de pensamiento. Uno puede dejar que las ideas surjan por sí mismas o puede "forzar" los acontecimientos, combinando ciertos elementos para producir una idea nueva.

LA EXPRESIÓN DE ANHELOS. Este es uno de los métodos para establecer la provocación del puente. En la situación de planicie uno puede plantear esta "expresión de deseos", que es una fantasía, y abrir así nuevas líneas de pensamiento. La mejor manera de hacerlo es la combinación de la presentación de la fantasía con un intenso esfuerzo de identificación y formulación de nuevos conceptos a medida que se desarrollan las ideas. ¿Cuál es el concepto que sustenta esta idea? ¿De qué otro modo se podría usar?

Pensamiento organizativo (ordenamiento)

Todos los elementos están disponibles. ¿Cuál es la mejor manera posible de organizarlos? Esto se aplica a planes, estrategias, ciertos tipos de diseño y a la organización en general. Si bien gran parte de este pensamiento puede ser una optimización analítica, a veces es necesario también adoptar nuevos enfoques.

ALTERNATIVAS. Aquí el elemento clave es probar diferentes posibilidades. Deben ser alternativas no sólo "razonables" sino también provocativas. ¿Qué pasaría si lo hiciéramos de este modo?

CUESTIONAMIENTO. Gran parte del pensamiento de ordenamiento estará orientado por la manera tradicional de hacer las cosas y también por supuestos, límites y restricciones. Por lo tanto, el cuestionamiento es muy importante para "poner en duda", precisamente, los enfoques usuales y tratar de elaborar otros nuevos.

DISTORSIÓN. Esta es una de las maneras de plantear una provocación de tipo puente. Resulta particularmente adecuada para el pensamiento de ordenamiento, porque se distorsiona la disposición habitual con miras a forzar enfoques nuevos. Este tipo de provocación puede llevar a intuiciones súbitas y al cambio en la manera de hacer.

Situaciones específicas

Examinaré ahora ciertas situaciones específicas. Buena parte de lo que exponga para cada caso será una repetición de los comentarios efectuados sobre los tipos básicos de pensamiento. Sería imposible no hacerlo. Se indicarán las técnicas del pensamiento lateral más adecuadas para cada situación. Esto no excluye otras técnicas, porque no faltará ocasión de usarlas durante el proceso del pensamiento creativo. Por ejemplo, si usted está estancado y no puede resolver un problema, tal vez quiera utilizar de vez en cuando la técnica de la aportación del azar. Es decir, las técnicas no son recetas fijas sino sugerencias para ayudarnos si no disponemos de una estrategia mejor. Con el tiempo, cada persona llega a establecer sus estrategias preferidas y selecciona un conjunto de técnicas para encarar cada situación.

A veces, una situación puede incluir otra. Por ejemplo, en la resolución de un conflicto podrían presentarse "problemas" específicos. O en una situación de diseño podría ser necesario hacer "perfeccionamiento". También puede suceder que el que piensa no sepa muy bien cómo clasificar la situación. Nada hay de malo en abordar una situación de diversas maneras, siempre que sigamos avanzando y logremos elaborar las ideas que necesitamos. Hay que procurar no clasificarlo todo como "problema" simplemente porque necesitamos encontrar una salida.

En todos los casos, se supone que la relación entre información, análisis y lógica obedece a los siguientes planteamientos generales:

1. Usted se ha esforzado a fondo utilizando la información, el análisis y la lógica, y no ha llegado a ninguna parte. La creatividad es su única esperanza.

2. Ha generado algunas alternativas a partir de la información, el análisis y la lógica, pero desea probar la creatividad para ver si consigue un nuevo enfoque.
3. Se trata de viejos problemas, que existen desde hace tiempo y en los que ya se ha invertido mucho esfuerzo lógico. En este caso vale la pena emplear el pensamiento creativo.
4. En el transcurso de su pensamiento analítico y lógico ha definido usted ciertos focos donde sabe que necesita ideas nuevas. El esfuerzo creativo se concentra en estos puntos.
5. A medida que se avanza, se establece un desplazamiento constante entre el modo lógico-analítico y el creativo.

Perfeccionamiento

Como reiteradamente he expresado, es en el perfeccionamiento donde se emplea el mayor volumen de creatividad, por la sencilla razón de que todo necesita ser perfeccionado. La dificultad estriba en encontrar a alguien que quiera esforzarse para perfeccionar o mejorar las cosas, ya que estamos muy acostumbrados a pensar sólo en "problemas".

El foco es importante y es preciso que lo tengamos completamente claro. También debemos ser capaces de concentrarnos voluntariamente en un punto, que no necesariamente debe ser un problema. Si logramos concentrarnos en algo que las otras personas no han advertido, incluso un pequeño esfuerzo creativo puede significar una gran diferencia.

El cuestionamiento es importante porque tenemos que suponer que la actual manera de actuar puede no ser la mejor pero se mantiene por razones de continuidad. También debemos cuestionar los límites, los supuestos, los factores esenciales, etc., a fin de tener la libertad suficiente como para sugerir cambios. Es importante recordar que el cuestionamiento no es un ataque crítico sino una indagación, que puede expresarse así: ¿habrá otra manera de hacer las cosas?

La búsqueda de alternativas tiene una importancia clave porque a través de ella lograremos aplicar el perfeccionamiento necesario (a menos que abandonemos el intento). Esta búsqueda debe realizarse a diferentes niveles: el propósito general, los conceptos, el nivel de detalle. Conviene definir algunos puntos fijos para el mantenimiento de cierta orientación en la búsqueda.

El abanico de conceptos es una manera de indagar cómo pueden introducirse mejoras. ¿Cuáles son las "direcciones" generales del perfeccionamiento y cómo podemos avanzar en ellas? También se puede aplicar el abanico de conceptos al "propósito" general de la operación. Olvidemos lo que estamos haciendo ahora. El propósito de esta operación es éste. Creemos un abanico de conceptos para comprobar cómo podríamos realizar nuestro propósito.

El examen de los "conceptos" involucrados en el actual proceso puede llevarnos a un cambio en los conceptos o al desarrollo de mejores maneras de ponerlos en práctica.

El método de provocación del tipo "huida" nos permite escapar de cualquier aspecto de lo que estemos haciendo. Esto nos obliga a la reconsideración del proceso.

La provocación de tipo "puente" aplicada a sistemas existentes puede modificar radicalmente la naturaleza de todo el sistema. Este método resulta menos útil cuando se aplica a los detalles que cuando se aplica a un sistema complejo.

Los problemas

El foco es importante para definir el problema y probar definiciones alternativas, y también para crear subproblemas dentro del problema general. El foco puede desplazar la atención hacia determinados aspectos del problema.

El cuestionamiento es importante para cuestionar la presentación del problema y también el enfoque con que se ha abordado la situación. ¿Es preciso abordar este problema? ¿Acaso podría quedarse como está? El cuestionamiento también es fundamental para poner en tela de juicio supuestos, límites, polarizaciones, y todo aquello que limita la gama de enfoques o soluciones posibles.

Las alternativas son siempre importantes. Cuando se trata de problemas pequeños, la búsqueda de alternativas fuera de nuestra experiencia puede ser suficiente para la resolución del problema. Siempre conviene definir los puntos fijos para facilitar la búsqueda.

El abanico de conceptos es la técnica más importante para la resolución de problemas. ¿Cuáles son las direcciones o los enfoques? ¿Qué conceptos funcionarán en cada dirección? ¿Qué ideas pueden usarse para poner en acción los conceptos? Hay que recordar que el abanico de conceptos producirá algunas ideas sensatas pero es poco probable que suscite pensamientos verdaderamente nuevos. No obstante, en el proceso de construcción del abanico de conceptos suelen surgir nuevos focos (¿cómo podríamos estacionar los automóviles por encima del nivel de la calle?).

La provocación de tipo "huida" se utiliza en el enfoque estándar o actual de este problema o de conflictos de este tipo. ¿Cómo enfocamos habitualmente este problema? ¿Podemos escapar de él? La técnica del escape puede utilizarse también en cualquier fase del pensamiento creativo. Cuando parece que algo se da por sentado, se puede intentar una huida de esa situación.

Se pueden emplear provocaciones puente de todo tipo para la alteración del panorama general de tal modo que puedan surgir ideas nuevas. Esto es así sobre todo cuando el problema involucra el comportamiento de algún sistema. El puente suele ser la mejor manera de obtener enfoques radicalmente nuevos.

La técnica del filamento resulta útil cuando lo que hay que abordar es un problema del tipo "diseño", con muchos requerimientos.

La técnica de la palabra al azar se usa cuando ya no surgen ideas nuevas sino que se vuelve una y otra vez sobre el mismo punto. Es improbable que esta técnica nos provea de una solución inmediata, pero puede abrir nuevas líneas de pensamiento.

Las tareas

Si el problema consiste en algo que hay que hacer, entonces lo que uno tiene que realizar es una tarea. Puede ser autoimpuesta o encomendada por otra persona. Aquí nos ocuparemos de las "tareas creativas", que requieren no sólo competencia sino también ideas nuevas.

El foco es importante para tener claro lo que tratamos de hacer. Recordemos que muchas personas creativas tienen el mal hábito de querer ideas nuevas sobre todo, excepto sobre la tarea asignada.

El abanico de conceptos resulta útil principalmente para la detección de los planteamientos usuales para abordar la tarea. El abanico podría señalar un concepto importante y después el foco se desplazaría hacia las maneras de realizarlo (¿cómo podríamos lograr que los automóviles desaparecieran una vez que se ha llegado al centro de la ciudad?).

Los conceptos son de vital importancia. Es necesario generar conceptos y jugar con ellos. De hecho, toda idea que surja es útil sobre todo para sugerir otro concepto. No hay que apresurarse a descender al nivel de la idea práctica. Siempre se está a tiempo. Si nos mantenemos en el nivel de los conceptos es más probable que consigamos un enfoque nuevo.

Aquí resulta fundamental la palabra al azar. Se usa para abrir nuevas líneas de pensamiento, que deben ser muy diferentes de los enfoques proporcionados por el abanico de conceptos.

El pensamiento del tipo "expresión de anhelos" es tal vez la más útil de las provocaciones de puente, porque permite dar un paso abierto hacia adelante. No existen límites para las fantasías que pueden plantearse como provocaciones.

La técnica del filamento se utiliza cuando se tienen bien claras las exigencias de la tarea. Frecuentemente el objetivo está definido por una serie de especificaciones o requerimientos.

La oportunidad

Supongamos que se produce un cambio en las circunstancias y se espera que ese cambio brinde una oportunidad. Hay un nuevo producto: ¿qué oportunidades nos proporciona? Las encuestas

muestran cambios de actitud y de comportamiento; ¿esos cambios brindan oportunidades?
 Aquí es importante el pensamiento de deseo. Este tipo de provocación de puente puede abrir una gama de conceptos. El pensador no está atado por la sensatez.
 El estratal es útil porque, al desplegar aspectos de la situación, permite que la mente establezca nuevas conexiones. El estratal puede usarse de manera pasiva o activa (forzando las ideas).
 La aportación de una palabra al azar podría funcionar para la apertura de cierta línea de pensamiento y la provisión de al menos un punto de partida desde el cual avanzar hacia los conceptos.
 En algún momento del curso del pensamiento, pero no necesariamente al comienzo, es conveniente tratar de extraer y formular diferentes conceptos. Estos pueden surgir del trabajo creativo ya realizado. Ocasionalmente, los conceptos se presentan al comienzo.
 La técnica de la huida puede usarse de vez en cuando para escapar de las cosas que se "dan por sentadas" en el curso del pensamiento de oportunidad. El pensamiento de oportunidad puede desviarse fácilmente. Es preciso que los pensadores escapen de estos nuevos supuestos.
 En cuanto al cuestionamiento, puede ser aplicado al proceso mismo del pensamiento. Las razones son las mismas que las de la técnica de la huida: ¿por qué nos preocupamos sólo por el bajo precio de este material?

La invención

La invención puede tener diferentes puntos de partida. Algunos podrían ser focos abiertos del tipo de "área general" (quiero inventar algo para mis trabajos de jardinería). En otras ocasiones puede haber un foco específico (quiero una boquilla ajustable para la manguera). Con frecuencia el proceso de invención es casi exactamente igual al proceso de "tarea".
 El foco es importante porque puede cambiar durante el proceso de pensamiento, y resulta importante identificar el nuevo foco.

Un inventor puede disponerse a inventar algo y terminar inventando otra cosa. En el campo de los inventos esto está absolutamente permitido e incluso es previsible.

El abanico de conceptos suele proporcionar nuevos enfoques. Si el foco ha sido inusual, el abanico de conceptos puede ser suficiente para completar la invención, porque probablemente existan otros métodos posibles para llevar a cabo la tarea.

La técnica del filamento es sumamente útil aquí porque permite que los requisitos mismos sean empleados para la estimulación de ideas nuevas. Por lo general, los inventores tienen en mente un conjunto específico de requisitos.

El pensamiento tipo "expresión de deseos" (y otros tipos de provocación de puente) puede proporcionar un enfoque diferente si el foco para la invención no es inusual. Los requisitos de la tarea pueden estar sujetos a este tipo de provocación (Po, el agua regula la boquilla de la manguera).

La técnica de la aportación del azar (se pueden usar tanto palabras como objetos) suele proporcionar nuevos puntos de partida, cuando los existentes ya no conducían a nada interesante.

Se puede utilizar el cuestionamiento en el transcurso del proceso de pensamiento para el cuestionamiento de por qué se dan por sentados ciertos hechos y por qué se aceptan determinados límites. Muchas veces la "idea luminosa" surge precisamente como consecuencia de este cuestionamiento (¿por qué una segadora de césped tiene que tener ruedas?).

El diseño

Un invento es un esfuerzo creativo que tal vez no tenga un desenlace. Para que se produzca tiene que existir un diseño. Siempre es posible caer otra vez en las maneras tradicionales de hacer algo si no se puede encontrar nada mejor.

El cuestionamiento es importante al comienzo del proceso, para poner en tela de juicio enfoque, supuestos y conocimientos adquiridos. También es útil en el transcurso del pensamiento para cuestionar el curso de acción en marcha.

La provocación de huida es importante por la misma razón que el cuestionamiento. Se escapa de los supuestos tradicionales del diseño. Se intenta huir del pensamiento inicial del diseñador que se enfrenta a la tarea (¿cuál es mi pensamiento sobre el tema?). La huida puede establecer por sí misma una nueva dirección del pensamiento. Después se puede desarrollar esta dirección lógicamente.

Se pueden usar alternativas en todos los niveles. Hay alternativas en el sentido amplio de enfoques posibles del diseño general. También hay otras de aplicación (¿qué materiales puedo usar?), o de detalle dentro de la dirección general del diseño. Cuando se buscan alternativas es necesario que exista una definición clara del punto fijo; de lo contrario, un cambio en cualquier punto puede alterarlo todo.

Los conceptos se usan también de dos maneras. En el comienzo mismo del proceso del diseño suele haber un juego con los conceptos. Pero durante el proceso mismo del pensamiento es conveniente cristalizar los que surgen porque es necesario investigar otras maneras de realizarlos. Sin esta conceptualización un diseño puede desarrollarse hasta los detalles y después terminar en una confusión.

La provocación de puente puede ser presentada al comienzo, para provocar un concepto de diseño totalmente nuevo. Vale la pena intentarlo.

La palabra al azar es útil en el diseño para superar la complacencia. Muchas veces surge tempranamente un concepto de diseño y después traba todo el pensamiento sobre el tema. Salir de esa situación no es fácil. Una palabra introducida al azar puede plantear súbitamente un concepto nuevo, que servirá para demostrar que el existente no es inevitable.

Situaciones de estancamiento

Se dice que se está en una situación de estancamiento cuando todo indica que la creatividad se ha agotado. No hay nuevas ideas; recorremos una y otra vez los mismos caminos; parece imposible descubrir un nuevo enfoque. Esta situación puede presentarse en el transcurso del pensamiento sobre algo o en un plazo más largo, durante el cual todo intento de pensar sobre el tema lleva de vuelta a las mismas ideas. Las situaciones de estancamiento pueden aplicarse a cualquiera de las situaciones aquí enumeradas.

La palabra al azar es sin duda la manera más simple y más eficaz de revitalizar las ideas. Esta técnica origina nuevas líneas de pensamiento. Aunque no sean realistas, sirven para salir del atolladero.

También se puede usar la técnica de la provocación por huida. Este método no se aplica al tema del pensamiento sino al pensamiento mismo. Por ejemplo, es posible escapar de algo que se da por sentado en las soluciones que se presentan una y otra vez (Po, no tenemos por qué mantener contenta a la gente).

También suele resultar útil la técnica del filamento empleada en el modo "forzado", porque opera de manera similar a la aportación de una palabra al azar.

Las situaciones de planicie

Estas situaciones se llaman "de hoja de papel en blanco". Uno no sabe por dónde empezar. Esto es muy diferente de la situación de estancamiento, en la que se vuelve reiteradamente a las mismas ideas.

El estratal suele ser útil para crear un entorno del que puedan empezar a surgir ideas.

En los casos en que se dispone de requisitos generales, la técnica del filamento —tanto en el modo pasivo como en el activo— suele proporcionar algunos puntos de partida.

Tal como sería de esperar, la técnica de la aportación del azar es potente en las situaciones de planicie, ya que no tiene nada sobre lo que trabajar. Como ya se ha comentado, esta técnica no tiene por qué limitarse a una aportación de palabras. Puede haber objetos, lecturas, visitas a exposiciones, etcétera.

Proyectos

Una tarea requiere un esfuerzo creativo y un proyecto requiere un esfuerzo de competencia. Sin embargo, puede haber una disposición para investigar si la creatividad puede contribuir de algún modo en la competencia del proyecto. Quizá sea posible encontrar un enfoque mejor.

El foco general tiene tanta importancia como los subfocos que se elijan. Estos son focos "de pensamiento", no objetivos para la acción.

Se puede cuestionar el pensamiento normal, el propio pensamiento del momento, los supuestos, los límites, etcétera.

El enfoque de realización clásico es el abanico de conceptos. El abanico puede convertirse a su vez en nuevos focos, que luego serán sometidos a otro proceso de pensamiento creativo (¿cómo podríamos transportar esto por agua?).

La provocación de huida puede usarse en los enfoques estándar de proyectos como éstos. ¿Qué damos por sentado habitualmente? ¿Qué pasaría si huyéramos de esto?

La técnica del filamento despliega los requisitos del proyecto y después puede llegar a un enfoque diferente. El modo de uso pasivo es más apropiado en este caso (porque permite la aparición de ideas).

Si se presta atención a los conceptos básicos involucrados en el proyecto se puede llegar a mejoras de los conceptos, cambios o simplemente mejores maneras de ponerlos en acción.

El esfuerzo creativo puede aplicarse a todo el proyecto o sólo a diversas subsecciones. Por eso tiene tanta importancia el proceso de foco.

Muchos de los puntos que se han expuesto relacionándolos con situaciones "de diseño" o "de tarea" se aplican también a los proyectos.

El conflicto

Las negociaciones, el regateo y la lucha son aspectos de todas las situaciones conflictivas, porque en ellas los intereses opuestos tratan de imponerse. Los métodos usuales implican poder, presión, temor y dolor. En las situaciones de este tipo hay más campo para el pensamiento creativo que lo que la mayoría de las personas (sobre todo las que están involucradas en la resolución del conflicto) pueden suponer.

El proceso básico es la búsqueda de alternativas. Estas incluyen percepciones posibles, no sólo del panorama general sino también de cada movimiento y de cada desarrollo. ¿Cómo se percibe esto? ¿Cómo podría ser percibido? Existen maneras alternativas de presentar sugerencias. Hay valores e intereses alternativos y también soluciones alternativas. Tener claros los "puntos fijos" facilita la percepción precisa de las posibilidades.

La pausa creativa es muy importante. En vez de reaccionar inmediata y violentamente frente a una propuesta, es necesario hacer una pausa durante la cual se considera esa propuesta, tomándola no sólo como una amenaza sino también como una oportunidad.

El proceso de "cuestionamiento", o desafío, no está dirigido a la parte opositora sino al propio pensamiento. ¿Por qué esta situación tiene que considerarse de este modo? ¿Estos hechos son realmente importantes? ¿A qué período de tiempo le llamamos "continuidad"? ¿Estamos atados a ciertas posiciones? ¿Cuáles son las polarizaciones? ¿Cuáles son los "factores esenciales"? ¿Son realmente esenciales?

El proceso de huida, que muchas veces se produce junto con el proceso de cuestionamiento, puede ser aplicado también a nuestro propio pensamiento. Si las condiciones de análisis son adecuadas, se puede intentar la provocación de huida sobre una base conjunta (Po, no había necesidad de tener una jornada laboral fija).

Necesitamos prestar atención a los conceptos de valor. La capacidad de percibir los diferentes conceptos de valor es la base de la resolución de conflictos. Una vez percibidos, se puede intentar el diseño de maneras de alcanzar ese valor. Además, hay que extraer y rediseñar (o bloquear) los conceptos de acción y de presión. Es un error creer que todas las piezas están sobre la mesa, como en una partida de ajedrez, y que sólo se trata de moverlas.

El estratal puede resultar de utilidad tanto antes como después del proceso de pensamiento. Le permite al pensador hacer una pausa y retroceder para que puedan surgir ideas nuevas.

Cuando se llega a un punto muerto, la palabra al azar es utilísima para el proceso mismo del pensamiento, porque permite suscitar nuevas líneas de razonamiento. Si las condiciones son muy favorables, se puede practicar la técnica de la palabra al azar conjuntamente, de modo que ambas partes participen en el ejercicio creativo.

Futuros

Por lo general, formamos nuestra visión del futuro extendiendo hacia el porvenir las tendencias actuales y previendo convergencias en las que la conjunción de elementos diversos puede producir un efecto nuevo. A veces necesitamos tener una visión más rica del futuro y localizar posibles discontinuidades. Por eso debemos tener creatividad.

El estratal es una manera muy útil de unir mentalmente factores separados, con el propósito de generar posibilidades. Puede haber varios estratales diferentes alrededor del mismo foco o alrededor de focos diferentes. Es importante que el estratal se plantee honestamente, es decir, nunca debe ser "diseñado" para que refleje nuestro pensamiento del momento. Una manera de evitarlo consiste en poner determinado número de "líneas" de estratales en una bolsa y sacar cinco, al azar, para crearlo.

Todas las maneras de presentación de provocaciones de puente (exageración, inversión, distorsión, pensamiento de deseo) son útiles para generar posibles discontinuidades. Estas provocaciones sirven para sacarnos de las continuidades.

En ocasiones es útil emplear una combinación de provocación de huida y análisis de concepto. Examinamos los conceptos existentes y los posibles conceptos futuros y después escapamos de ellos o de alguno de sus aspectos (Po, no hemos tenido que trabajar para ganar dinero).

Aunque algunos de los conceptos básicos permanezcan inalterados, podría haber maneras alternativas de realizarlos (por ejemplo, estilos de trabajo alternativos). Así, la búsqueda de alternativas es tan importante como la definición de los puntos fijos.

Por último, la palabra al azar puede ofrecer algunas nuevas posibilidades que quizá de otro modo no habrían aparecido. Es preciso explorar estas posibilidades e investigar cómo podrían encajar con las otras que se han generado.

El proceso de cuestionamiento puede usarse en cualquier etapa del proceso, para poner en tela de juicio nuestro pensamiento sobre el futuro, aunque todavía estemos elaborando ese pensamiento.

La estrategia

Elaborar una estrategia es un proceso complejo que abarca problemas, oportunidades, tareas, futuros y conflictos, elementos todos que se combinan en el proceso de diseño. Elaborar y establecer una estrategia implica la aportación de una cantidad considerable de información y el análisis de las tendencias, las posibilidades y las respuestas competitivas. Aquí se requiere creatividad para introducir conceptos nuevos y para idear las posiciones de flexibilidad y de resguardo.

Naturalmente, el foco también es muy importante. Necesitamos tener claro el foco general y los diversos subfocos que se precisan. ¿Cuál es el propósito de la estrategia? ¿Qué lograremos con ella? ¿Cómo la pondremos en práctica?

El cuestionamiento es muy importante para la revisión de los conocimientos convencionales y tradicionales, como también para el cuestionamiento del pensamiento que impera en la organización. Es posible cuestionar las suposiciones sobre el futuro y sobre las respuestas competitivas. También se pueden poner en duda los límites impuestos por reglamentaciones diversas, los valores y la tecnología. Muchas veces hay polarizaciones que pueden ser cuestionadas. Siempre existe un ciclo de conceptos que se combinan coherentemente para formar una estrategia y que después son abordados separadamente por medio del cuestionamiento. Y por último, se combinan todos los elementos para elaborar la estrategia final.

Hay estrategias, conceptos y maneras alternativas de aplicar determinadas estrategias. Hay visiones del futuro alternativas. Por eso en este punto, más que en cualquier otro, es vital definir los puntos fijos antes de generar alternativas.

Es preciso prestar suma atención a los conceptos, que en este caso son más importantes que las ideas. Si un concepto es erróneo, ninguna idea podrá corregirlo. Todas las ideas son tratadas como maneras de generar conceptos mediante el "retroceso".

Cuando se dispone de una cantidad considerable de conceptos es posible organizarlos como un abanico. Esta organización indicará después las direcciones generales dentro de las que es posible el movimiento. Además, hay que tener en cuenta las diversas maneras de realizar los conceptos.

La provocación de huida puede aplicarse al pensamiento existente dentro de la organización y también dentro de la industria. Puede aplicarse también a las formulaciones de la estrategia.

Las ideas nuevas muy radicales exigirán el empleo de la provocación de puente, sobre todo en su versión de distorsión.

La planificación

Gran parte de lo que he expuesto hasta ahora acerca del futuro, el diseño, los proyectos y la estrategia se aplica también al proceso de planificación. Hay que suponer que ya se ha prestado suficiente atención al proceso de planificación normal y lógico, y que incluso así existe una disposición para buscar ideas mejores.

En cada una de las etapas del proceso se pueden buscar alternativas. A veces se pueden tomar diferentes vías y a veces hay diversas maneras de tomar la misma vía. Puede haber lugares alternativos para colocar los puntos de control. Es posible el empleo de alternativas provocativas (¿qué sucedería si lo hiciéramos?).

En cuanto al cuestionamiento, se puede aplicar al plan mismo o a las condiciones que ese plan debe satisfacer. ¿Tenemos que aceptar estos límites? ¿Estos factores son verdaderamente esenciales?

La provocación del tipo huida puede utilizarse tanto para generar nuevos conceptos como para verificar la flexibilidad del plan (Po, las tasas de interés no caen).

Todo intento de reestructurar radicalmente el plan requiere el empleo de la provocación de puente, que podría servir para la modificación de las percepciones acerca de la situación. Si la percepción de la situación cambia, habrá que variar también el plan.

En esta etapa de nuestra exposición es de esperar que el lector tenga ya un conocimiento general de las diversas maneras de aplicar las técnicas. Las maneras básicas de emplearlas podrían resumirse así:

Foco: definir el foco y cambiar de focos. Buscar definiciones alternativas del foco. Elegir subfocos.

Cuestionamiento: cuestionar el pensamiento tradicional, el existente y el que tiene lugar durante una sesión creativa. Cuestionar también el entorno del pensamiento: supuestos, límites, etcétera.

Alternativas: encontrar diferentes maneras de hacer las cosas y de satisfacer determinado punto fijo. Se puede trabajar con ellas en diferentes niveles, desde lo general hasta los detalles.

Abanico de conceptos: es un método muy elaborado, destinado a encontrar diferentes maneras de hacer las cosas revisando los conceptos. Resulta útil en el pensamiento de realización.

Conceptos: prestar una atención deliberada a los conceptos. Tratar de extraerlos y cristalizarlos. Retroceder desde las ideas a los conceptos. Modificar y cambiar conceptos. Encontrar maneras de ponerlos en acción. Son útiles en todas las áreas impulsadas por conceptos.

Provocación de huida: útil en todas las áreas en que también es útil el cuestionamiento. La provocación de huida convierte el cuestionamiento en provocación. Util para examinar los métodos existentes y también para examinar el pensamiento existente. Puede aplicarse al pensamiento creativo que tiene lugar en el momento.

Provocación de tipo puente: se utiliza generalmente para tratar de introducir o cambiar radicales en el sistema o en el enfoque. Es la más provocativa de todas las técnicas. El método del pensamiento de deseo es susceptible también de una situación de planicie. Las provocaciones de puente funcionan mejor cuando se aplican a todo el sistema.

Aportación del azar: se utiliza para proporcionar ideas nuevas en cualquier ocasión. Se usa para seguir adelante en las situaciones de planicie; para continuar trabajando cuando uno se ha quedado sin ideas; para buscar ideas adicionales cuando ya hay algunas sobre la mesa.

Estratal: se emplea al comienzo del pensamiento para facilitar el surgimiento de ideas. Se utiliza durante el razonamiento, para ver lo que podría surgir del pensamiento que ya tuvo lugar.

Técnica del filamento: útil siempre que existe una serie conocida de requisitos. Puede ser usada de manera pasiva para permitir que surjan ideas y también de manera activa, o "forzada"; en este último caso, se comporta de modo similar a la palabra al azar.

Los Seis Sombreros para Pensar

El método de los Seis Sombreros para Pensar no ha sido incluido en las técnicas examinadas en esta sección porque se trata de un proceso estructural que se aplica al pensamiento en general dentro de una organización. El sombrero verde constituye un requerimiento específico para realizar un esfuerzo creativo, pero no indica cómo hacerlo. El esfuerzo puede consistir simplemente en hacer una pausa con el propósito de considerar otras posibilidades, o en un intento de sugerir alternativas. En este punto es posible utilizar también otras técnicas de pensamiento lateral. El principal valor del sombrero verde es que abre un nuevo espacio al esfuerzo creativo.

El sombrero amarillo tiene gran valor para dirigir el pensamiento hacia la búsqueda de la factibilidad y los valores. Al emplearlo, toda idea que surge puede ser analizada constructivamente desde el comienzo. Si alguien se opone a ella, se le puede pedir directamente que se esfuerce para encontrar algún valor en ella y que sugiera alguna manera de ponerla en práctica.

Un aspecto muy importante del método de los Seis Sombreros es la posibilidad que ofrece de restringir el pensamiento de sombrero negro a ciertos momentos específicos, en vez de permitir su aplicación en cualquier circunstancia. El pensamiento de sombrero negro debe aplicarse al tratamiento de las ideas con el propósito de señalar los defectos que se deben superar. El pensamiento de sombrero negro debe aplicarse a la evaluación de las ideas.

Estas son las diversas maneras en que el empleo del método de los Seis Sombreros como marco de trabajo facilita el esfuerzo creativo.

A veces se puede usar como procedimiento creativo una simple secuencia de sombreros. En estos casos la secuencia podría ser:

Sombrero blanco: base de información. ¿Qué sabemos?
Sombrero verde: alternativas, sugerencias, ideas.
Sombrero amarillo: factibilidad, beneficios, valores de las ideas.
Sombrero negro: dificultades, peligros, problemas, puntos que requieren cautela.
Sombrero rojo: intuición y sentimientos acerca de las ideas.
Sombrero azul: conclusión.

Cosechar

Un agricultor siembra todo su campo con semillas, pero cuando llega la época de la cosecha se conforma con recoger sólo la cuarta parte. El resto se desperdicia. Esto es lo que muchas personas hacen cuando aplican el pensamiento creativo.

Cosechar, al igual que concentrarse en un foco, es una de las partes más débiles del pensamiento creativo. La razón radica en que ambos procesos parecen simples y directos. Los procedimientos no tienen nada de raro o de emocionante, de modo que no se les presta demasiada atención. De hecho, ambos procesos son tan importantes como los aspectos más "atractivos" del pensamiento creativo.

Cuando nos disponemos a ser creativos sólo nos interesa hallar una idea que sea nueva, práctica y vendible. Buscamos esa idea mágica. Notamos las ideas mágicas que surgen e ignoramos todo lo demás que sucede durante la sesión de pensamiento creativo.

Si uno no es un naturalista especializado en el estudio de los pájaros, los observa a través de los binoculares y no puede comprender por qué hay gente que se interesa en su comportamiento. Pero con el tiempo empieza a identificar algunos aspectos del comportamiento de los pájaros. Empieza a reconocer pautas, a advertir diferencias, y finalmente empieza a sentirse fascinado.

Una persona se para frente a una obra de arte y siente que le gusta o que no le gusta. Después de asistir a un curso de apreciación artística, esa misma persona empieza a advertir mucho más: la composición, la pincelada, el uso de la luz y de la sombra, la elección del color, etcétera.

Para advertir ciertas cosas es necesario un entrenamiento. Sin él, simplemente no vemos lo que tenemos ante los ojos. Y para cosechar los frutos de una sesión de pensamiento creativo necesitamos de ese entrenamiento. No basta con registrar las ideas "mágicas" e ignorar el resto. Semejante conducta es un lamentable despilfarro de todo lo que se ha estado haciendo.

En toda sesión de pensamiento creativo se plantean por lo menos tres propósitos:

1. Encontrar la idea mágica.
2. Producir ideas nuevas que puedan convertirse en ideas útiles.
3. Equipar la mente con un repertorio de conceptos e ideas que quizá no sean utilizables en ese momento pero que enriquecerán todo pensamiento futuro sobre los mismos temas o sobre temas afines (e incluso sobre otras cuestiones).

Cuando la cosecha es pobre se ignoran los puntos 2 y 3.

Para asegurarnos una buena cosecha podemos apelar a recursos diversos: tomar notas durante la sesión, grabar todo lo que se dice y después escucharlo atentamente; reflexionar sobre la sesión para estudiar más a fondo algunos puntos. De este modo es posible extraer y registrar todo el valor de la sesión.

Para realizar satisfactoriamente este importante proceso de cosecha conviene confeccionarse una especie de lista de control. La información de esta lista se superpone y muchas veces será difícil decidir dónde colocar algo. Ese detalle no interesa demasiado; el propósito de la lista de control es ayudarnos a advertir la existencia de las cosas, independientemente de la caja donde, por así decir, estén guardadas.

A medida que recorremos los puntos de la lista, lo ejemplificaré con la cosecha de una discusión acerca del diseño de un espacio de recreo para niños.

Ideas específicas

Se trata de ideas concretas que pueden ser puestas en acción. Las opiniones específicas incluyen las ideas "mágicas" que todos reconocemos inmediatamente, pero incluyen también otras, útiles y factibles. Este es el resultado tradicional de una sesión de pensamiento creativo.

En el análisis del espacio de recreo, o *playground*, surgieron ideas específicas, y entre ellas, las siguientes:

> un bar, confitería o café para los padres
> pisos y paredes dibujados con "juegos nuevos"
> divisiones claras por grupos de edad.

Ideas del tipo "por ejemplo"

Son ideas reconocidamente impracticables pero que contienen algún concepto o proceso valioso. La idea del tipo "por ejemplo" es meramente una ilustración o un ejemplo.

En el análisis del diseño del *playground* las ideas "por ejemplo" fueron:

> cajas para construir cosas
> un juego en el que dos o varios equipos arrastran un bloque pesado a través del espacio de recreo
> un rincón del inventor.

Ideas de plantío

Una idea de plantío es precisamente algo así como una planta joven, el comienzo de una idea. La idea tiene potencial, pero hay que cuidarla, cultivarla para que se convierta en algo útil. Estas ideas necesitan de mucho trabajo, pero se perciben en ellas su valor y sus posibilidades. Una idea de plantío es diferente de una idea del tipo "por ejemplo" porque sobre la segunda no tenemos intención de trabajar.

En nuestro ejemplo del *playground* las "ideas de plantío" fueron, entre otras, las siguientes:

que diferentes empresas privadas patrocinen el *playground*, un día por semana cada una
contratar grupos especializados en el diseño de espacios de recreo para niños
uniformes de colores que identifiquen el *playground*

Conceptos directos

Son conceptos que surgieron durante la sesión. Estos conceptos pueden evolucionar después hasta convertirse en ideas o pueden permanecer como conceptos. En ambos casos, se registran como conceptos. Es particularmente importante registrar "conceptos de valor". Pero es difícil registrarlos, porque pueden existir como tales sólo por un momento o porque todo el mundo da por sentado que el objetivo de un concepto es llevar a una idea. Por consiguiente, para diferenciar y registrar los conceptos es preciso hacer un gran esfuerzo de cosecha.

En nuestro ejemplo surgieron los siguientes conceptos:

el espacio de recreo debe interesar a los niños
oportunidad de conocer otros niños
trabajar con otros niños, en equipo
utilización flexible del mismo espacio.

Conceptos de "retroceso"

Son conceptos que no surgieron directamente como conceptos en el desarrollo del trabajo. Fueron conscientemente "arrastrados" durante el trabajo, a partir de ideas o de ideas del tipo "por ejemplo". Este retroceso hacia el nivel de concepto puede haberse producido durante la sesión pero, de todos modos, debe efectuarse siempre en el momento de proceder a la cosecha. Por lo tanto, es importante revisar todos los diferentes tipos de ideas y hacer un esfuerzo consciente por "retroceder" desde la idea al nivel de concepto. El concepto puede estar implícito en la idea, pero tiene valor expresarlo como concepto por derecho propio.

Durante la discusión sobre el *playground* se "arrastraron" los siguientes conceptos:

>   patrocinio comercial
>   que a los niños se les permita innovar
>   formación de equipos
>   instalaciones para juegos nuevos.

Direcciones

En la sección dedicada al abanico de conceptos se explicó la diferencia entre "conceptos" y "direcciones". Las direcciones no son más que conceptos muy amplios o enfoques de una situación. Por esta razón, la categoría del concepto y la categoría de la dirección pueden superponerse. Esto no importa. El esfuerzo consiste en captar las direcciones generales, explícitas o implícitas.

En el tema del espacio para recreo, las direcciones fueron:

>   interés
>   jugar con otros
>   flexibilidad.

Necesidades

En el transcurso del esfuerzo creativo podrían haber surgido algunas necesidades muy claras. Por ejemplo, la necesidad de encontrar alguna manera de convertir un concepto en una idea práctica. También podría haber direcciones definidas que necesitan conceptos.

"Necesitamos encontrar una manera de hacer esto."

La definición de las áreas de necesidad que se tornan visibles durante una sesión de pensamiento creativo es una parte importante del proceso creativo.

Reconocer la existencia de un agujero o de una brecha es el primer paso para hacer algo al respecto.

Durante el trabajo con el diseño del *playground* surgieron las siguientes necesidades:

> la necesidad de una orientación prudente
> la necesidad de maneras de formar equipos
> la necesidad de procedimientos para organizar el acceso según la edad
> la necesidad de métodos para despertar interés comercial.

Nuevos focos

Los nuevos focos creativos pueden surgir directamente de las necesidades registradas. Aun así vale la pena plantear un nuevo foco específicamente como "nuevo foco creativo". Esto significa que puede abordarse después directamente por el grupo o por los individuos a quienes se asignaron ciertas tareas creativas.

En el estudio del espacio para recreo, se definieron los siguientes nuevos focos creativos:

> juegos de equipo para *playgrounds* (foco de área general)
> maneras de organizar equipos (foco de propósito)
> participación de organizaciones comerciales (foco de área general).

Cambios

En el transcurso de toda sesión creativa puede haber un cambio de pensamiento. Pueden abrirse nuevas líneas de razonamiento. Puede haber un cambio de dirección. La discusión puede partir en determinada dirección y después evolucionar en otra. Estos cambios deben registrarse sobre la base del criterio "desde/hacia".

> Al parecer, cambiamos desde esta dirección... hacia ésta. Empezamos considerando el tema de este modo... y luego cambiamos a éste...

En el diseño del *playground* se advirtieron los siguientes cambios:

se pasó de considerar el *playground* como un lugar para juegos individuales a considerarlo como un lugar para juegos de equipo

un cambio desde ofrecer entretenimientos fijos y tradicionales hasta diseñar nuevos juegos para *playground*

de evitar la participación de intereses comerciales a buscar una manera de incorporarlos.

El matiz

El punto final de la lista de control es el "matiz". Esto se refiere al matiz general de la sesión. Su valor consiste en que en sesiones posteriores podemos tratar de elaborar algunas ideas diferentes. Por ejemplo, si una sesión de pensamiento estuvo dedicada a descubrir a quién habría que culpar por algo, una posterior podría tratar de ser más constructiva. Debería haber sólo un "matiz" que abarcara la mayor parte de la sesión, aunque hubiera elementos que no encajasen con él.

El matiz general del estudio del espacio para recreo fue "nuevos enfoques centrados en los niños".

En el mundillo de las revistas se dice que conseguir un nuevo suscriptor resulta cuatro veces más caro que conservar uno viejo. De algún modo, este concepto se aplica también al proceso de la cosecha. Captar una idea o un concepto que han sido propuestos es mucho más fácil que tener que generarlo todo de nuevo. Por lo tanto, la cosecha es importante, aunque pueda parecer tediosa y demorada. También puede suceder que durante el proceso de la cosecha surjan nuevas ideas y conceptos cuando todavía se están relevando los existentes.

Cuando uno se acostumbra a realizar la cosecha con la lista de control, va capacitándose cada vez más para detectar ideas durante la sesión misma. Ha llegado entonces el momento de anotar lo que se advierte. Esto permite obtener el mayor provecho de la sesión mientras todavía está desarrollándose. Por ejemplo, la capacidad para advertir los cambios de concepto pueden generar un esfuerzo por el descubrimiento de ideas para poner en acción un concepto.

La identificación explícita de una nueva dirección puede llevar a un esfuerzo para explorar otras direcciones (como en el abanico de conceptos). Un concepto "arrastrado" desde una idea del tipo "por ejemplo" puede abrir una nueva línea de pensamiento. La identificación deliberada de un nuevo punto de foco puede suscitar el intento, de vez en cuando, de encontrar algunas ideas que giren alrededor de ese punto focal.

Así, el procedimiento denominado "cosecha" no es meramente una revisión retrospectiva de la sesión sino que puede llegar a ser una parte fundamental de ésta. Tal como en el caso del naturalista que estudia los pájaros, uno llega a tomar conciencia de lo que sucede a medida que transcurre.

El tratamiento de las ideas

El empleo deliberado de las técnicas y de las herramientas del pensamiento lateral ha producido algunas ideas. ¿Qué debemos hacer con ellas? Quizás unas cuantas sean utilizables o por lo menos dignas de ser verificadas. Esto conduce directamente a la evaluación, en la que se juzgarán comparándolas con otras ideas producidas de otro modo (copia, análisis lógico, etcétera). ¿Qué sucederá con las restantes?

Esta sección se ocupa del tratamiento de las ideas, producidas por medio del pensamiento creativo, que no están todavía listas para pasar a la etapa de evaluación. Es preciso seguir trabajando sobre ellas. No me refiero aquí a los nuevos conceptos sino a las nuevas ideas. Se hace un esfuerzo para convertir conceptos en ideas utilizables. ¿Cómo se puede poner en acción este concepto? Si este esfuerzo tiene éxito, habrá más ideas. Si no, el concepto deberá ser sometido a otro esfuerzo creativo, en otro momento.

Rechazo rápido de ideas

Lo primero que se debe evitar es el rechazo rápido de ideas. Esto suele ser consecuencia de la aplicación inmediata de ciertas restricciones del mundo real. Si la idea no cumple esas condiciones, por lo general es rechazada. Esta utilización prematura del pensamiento de sombrero negro debe ser contrarrestada con un pensamiento de sombrero amarillo y de algo más de pensamiento de sombrero verde. Más tarde habrá tiempo para hacer la evaluación. Por el momento, el esfuerzo está dirigido a perfeccionar la idea.

Una de las maneras más comunes y potentes de rechazar una idea consiste en pronunciar una frase muy simple: "es igual a".

> Esta idea es igual a lo que ya estamos haciendo.
> Esta idea es igual a aquélla que usábamos antes.
> Esta idea es igual a aquella que probamos y que no funcionó.

La frase "es igual a" parece inofensiva pero es un arma poderosa para matar ideas; significa que no es necesario prestar atención alguna a la idea o dedicarle tiempo de pensamiento, porque no es nueva. No se ataca la factibilidad o el valor de la idea. De hecho, muchas veces se reconoce que la idea es buena; pero lamentablemente, es igual a otra ya existente. He asistido muchas veces al espectáculo del devastador efecto de esta sencilla observación, cuando se pronuncia en una reunión para matar algunas ideas muy buenas. Es difícil defender una idea de este comentario.

A veces, la frase es usada honestamente, porque la persona que dice "es igual a " es auténticamente incapaz de percibir la diferencia entre la idea propuesta y la existente. Pero casi siempre se usa deshonestamente, porque todo el mundo sabe que la manera más sencilla de librarse de una idea nueva es diciendo que no lo es.

Ahora bien, si nos desplazamos a un nivel de concepto lo suficientemente amplio, en ese nivel es posible decir que muchas ideas se parecen entre sí. Por ejemplo, un caballos es igual a un avión porque ambos sirven para desplazarse de A a B. Una tarjeta de crédito es igual a un cheque, porque ambos inventos bancarios son maneras de pagar cuentas sin usar dinero en efectivo. Muchas ideas importantes y valores nuevos se perderán si nos permitimos el uso de esta peligrosa frase.

Por lo tanto, si está buscando ideas nuevas, no use ni admita que otros utilicen la expresión "es igual a". Si una idea le parece similar a otra existente, "fíjese en la diferencia" (uno de los métodos para conseguir movimiento). Aunque la diferencia sea sólo del uno por ciento, concentre su atención en ese uno por ciento.

Formación de las ideas

En el proceso normal de diseño desplegamos los requisitos y las restricciones y después buscamos una idea que encaje en este "molde". Así, las restricciones están presentes desde el comienzo.

En el proceso normal de juicio, empleamos las restricciones como una especie de cedazo. Sólo las ideas que lo atraviesan son aceptables.

En el proceso creativo, sin embargo, usamos las restricciones para "modelar" la idea hasta darle una forma más conveniente. Este proceso, activo y creativo, puede ser comparado con el trabajo del ceramista que utiliza sus manos para dar forma a la arcilla en el torno de alfarero. Ese "modelado" produce una forma mejor.

> Esta idea es demasiado cara. ¿Podemos abaratarla?
> En su forma actual la idea es ilegal. ¿Cómo podemos transformarla en aceptable?
> En este momento la idea es buena, pero podría ser fácilmente desacreditada. ¿Podemos modificarla para dificultar ese descrédito?

En estos casos se hace un esfuerzo de modelado consciente y activo para lograr que la nueva idea se adapte a los requisitos del mundo real. También está permitido cuestionar las restricciones de vez en cuando.

Si no podemos modelar una idea para que satisfaga las restricciones, la archivamos o la mantenemos en reserva. Después podremos recuperarla y hacer una nueva tentativa de modelado.

Confección de las ideas

La operación de confeccionar se vincula más a los recursos disponibles que a las restricciones de la realidad. Un sastre puede encontrarse en situación de cortar un traje adaptándose a la cantidad de tela que tiene. ¿Podemos confeccionar la idea con los recursos disponibles? Tal vez una empresa grande esté en condiciones de poner en práctica una idea de cierta manera, pero una pequeña tendría que apelar a otros procedimientos.

Durante la generación de ideas, ¿se deben tener en cuenta los recursos diponibles? Podría argumentarse que plantear esas consideraciones en una etapa temprana del proceso puede bloquear el desarrollo de interesantes líneas de pensamiento. Por otra parte, una cierta conciencia implícita de los recursos disponibles aseguraría que las ideas se modificarán en cada etapa con fines prácticos. Esto requeriría el desarrollo de otras alternativas durante el proceso creativo. Según mi experiencia, tener una conciencia implícita de los recursos disponibles es útil desde el comienzo del proceso creativo. Pero nunca se deberá hacer uso de esta circunstancia para rechazar ideas o clausurar líneas de pensamiento. Al contrario, esta conciencia se utilizará para orientar el pensamiento en cierta dirección.

Fortalecimiento de las ideas

Toda idea tiene, por así decir, cierta potencia muscular. Esta potencia puede estar constituida por los beneficios que ofrece, su atractivo o la facilidad con que se puede poner en práctica. Parte del tratamiento de una idea consiste en la identificación de esa potencia y en el intento de fortalecerla. Pero no hay que confundir esa acción con un proceso general de perfeccionamiento. Se trata más bien de un intento de aumentar la potencia central de la idea. Por ejemplo, la potencia de la idea de un restaurante concebido como lugar para celebrar *pic-nics* bajo techo está en el bajo costo debido a la eliminación de *chef*, cocina, despilfarro de comida, etcétera. Ese bajo costo permite gastar más dinero en otros aspectos, como transporte de los clientes o decoración del local.

La potencia de una idea puede beneficiar al proveedor de los bienes o servicios o puede beneficiar al consumidor. Si el beneficio le corresponde al proveedor, es necesario transferir una parte de éste al consumidor; de lo contrario, la fuerza de la idea sería demasiado unilateral para tener éxito.

El proceso de fortalecimiento de la idea se ocupa sólo de la potencia de los puntos ventajosos, que es lo que se procura fortalecer. No importa lo maravillosa que pueda parecer una idea, casi siempre es posible fortalecerla. Quizás esto suene como una sugerencia para "dorar la píldora", pero se trata más bien de investigar toda la potencialidad de una idea.

La potencia de la idea del teléfono que emite publicidad podría ser fortalecida incorporando en el dial una tecla opcional, que permitiría usar el teléfono de la forma habitual si el usuario así lo deseara.

Reforzamiento de las ideas

Si un edificio tiene una debilidad de determinado punto, se tratará de reforzarlo. Lo mismo con las ideas. Nos concentramos en las debilidades de una idea y tratamos de reforzar esos puntos. Una debilidad no es un error ni un defecto sino más bien un punto de posible fracaso.

La debilidad de una idea podría estar en su complejidad o en su indefensión frente a los ataques posibles. Muchas veces, la dificultad de una aceptación a primera vista puede constituir la debilidad de una idea que, sin embargo, finalmente será exitosa. En estos casos se justifica prestar atención al aspecto, a la apariencia de la idea.

La debilidad del sistema de exámenes por ordenador, en el que un estudiante podría someterse a pruebas en cualquier momento, sería la necesidad de proporcionar una extensa gama de preguntas, para que no fuera posible aprenderse las respuestas de memoria. Esta dificultad podría ser superada utilizando un sistema de combinatoria, de modo que el número de combinaciones fuera enorme. Desde luego, se podría argumentar que si un estudiante se aprendiera de memoria una gran cantidad de respuestas, probablemente habría aprendido la materia.

Siempre es conveniente examinar las nuevas ideas en condiciones de escasa motivación. La gente creativa suele creer que los usuarios de una idea nueva serán tan entusiastas como sus creadores. Pero nunca es así. Para las personas que no la han creado, una idea nueva significa siempre esfuerzo, molestias, riesgo. Por lo tanto, es necesario que los futuros usuarios sepan en qué les beneficiará la nueva idea.

Otras fuentes de debilidad son el conflicto con las ideas existentes y las dificultades inherentes al período de transición. ¿Será posible introducir la idea poco a poco, o el proceso deberá ser rápido?

Aceptación de las ideas

¿Quién decidirá sobre la idea? ¿Quién tendrá que ponerla en práctica? ¿Qué colaboradores necesitamos?

Una idea maravillosa puede malograrse si no se ha prestado suficiente atención a los primeros pasos para conseguir su "aceptación". Puede tratarse simplemente de darle una forma correcta o de presentarla dentro de un contexto conveniente. También puede ser necesario insistir sobre los beneficios inmediatos que la idea reportará a quienes la acepten. Las ideas no existen como formas perfectas y aisladas: siempre están involucradas personas, y esas personas tienen necesidades individuales y proyectos propios. Todo buen cocinero sabe que la presentación de un plato es casi tan importante como su calidad.

Como he comentado anteriormente en este libro, hay ciertas ideas que, contempladas retrospectivamente, parecen obvias y atractivas. Otras, en cambio, implican riesgo e inversión antes de mostrar su valor. ¿Cómo se puede reducir el riesgo? ¿Hay una manera de elaborar la idea y después usar los resultados para incrementar su atractivo? ¿Existirá algún modo de motivar a ciertas personas para que se sientan parcialmente autoras de la idea? ¿Será prestigioso haber sido el primero que ha probado la nueva idea?

La comparación

Como ya he apuntado, dentro de la tradición occidental lo habitual es atacar lo que existe y después idear una alternativa para superar las insuficiencias actuales. El procedimiento no occidental (y principalmente el japonés) consiste en no ocuparse del método actual sino en generar alternativas posibles. Una vez conseguidas, se comparan con el método vigente para ver si los nuevos métodos ofrecen alguna ventaja. La comparación es fundamental para el proceso. También es fundamental para todo proceso de evaluación. Se compara la idea nueva con la ya establecida. Se comparan las nuevas ideas entre sí.

La comparación pone rápidamente en evidencia los beneficios, las economías posibles y las dificultades. Suele demostrar que la nueva idea es buena, pero no es particularmente beneficiosa para la idea anterior.

¿Cuáles son los puntos de diferencia? ¿Cuáles son los puntos de similitud? ¿Los conceptos son diferentes o se trata sólo de una manera distinta de realizar el mismo concepto? ¿Los puntos divergentes son fundamentales o sólo ornamentales? ¿Los valores que las nuevas ideas proporcionan se concretan por medio de mecanismos diferentes o por medio de un uso distinto del mismo mecanismo?

Una idea que aislada parece muy fuerte suele parecer mucho más débil si se compara con otras ideas. A veces las ventajas de la nueva idea se basan sólo en esperanzas, suposiciones o condiciones ideales. Toda buena idea nueva debe pasar la prueba de la comparación y demostrar que los beneficios ofrecidos tienen una base sólida. Un punto fuerte es que la nueva idea ofrezca la obtención de beneficios en una situación en que nunca antes se habían obtenido.

Es muy frecuente que la persona que trata de mostrar los beneficios de una idea nueva la compare rápidamente con la idea establecida. Esta manera de mostrar los beneficios es útil pero no suficiente: tener una máquina menos ruidosa que la actual es menos beneficioso que tener una máquina silenciosa.

Fallos y defectos

En esta etapa del trabajo se pueden ya analizar directamente los fallos y los defectos de la nueva idea. La razón de que este importante procedimiento se postergue para el final del proceso es que, posiblemente, a esta altura ya habrán surgido muchos defectos. Por otra parte, también es posible que algunos defectos hayan sido superados durante el proceso de reforzamiento y al considerar la "aceptación" de la idea. En cualquier caso, ahora disponemos de una clara imagen de los defectos, fallos y problemas.

¿Es posible superar estos defectos con un procedimiento estándar o simplemente prestándoles atención? ¿O los defectos se convierten en nuevos focos creativos que requieren un esfuerzo creativo deliberado?

Un defecto grave sólo se convierte en una razón para descartar una idea si el esfuerzo por superarlo resulta fallido. Siempre es previsible que todo defecto restante sea incorporado de inmediato a la evaluación de la idea nueva. La gente suele estar dispuesta a renunciar a grandes beneficios negándose a aceptar una idea que los promete; pero nunca está dispuesta a aceptar ni el menor riesgo derivado de un defecto conocido de la idea. Es mucho más fácil asegurar el equilibrio entre beneficios y defectos eliminando el defecto que aumentando el beneficio. La mayoría de las personas sienten aversión por el riesgo y por los errores. Nunca se culpa a alguien por no haber aprovechado una oportunidad, pero inevitablemente se culpa a aquel que aceptó una idea con un defecto reconocido por todos.

En esta etapa del proceso corresponde usar el pensamiento de sombrero negro. La nueva idea es examinada en busca de defectos, problemas y problemas potenciales. ¿Qué dificultades podrían surgir en diferentes circunstancias? ¿Qué podría funcionar mal? ¿Qué hechos imprevistos podrían interferir en la obtención de los esperados beneficios?

Ahora es el momento de abrir la puerta a la cautela negativa. Los esfuerzos positivos y creativos han terminado. Hay que identificar y enfrentar los defectos. El esfuerzo creativo final consiste en la superación de esos defectos modificando la idea para "evitar" los problemas o acometiendo directamente la resolución del problema con medios creativos.

Las consecuencias

La etapa final del tratamiento de una idea nueva consiste en prever las consecuencias de la concreción de la idea. ¿Qué pasará cuando empecemos a usarla?

Es una especie de análisis del tipo "minuto a minuto" y también una mirada general sobre las consecuencias.

¿Qué sucederá inmediatamente?
¿Qué sucederá a corto plazo?
¿Qué sucederá a medio plazo?
¿Qué sucederá a largo plazo?

La escala temporal para estas diversas consecuencias variará según el tema. Para un asunto de modas, por ejemplo, el largo plazo puede ser poco más de 6 meses; para una nueva planta generadora de energía eléctrica, de un período de 30 años.

El examen de las consecuencias puede poner en evidencia nuevas debilidades, nuevos defectos y nuevas dificultades. Todo esto debe tenerse en cuenta como parte del tratamiento de la idea. Quizás haya lagunas e incógnitas. Tal vez sea necesario proponer nuevos procedimientos. No sabemos cuál será la respuesta de los competidores, pero habría que anotar algunas alternativas posibles. También es preciso considerar las diferentes condiciones en las que tendrá que funcionar la nueva idea. Tiene que haber posiciones de resguardo y maneras de modificar la idea.

La verificación

La verificación de una idea nueva no forma parte del tratamiento directamente, pero las ideas sobre la posibilidad de verificarla aumentan su valor; además, cuando ésta pasa a la etapa de evaluación existe ya una sugerencia para poner en marcha una prueba. En algunos casos se puede llegar a modificar la idea con el propósito de mejorar su verificación.

En la etapa de evaluación se aceptarán o rechazarán las sugerencias referentes a la confirmación de la idea.

Algunas ideas no pueden ser verificadas con antelación. En este caso la idea debe ser lo suficientemente flexible como para que sea posible introducir modificaciones según la respuesta que suscite. De este modo se puede perfeccionar la idea incluso antes de empezar a utilizarla.

La evaluación

Una vez terminado el tratamiento de la nueva idea, se puede pasar a la etapa de evaluación. Después del período de tratamiento se supone que el pensamiento positivo y el constructivo han hecho ya todos sus aportes. En ese momento la idea debe ser prioritaria en la asignación de atención, tiempo y recursos. Los elementos clave de la evaluación serán: factibilidad, beneficios, recursos y ajuste.

Resultados formales

Muchas personas creen que la disciplina, la estructura y la formalidad no son compatibles con la creatividad. Esto se debe a que se han acostumbrado a pensar que la creatividad consiste en liberarse de todas las restricciones para dedicarse a dar vueltas, con la esperanza de que tarde o temprano les llegue la inspiración. Esta etapa puede ser útil durante el desarrollo del pensamiento creativo, pero ahora estamos en condiciones de avanzar y analizar los procedimientos sistemáticos que pueden usarse deliberadamente.

Los peces tienen una espina dorsal a la que están adheridos ciertos músculos, cada uno recorrido por terminaciones nerviosas. Los peces nadan con entera libertad. Mientras mejor es su estructura, como en el caso del delfín y el tiburón, más libre y poderoso es el pez. Incluso la medusa tiene cierta estructura. En otra sección de este libro me he referido a las estructuras restrictivas y a las estructuras liberadoras.

Sin estructura y disciplina todo se reduce a una agitación generalizada que, ocasionalmente, puede producir algo conveniente. La estructura y la disciplina incrementan la eficacia de cualquier proceso.

La disciplina se caracteriza por los siguientes aspectos:

Tiempo

Establecemos un período fijo de tiempo (para nosotros o para los demás) para emplear cierta técnica en determinada área de foco. Respetamos ese período. Si es breve (de dos a cuatro minutos), la mente aprende a trabajar rápidamente. La disciplina con el tiempo perfecciona el foco y la concentración. Cuando enseñamos pensamiento formalmente, en las escuelas, nos damos cuenta de que cuando los niños se acostumbran a que el tiempo de que disponen es escaso, empiezan a producir resultados notables. Pero si, por el contrario, se les concede mucho tiempo, se limitan a perderlo dando vueltas. La disciplina con el tiempo libra al pensador de la necesidad de dar con una idea "maravillosa". Uno ha hecho todo lo posible y cuando se acaba el tiempo está permitido parar.

Foco

La disciplina de foco es sumamente importante. Las personas creativas suelen ganarse mala fama por negarse a concentrarse en la tarea que les encomiendan. Quieren tener ideas brillantes sobre cualquier otro foco. Una persona creativa debe demostrar que es perfectamente capaz de ceñirse al foco impuesto. Durante una sesión creativa es fácil alejarse del foco inicial, porque una idea lleva a otra y el pensador se siente tentado de seguir otra dirección más interesante. Pero es fundamental mantener claro en la mente el verdadero objetivo y volver constantemente a él. La disciplina de foco es probablemente la más importante de todas.

Técnica

En todas las técnicas hay pasos formales y es necesario darlos disciplinariamente. Supongamos que empleamos una técnica de provocación. En primer lugar hay que plantear la provocación, luego se pasa al movimiento, después se modela la idea o se la somete a otro tipo de tratamiento. Aunque haya superposición, cada técnica debe ser usada de manera deliberada y formal. No basta con adoptar una actitud general de provocación y después sentarse a esperar que suceda algo. Las personas creativas que conozco me comentan siempre que su creatividad aumenta cuando utilizan las técnicas sistemáticamente y que resulta sorprendente la frecuencia con que consiguen ideas nuevas.

Resultados

Al finalizar todo esfuerzo creativo se obtiene un resultado. Yo me he enfrentado muchas veces con la necesidad de "cosecharlo" sistemáticamente. Frente al resultado conviene ser formal y disciplinado. Todas las personas que han tomado parte en una sesión creativa saben cuáles han sido las ideas que se han producido, de modo que pueden recordarlas inmediatamente. Pero poco después la sesión ya no está fresca en la memoria de los participantes y las ideas se pierden, a menos que se hayan expuesto formal y claramente. Si bien esto puede parecer tedioso e innecesario en ese momento, debe respetarse esta disciplina si se quiere recuperar todo el valor del pensamiento creativo.

Los resultados

El foco debe ser respetado siempre. Además, hay que especificar el tipo. Esto no es tan importante cuando se trata de un foco de "propósito", porque la expresión del propósito muestra automáticamente el tipo que es. Pero es fundamental con el "foco de área general"; de lo contrario, no habrá manera de saber lo que está sucediendo.

El siguiente paso consiste en anotar formalmente el concepto. Durante la sesión de pensamiento creativo, puede haber sido expresado como un concepto por derecho propio. Con más frecuencia, se llega a él directamente. En este último caso se intenta retroceder desde la idea al concepto que parece sustentarla. La formulación del concepto es importante porque después a alguien puede gustarle éste pero no la idea.

El paso final consiste en exponer formalmente la idea o las ideas. Se expresa cada una por separado, aunque parezcan similares y aunque sólo difieran en un aspecto. Por ejemplo, si vamos a recompensar a la gente con "dinero" o con "más tiempo libre", estas dos ideas deben expresarse por separado. Los enunciados pueden empezar con las siguientes frases: "La idea es…", "El concepto es…". Tal vez hacerlo parezca redundante o innecesario, pero el enunciado forma parte de la dignidad del resultado. Esta formalidad aumenta el valor de los resultados.

Foco: El foco de tipo de propósito es hacer algo para aliviar el congestionamiento del tráfico en las ciudades.
Concepto: El concepto consiste en recompensar a las personas que podrían haber llevado el automóvil al centro de la ciudad pero no lo han hecho.
Idea: La idea es recompensar a los automovilistas que estacionan en lugares periféricos; la recompensa consiste en bonos de descuento para la compra de gasolina. Esos locales de estacionamiento podrían pertenecer a compañías petroleras.

Adviértase en el ejemplo que la redacción del concepto es muy importante. Si hubiéramos escrito "recompensar a la gente que no circula por la ciudad" se podría entender que la intención es recompensar a aquellas personas que tienen automóvil pero jamás lo llevan al centro. No es indispensable que el enunciado de un concepto o de una idea sea breve y sucinto; es mejor que sea muy claro. Resulta inútil anotar una sola palabra y esperar que quien la lea tiempo después penetre en nuestra mente y se entere así de lo que quisimos decir. Es mejor ser explícito que tratar de resumir o de reducirlo todo a una sola palabra. Si bien ese procedimiento puede ser válido cuando se trata de la incorporación de material, casi siempre lleva a confusión cuando se trata de los resultados.

Foco: Foco de tipo de área general, sobre los restaurantes.
Concepto: El concepto es que los clientes consumen su propia comida en el restaurante.

Idea: El restaurante guarda la vajilla de los clientes, que suele llevar el logotipo de la firma, de modo que puedan agasajar a sus huéspedes con un servicio especial. Esto fomentaría la concurrencia al mismo restaurante.

Observamos aquí que se agrega a la idea una indicación de valor. ¿Habría que hacer esto? A menos que el valor esté explícito en la idea misma, conviene expresarlo. No es indispensable detallarlo, pero nunca se debe dar por sentado que un lector posterior de la idea adivinará cuál es el valor agregado. En caso necesario se puede consignar un encabezamiento separado: "El valor es…".

Foco: El foco de propósito es incrementar el consumo de cerveza.
Concepto: El concepto pretende incrementar el número de ocasiones apropiadas para beber cerveza.
Idea: La idea consiste en asociar la cerveza (sobre todo determinada marca) con ciertas comidas, como pollo o pescado.
Valor: El valor es que las mujeres comprarán más cerveza en los supermercados y que tanto ellas como los jóvenes pueden convertirse en consumidores de cerveza. Tener también en cuenta el aumento del número de ocasiones apropiadas para beber cerveza.

En este caso el principal valor de la idea puede estar implícito en ella, pero vale la pena expresar los valores adicionales. Si se hace, el valor principal debe ser incluido nuevamente.

Foco: El foco de tipo de propósito es enfrentar la escasez de personal policial.
Concepto: El concepto, lograr que los ciudadanos ayuden a la policía a realizar su trabajo.
Idea: La idea, que los ciudadanos presten atención a la comisión de delitos y a cualquier comportamiento sospechoso y dispongan de un medio para avisar a la policía.
Valor: Un valor de la idea es que el papel de vigilancia de la

policía se multiplica. Otro valor es que la difusión de la noticia de que los ciudadanos vigilan podría actuar como un freno para las acciones delictivas en la zona.

Conviene tomar nota del resultado creativo de manera formal y disciplinada, aunque signifique realizar un trabajo extra. Así, se abordarán más seriamente las ideas y los conceptos. El resultado de la sesión de pensamiento creativo debe ser registrado. De este modo, será más fácil apreciar todo el valor de las ideas y conceptos.

¿Todas las ideas y todos los conceptos que surgen en una sesión de pensamiento creativo deben ser tratadas de este modo? Aquí necesitamos distinguir entre el resultado privado y el público. El resultado privado es la cosecha; éste debe ser amplio. El resultado público, por el contrario, incluye sólo ideas y conceptos que se pueden divulgar públicamente. El tipo de idea que se consigna en el resultado público dependerá de la clase de "público" que leerá el informe. Para algunos "públicos" es posible consignar las ideas inusuales y las del tipo "por ejemplo", pero para otros es mejor limitarse a expresar el resultado en función de ideas que tengan un valor real obvio.

Además, la práctica de expresar formalmente el resultado obliga al pensador creativo a definir con precisión en su mente las ideas y los conceptos.

Trabajo individual o de grupo

¿Las técnicas del pensamiento lateral deben ser usadas por grupos? Ya me referí a este punto en la primera parte de este libro, pero volveré a hacerlo aquí.

Todas las técnicas pueden ser usadas por un individuo, sin presencia ni colaboración de un grupo. Es importante conocer este dato, porque la práctica de la "tormenta de ideas" como actividad de grupo ha contribuido a generalizar la creencia de que la creatividad es siempre un proceso en grupo. Esto no es así, de ningún modo.

Tradicionalmente, el propósito del grupo era hacer rebotar las ideas entre los participantes y lograr que los diferentes aportes estimularan el pensamiento global. Con las técnicas sistemáticas del pensamiento lateral una persona puede estimular su propio pensamiento. Las técnicas de provocación, por ejemplo, presentan situaciones provocativas y la mente responde a ellas. Así el pensador puede proporcionarse sus propios estímulos. Este es uno de los valores de la palabra "po".

A la gente le gusta trabajar y al finalizar una sesión casi todas las personas sienten que han logrado más de lo que lograron realmente. Trabajar individualmente es una tarea solitaria, que requiere gran disciplina y una considerable destreza en el empleo de los instrumentos del pensamiento lateral. Pero los grupos son muy lentos.

En un grupo alguien habla y los demás escuchan. Y si cualquiera de los participantes tiene la impresión de que el grupo no ha entendido cabalmente su idea, se siente obligado a repetirla o a perfeccionarla. Muchas veces existe una tendencia a ser chistoso para hacerles reír. En un grupo sólo se puede seguir una dirección cada vez.

Los individuos que trabajan solos pueden indagar en diferentes direcciones. No hace falta hablar ni tampoco escuchar. La persona que trabaja sola puede seguir una idea aparentemente "alocada" y detenerse en ella hasta que adquiera sentido. En un grupo, en cambio, resulta prácticamente imposible hacerlo.

Desde un punto de vista práctico, el trabajo en grupo tiene la ventaja de que todos los participantes se sienten dueños de las ideas producidas. Esto es muy importante si el grupo debe aceptar las ideas o actuar sobre ellas.

Por otra parte, un individuo puede ponerse a trabajar creativamente en cualquier momento: no necesita convocar una sesión de grupo o esperar hasta la sesión siguiente. Uno puede hacer trabajo individual de pensamiento creativo cuando y donde quiera.

Según mi experiencia personal, los individuos son mucho más eficientes para iniciar ideas y para abrir rumbos nuevos. Pero una vez señalada la idea, el trabajo en grupo proporciona sus ventajas. Los miembros del grupo suelen desmenuzar la nueva idea o bien llevarla por rumbos que quizás el creador no había imaginado. En este aspecto, la experiencia múltiple de los grupos es un bien que conviene cuidar.

Aunque todas las técnicas pueden ser usadas individualmente, también se emplean en cooperación cuando se trabaja en grupo. Por ejemplo, un grupo puede dedicarse a construir un abanico de concepto; o a plantear una provocación por la palabra al azar, y después avanzar en busca de ideas nuevas. Todo esto puede realizarse dentro del marco tradicional de una sesión de trabajo colectiva.

La provocación es: estacionamiento de coches po arena. ¿Qué ideas estimula?

> La arena haría que los coches circularan más lentamente; quizá pueda haber una idea allí.
> La arena sugiere playas. En la playa la gente se organiza por su cuenta. Tal vez deberíamos permitir que lo hicieran también en el estacionamiento.
> Para mí, la arena significa muchos granos pequeños. Eso sugiere una especie de sistema de acceso por "puntos": necesidad de usar el coche, edad, costo, etcétera.
> Los coches dejan huellas en la arena. ¿Y si caváramos una "huellas" profundas para que los automovilistas tuvieran que transitar por ellas dentro del estacionamiento?
> Me gusta la idea del sistema de puntos. Si uno no ha utilizado el estacionamiento durante cierto tiempo, acumula más puntos. Cada persona tiene una determinada cantidad de puntos iniciales, que se descuentan a medida que usa el estacionamiento. Por lo tanto, la gente tendería a utilizarlo cuando realmente lo necesitara.
> Yo no he imaginado así el sistema de puntos.
> Lo sé, pero se trata de otra idea, suscitada por la tuya.

Vemos aquí como se interactúa en el trabajo en grupo. Sin embargo, si un individuo trabaja solo probablemente seguirá sus ideas iniciales en vez de presentarlas y después, si no son aceptadas, olvidarlas.

Combinaciones

Combinar el pensamiento creativo individual y de grupo tiene valor. Este procedimiento extrae lo mejor de ambos sistemas. Los individuos abren líneas de pensamiento y luego el grupo desarrolla las ideas. Existen diferentes maneras de usar esta combinación.

Sesión interrumpida

La sesión se inicia con una discusión de grupo para definir el foco y también para desarrollar algunas ideas afines. Luego se sugiere determinada técnica específica de pensamiento lateral. Los individuos usan esta técnica separadamente, trabajando de forma paralela. Por lo general el tiempo asignado a este trabajo oscila entre dos y cuatro minutos. Cuando se trabaja con un abanico de conceptos se conceden unos diez minutos.

El trabajo individual podría tomar toda la técnica desde el comienzo.

Trabajando individualmente, propongo plantear una provocación de huida y después usarla.

También existe la posibilidad de que la presentación inicial se realice en un grupo.

La provocación es: Po tenemos un baño sin grifos. Trabajamos en eso individualmente.

Por ejemplo, el grupo podría plantear una serie de provocaciones de puente. Luego se elige una de ellas y los participantes trabajan solos.

El grupo puede decidir el punto fijo para las alternativas directas y los individuos podrían buscar alternativas que satisficieran este punto fijo.

Si los participantes no son diestros en el empleo de las técnicas es mejor plantear todo el proceso como un trabajo de grupo y después pedirles que se atengan a ese proceso. Pero cuando se trata de pensadores expertos, se puede encomendar a los individuos que establezcan el proceso y lo usen.

Al finalizar el período de pensamiento individual, cada uno de los participantes informa el resultado de su pensamiento. Como orientación general, diremos que se pueden asignar tres minutos a cada persona. Después de este resultado se reanuda el análisis general de las ideas propuestas. El grupo no debe limitarse a recibir las ideas y anotarlas, sino que debe intentar su desarrollo y elaboración.

Cuando el análisis empieza a decaer se puede introducir una técnica nueva y seguir trabajando individualmente.

De esta manera se repite el proceso.

Todo el trabajo individual está ligado al uso de determinada técnica. Los individuos trabajan con ella deliberadamente.

La parte de grupo de la sesión se basa en tres aspectos:

1. Escuchar el informe de cada uno de los participantes.
2. El examen de las ideas presentadas y su desarrollo.
3. La utilización directa de las técnicas por parte del grupo.

Método del *sandwich*

Según este método, los participantes reciben un breve informe sobre el foco creativo. Organizando una sesión inicial de grupo, entrevistando a cada persona o bien enviando el material por correo. Luego los participantes trabajan completamente solos, por ejemplo, durante una semana. El informe inicial suele sugerir provocaciones, pero también es posible dejarlas íntegramente libradas a la voluntad de los individuos (esto depende de su grado de destreza).

Al finalizar este esfuerzo de pensamiento realizado individualmente se convoca a una sesión de grupo en la que los participantes aportan sus ideas; éstas deben ser expresadas verbalmente, aunque estén respaldadas por un resultado formal por escrito. Se asignan unos diez minutos a cada individuo para lograr este producto creativo. El resto de la sesión se dedica a la discusión de las ideas y al desarrollo de otras nuevas alrededor de lo que se ha sugerido. Hay que asignar tiempo para esto, además del tiempo destinado al informe.

Al finalizar la sesión de grupo se les indica a los participantes que realicen pensamiento creativo individual. Pueden entonces considerar cualquiera de los conceptos o ideas que se presentaron en la sesión. También pueden perfeccionar sus propias ideas a la luz de los comentarios del grupo. Al terminar determinado período, que puede ser también de una semana, se les pide a todos que produzcan una "cosecha" o informen sobre su pensamiento creativo. No se trata de un informe amplio sobre la sesión de grupo, sino sólo de un resumen de los puntos que cada persona haya considerado más interesantes. Estos informes suelen circular entre los miembros del grupo. Es opcional la convocatoria de una sesión de grupo final. Si el grupo va a trabajar sobre las ideas generadas, la sesión final es necesaria para profundizar la discusión y seleccionar algunas.

Una de las ventajas de los métodos de combinación (individual y en grupo) es que los que trabajan llegan a ser más tolerantes con las ideas de los otros. Si una persona sabe que se espera que presente una idea, tendrá una actitud más constructiva hacia la de los demás.

Una de las debilidades de las sesiones exclusivamente de grupo es que algunas personas acostumbran a estar presentes pero no presentan nunca una idea, al mismo tiempo que se muestran dispuestas a combatir las de los demás, ya por medio de la crítica directa, o mostrando una actitud desdeñosa. Pero dentro de la creatividad individual todos tienen que "hacer un esfuerzo" y producir un resultado. Esto constituye una verdadera motivación para practicar la creatividad. En una sesión de grupo, tal vez algunas personas sienten que son naturalmente creativas y que, por lo tanto, es suficiente con que se incorporen al grupo y esperen que esa creatividad se ponga en acción. Pero si saben que se les pedirá que utilicen determinada técnica y que presenten ideas propias, se sentirán más motivadas para adquirir la destreza necesaria.

PARTE III

La aplicación del pensamiento creativo

Aplicación

La primera parte de este libro se refiere a la naturaleza, la lógica y la importancia del pensamiento creativo. La segunda trata específicamente de los instrumentos para practicar el pensamiento lateral deliberada y sistemáticamente. La tercera se refiere a la aplicación del pensamiento creativo. Quizás a algunos lectores les interese especialmente la sección central, porque quieren "afinar" su propio pensamiento creativo. Otros se dedicarán más a la primera, porque aspiran a entender qué es la creatividad, aunque no pretenden desarrollar la suya. Y no faltarán los que se interesen por la tercera ya que tienen el compromiso de introducir el uso de la creatividad en una empresa.

Las técnicas formales del pensamiento lateral se mantienen por sí mismas. Son maneras de generar ideas nuevas cuando las necesitamos y cuando queremos obtenerlas. Pero la aplicación de estas técnicas debe hacerse dentro de cierto marco; de lo contrario, las personas no se encontrarán en situación de generar nuevas ideas. Por buenas que sean las técnicas, si no se emplean con frecuencia no rendirán demasiados frutos.

Esta sesión de aplicación abarcará la diferencia entre la creatividad cotidiana y la creatividad específica.

También se tendrá en cuenta, con especial cuidado, la introducción de la creatividad en una organización.

Es necesario que dentro de una empresa alguien sea "responsable" del esfuerzo creativo. ¿Quién debe serlo?

Además, existen ciertas estructuras específicas para la aplicación de la creatividad. Estas estructuras proporcionan marcos formales dentro de los cuales tiene lugar la creatividad.

Otro punto es la enseñanza de las técnicas creativas. ¿Cómo debe impartirse?

Es necesario adaptar las técnicas del pensamiento lateral a las situaciones específicas. ¿Qué instrumentos deben usarse en determinadas situaciones?

A continuación se sugieren algunos formatos para sesiones de creatividad individual y para sesiones de grupo.

Y, por último, se comentan algunas evaluaciones de las ideas producidas por la creatividad.

Las sugerencias presentadas en esta sección se basan en años de experiencia en el campo. No obstante, las diferentes corporaciones poseen culturas y personalidades propias. Nunca podemos tener la certeza de que lo que funciona para una corporación funcionará para otra. Mucho depende de la persona que dirige la puesta en marcha de las actividades.

Un punto importante que se debe tener en cuenta es que la aplicación de la creatividad no resulta tan fácil como puede parecerles a algunas personas que creen que basta con organizar una sesión de "tormenta de ideas" de vez en cuando, o con pedirles a los miembros de la firma que presenten sugerencias. A menos que la aplicación se controle adecuadamente, la creatividad puede llegar a convertirse en una especie de lujo periférico, de escasa importancia para las operaciones de la organización.

La creatividad tiene una importancia seria, y esa importancia aumentará cada vez más. La creatividad seria es necesaria. Es necesario aplicar seriamente la creatividad seria.

Creatividad cotidiana y creatividad específica

Hay dos usos de la creatividad amplios y perfectamente diferenciables. Unos de ellos es el "cotidiano", en el que la creatividad forma parte del pensamiento normal y puede, por lo tanto, ser aplicada a cualquier situación que requiera pensamiento. Esto sucede sin esfuerzo formal o deliberado. Luego está la creatividad específica, en la que se ha definido una necesidad determinada. En este caso se produce un esfuerzo formal y deliberado para el uso de las técnicas sistemáticas del pensamiento lateral para generar ideas nuevas.

La creatividad cotidiana

La gente creativa o motivada para serlo afirma que utiliza la creatividad "cotidianamente". Llega a formar parte del pensamiento corriente. La creatividad está tan presente como los mecanismos de la dirección en el automóvil o los palos de golf en su bolsa. Se usa la creatividad automáticamente. Hay una actitud creativa y constructiva; una disposición para buscar ideas nuevas propias y para examinar las ideas nuevas que otras personas presentan. Algunas de estas actitudes básicas de la creatividad pueden vincularse a las técnicas específicas.

La pausa creativa

La pausa creativa es la decisión de detenerse de vez en cuando para reflexionar. La voluntad de interrumpir el desarrollo de una operación o una línea de pensamiento para formular preguntas como las siguientes: "¿Hay una alternativa?"; "¿Tenemos que realizarlo de este modo?", "¿Qué podemos hacer con esto?". La pausa se produce cuando estamos pensando en algo, leyendo sobre algún tema o escuchando a alguien. La pausa es sólo una pausa; no es tan específica como un foco.

Cuestionamiento

El cuestionamiento es una parte clave de la creatividad cotidiana. ¿Tenemos que hacer las cosas de este modo? ¿Existe una manera mejor? Examinemos esto.

Es muy importante tener claro que el cuestionamiento no es una crítica. Tan pronto como el cuestionamiento se convierte en crítica, deja de pertenecer a la creatividad cotidiana. La crítica constante resulta perturbadora y molesta. El cuestionamiento creativo es la disposición a considerar que podría haber una manera diferente de actuar y que esta manera diferente podría ofrecer ventajas. Quien adopta una actitud de cuestionamiento creativo supone que la actual manera de hacer puede no ser la mejor.

El cuestionamiento incluye una pausa para preguntarse por qué algo se realiza de determinada manera. Esto incluye cierta consideración del análisis de continuidad. ¿Existe acaso una razón histórica? ¿La manera de hacer las cosas está determinada por requerimientos de otras personas?

El cuestionamiento es una forma amable de insatisfacción e incluye la convicción de que hay una posibilidad de introducir un cambio beneficioso.

El sombrero verde

Las actitudes implícitas en el pensamiento de sombrero verde constituyen una parte importante de la creatividad cotidiana.

Uno puede "ponerse" el sombrero verde sin que nadie sepa que lo está haciendo. Pero también se puede pedir un poco de pensamiento de sombrero verde en una conversación o en una reunión. En este caso se les ruega a los otros participantes que hagan un esfuerzo creativo en determinado punto, que examinen las diferentes ideas y que traten de sugerir alternativas.

El foco simple

El foco es más deliberado y más específico que la pausa creativa o el cuestionamiento. Es la definición de una necesidad creativa: "Me gustaría encontrar algunas ideas nuevas en este punto (o para este objetivo)". Se puede definir el foco y volver a él más adelante. Y ni siquiera es preciso que exista esta intención. La voluntad de definir un foco sin pensamiento de seguirlo después forma parte de la creatividad cotidiana.

La toma de conciencia de que algo ha sido definido como "foco creativo" generará una gran cantidad de pensamiento creativo sobre el tema. Esto también forma parte de la creatividad cotidiana.

Las alternativas

Las alternativas constituyen la ocasión más obvia de ejercitar la creatividad cotidiana. A veces resulta evidente que se necesitan alternativas. La creatividad cotidiana se esfuerza por encontrar más alternativas que las que acuden inmediatamente a la mente. La creatividad cotidiana se esfuerza por encontrar alternativas inusuales; esto se aplica especialmente a las explicaciones. Fomenta la búsqueda de la mayor cantidad posible de alternativas y no la profundización del análisis de cada una. ¿Qué otra cosa podría suceder? ¿Qué alternativas existen aquí? ¿Hay tal vez otras?

La pausa para buscar alternativas resulta más difícil cuando no existe un problema, una dificultad o una necesidad clara de buscarlas. Este aspecto se vincula fuertemente a la pausa creativa, el cuestionamiento y el foco simple: forma parte de la voluntad de examinar cuestiones no problemáticas con la intención de perfeccionarlas.

La provocación

Una vez bien establecida la cultura de la creatividad en una organización, la provocación puede pasar a formar parte de la creatividad cotidiana. En estos casos la gente llega a usar naturalmente la palabra "po" incluso a presentar provocaciones fuertes ("Po, esta cinta de transmisión circula hacia atrás"). Evidentemente, esto no es posible con personas que no conocen los métodos de provocación. No obstante, la "actitud" de la provocación incluye la disposición a tener en cuenta las ideas raras e incluso a alentar a las personas para que presenten ideas fuera de lo común.

Existe también la disposición a tomar una idea y elegir una manera de encararla como provocación, haya sido o no ésa la intención original.

La actitud de provocación es doble:

1. De las ideas más improbables o incorrectas puede surgir algo útil, si realizamos un esfuerzo de "movimiento".
2. Vale la pena plantear "ideas provocativas" con el propósito de liberar nuestras mentes de los surcos habituales.

Escuchar

Escuchar constructivamente también forma parte de la creatividad cotidiana. Aunque esté convencido de que nunca generará una idea nueva, puede contribuir al surgimiento y desarrollo de ideas escuchando y alentando a los demás.

Es importante recordar que el "juicio atinado" es una fuente importante de creatividad. Como ya expliqué, ésta es la contribución creativa de una persona que siente el potencial de una idea y contribuye a desarrollarlo.

Alentar las actitudes creativas de los demás y fomentar en general una cultura de la creatividad también forma parte de la creatividad cotidiana.

¿Cómo se producirá la creatividad cotidiana? Es fácil describir actitudes y su comportamiento, pero ¿cómo se presenta esa creatividad? Para acceder a ella hay tres caminos posibles.

Sensibilización

Cuando las personas llegan a comprender la naturaleza, la lógica y la importancia de la creatividad, empiezan a prestarle más atención. Este tipo de sensibilización se logra mejor con seminarios internos, organizados en primer lugar para los altos ejecutivos. Estos seminarios deben ser amplios, no restringidos a ciertos grupos. En una ocasión impartí un seminario para la firma KLM, que estuvo dirigido a los 60 ejecutivos superiores de la empresa: no faltó nadie. En Du Pont, un seminario interno convocó a unas 1300 personas. Los vídeos constituyen otra forma, menos eficaz, de sensibilización.

Según mi experiencia, si los altos ejecutivos y el presidente de una firma demuestran un interés personal por la creatividad, la actitud se difunde rápidamente por toda la empresa. Así lo he comprobado en varias corporaciones de primera línea. Lamentablemente, los intentos de difundir la creatividad a partir de un foco pequeño dentro de una corporación no siempre tienen éxito.

La capacitación

Más adelante abordaré detalladamente el tema de la capacitación. Es posible fomentar la creatividad cotidiana brindando capacitación en las técnicas formales del pensamiento lateral. Una vez enseñadas las técnicas, es posible emplear las actitudes vinculadas a ellas, aunque no se aplique formalmente la técnica misma.

Una capacitación eficaz en el pensamiento creativo deberá fomentar siempre las actitudes de la creatividad cotidiana. Pero la enseñanza tiene que ser amplia.

Se enseñará, como mínimo, el método de los Seis Sombreros para Pensar, ya que proporciona una manera sencilla de introducir la creatividad en una organización, a través de la posibilidad de pedir "pensamiento de sombrero verde".

Programas y estructuras

Si se introduce la creatividad en ciertos programas del tipo de "perfeccionamiento continuo" o de "gestión de calidad total", estos programas contribuirán a fomentar la creatividad cotidiana. Esto se aplica también a los programas dirigidos a la "satisfacción del cliente". Como todos estos programas alientan la reflexión y el perfeccionamiento, pueden contribuir a la afirmación de las actitudes de la creatividad cotidiana.

Ciertas estructuras, como los círculos de calidad y los esquemas de sugerencias, sirven de ayuda para desarrollar actitudes de creatividad cotidiana, aunque generalmente se limitan a aquellas personas vinculadas a las estructuras.

Las estructuras específicas de creatividad, como la "Lista Creativa de Exitos" y el sistema FAT/CAT* [Fixed Assigned Tasks/Creative Action Teams: Tareas Fijas Asignadas/Equipos de Acción Creativa] son otras maneras de desarrollar las actitudes del pensamiento creativo en una organización. Más adelante me referiré a estas cuestiones.

La mayoría de las personas perciben rápidamente cuáles son las "reglas del juego". Si sienten que la creatividad es apreciada, recompensada y fomentada, harán un esfuerzo para ser más creativas. Es preciso fortalecer este deseo general mediante la enseñanza y la creación de estructuras específicas que proporcionen un marco adecuado para el comportamiento creativo. Lo ideal es que la creatividad cotidiana se difunda por toda la organización e involucre a gente en todos los niveles y en todas las áreas. Todo aquel que tenga que realizar tareas vinculadas de algún modo al pensamiento necesita adquirir cierta capacitación en creatividad cotidiana.

---

* Marca registrada del Grupo McQuaig, Toronto, Canadá.

Creatividad específica

En la creatividad específica hay un foco bien definido o una tarea creativa determinada. Luego se realiza un esfuerzo sistemático y deliberado para generar nuevas ideas y nuevos conceptos para el foco. Aquí la creatividad se emplea como un procedimiento deliberado para la producción de ideas nuevas. Destacan tres aspectos de la creatividad específica:

1. La definición del foco o la tarea creativa.
2. La estructura para la aplicación deliberada de los instrumentos del pensamiento lateral sistemático.
3. La evaluación y aplicación del resultado del pensamiento creativo.

Definir el foco

Los focos creativos pueden surgir de diferentes maneras: algunos problemas surgen y se identifican por sí mismos; otras veces, los individuos construyen focos creativos definidos; o bien puede haber una necesidad creativa obvia. También existen maneras más formales, como la "Lista Creativa de Exitos" y el programa FAT/CAT, que sirven para el mismo objetivo.

Con frecuencia, el grupo que tiene la preocupación o el problema organiza su propia sesión de pensamiento creativo deliberado para abordar el tema. También suele haber un sistema de sesiones creativas regulares, en las que se plantean los focos del momento.

En otra sección se analizarán las estructuras para la aplicación del pensamiento creativo.

Evaluación y aplicación

El grupo que tiene el foco creativo suele participar también en la evaluación de las ideas que surgen del pensamiento creativo deliberado. En estos casos el proceso es continuo. Si el grupo de "pensamiento" es diferente del grupo de "aplicación", es necesario tener en cuenta la transferencia de ideas, de modo que las personas de quienes se espera que actúen sobre la idea sean incorporadas en una etapa lo suficientemente temprana como para que tengan la sensación de que comparten la propiedad de las nuevas ideas.

El punto más importante de la creatividad específica es que las nuevas ideas deben ser consideradas de la misma manera que los materiales, la tecnología, las patentes, los diseños o la energía. Las ideas nuevas tienen una existencia y una importancia decisivas. El hecho de que sólo son productos mentales no debe servir para devaluarlas. A fin de cuentas, todo el progreso humano se debe a las ideas nuevas. Aunque una nueva idea no vaya a ser usada, es preciso tratarla formalmente. Sigue existiendo como idea no utilizada o no utilizable. Esto difiere del intento de encender fuego en una circunstancia en que el único valor es encender fuego. Las ideas siguen teniendo valor, se usen o no.

En la creatividad específica es importante ser específico y definido en cada etapa. La definición de la tarea creativa debe ser específica. La estructura para la aplicación del pensamiento lateral debe ser específica. El resultado del esfuerzo creativo también debe ser específico. Y por último, es preciso que la evaluación y la aplicación (si la hay) sean específicas.

Hay que entender que la creatividad específica no consiste en sentirse creativo, buscar un foco y esperar que la inspiración nos brinde algo útil mientras proseguimos. Creatividad seria significa ser serio en todas las etapas.

Hay ciertos grupos especiales (de investigación y desarrollo, de mercadotecnia, de productos nuevos, de nuevas operaciones, de estrategia, etcétera) que necesitan una creatividad cotidiana. Estos grupos también precisan una creatividad específica, pero muchas veces son reacios a definir focos creativos y hacer esfuerzos creativos deliberados; creen que como pasan todo su tiempo siendo "creativos" no necesitan realizar un esfuerzo "específico". Este punto de vista es erróneo. Incluso la persona más creativa puede beneficiarse con la práctica deliberada de la creatividad específica.

La lista creativa de éxitos

Consideremos dos enfoques alternativos.

Quiero ser creativo y he desarrollado mi capacidad de pensamiento creativo. Ahora déjenme buscar algo con que aplicarlo.

Tengo este foco creativo definido y necesito algunas maneras de conseguir ideas nuevas. ¿Qué puedo hacer?

En el primer ejemplo, la motivación y la destreza creativas están presentes en primer lugar y luego se buscan los objetivos. En el segundo ejemplo, se tiene conciencia de una necesidad concreta y después se busca una manera de generar ideas sobre esa necesidad.

No se trata de elegir lo que se prefiere. La mejor manera de desarrollar la motivación y las destrezas creativas es mostrar primero una necesidad concreta. Si la necesidad está presente y también existe la expectativa de la acción, entonces aprender las técnicas del pensamiento creativo no es ya un lujo sino una necesidad. Aun así, es sorprendente la cantidad de personas que quieren proceder exactamente a la inversa.

Al comienzo de este libro examiné la importancia del foco de la creatividad y he mencionado ese punto una y otra vez. El foco es importante por dos razones:

1. Al concentrar nuestra atención sobre cosas en las que nadie se ha concentrado antes, podemos desarrollar valiosas ideas nuevas con escaso esfuerzo creativo.
2. Los instrumentos creativos sistemáticos alcanzan su máxima eficacia cuando tenemos un foco específico y nos adherimos a él.

Comenté también que, según mi experiencia, la mayoría de los ejecutivos eran poco eficaces para establecer focos creativos. Casi todos creen que el pensar debe reservarse para resolver problemas. Ahora bien, buscar problemas no es necesario, porque ellos se presentan solos. Por lo tanto, la idea de buscar problemas o focos creativos no es un hábito de pensamiento arraigado en el ejecutivo medio. Es preciso desarrollar el hábito de definición de áreas de necesidad de creatividad. Es aquí donde entra la Lista Creativa de Exitos.

La Lista Creativa de Exitos es una combinación formal de áreas de necesidad creativa bien definida. Se plantean como focos o como tareas creativos.

Cómo confeccionar la Lista Creativa de Exitos

1. Un grupo puede reunirse y elegir como ejercicio creativo la confección de una Lista Creativa de Exitos. Los miembros del grupo habrán recibido alguna información previa y llevarán algunas sugerencias a la reunión. Además, en el transcurso de la sesión se presentarán otras iniciativas. El resultado final debe ser una Lista Creativa de Exitos constituida por unos 20 puntos.
2. Se puede pedir a todos los miembros de un departamento que confeccionen su propia Lista Creativa de Exitos y que la presenten al jefe de la sección, que confeccionará después la Lista Creativa de Exitos modelo.
3. Se puede asignar a un equipo la tarea de compilación de la Lista Creativa de Exitos. Este equipo habla con el personal del departamento y poco a poco confecciona la Lista, que después circula para que la gente consultada la comente.

4. Una sola persona confecciona una Lista Creativa de Exitos y después la manda a otros para que hagan sugerencias y propongan modificaciones o ampliaciones.

Puede haber una Lista Creativa de Exitos para un individuo, un grupo o un equipo. O bien, para un departamento, una división o incluso para toda la organización. Puede haber varias Listas Creativas de Exitos simultáneas; en este caso se pueden identificar con un nombre o un número.

Puntos de la Lista Creativa de Exitos

Existe una generalizada tendencia a llenar la Lista de problemas. De haberlo querido, se habría confeccionado una lista de problemas. Sin embargo, sería injusto excluirlos a todos de la Lista Creativa de Exitos, porque también los problemas exigen atención creativa. Lo mejor es proponerse llegar a una mezcla de cuatro tipos diferentes de puntos.

PROBLEMAS: Estos serían focos de tipo de propósito y pertenecerían al tipo clásico de dificultad o de desviación. ¿Cómo resolveremos este problema y cómo superaremos este obstáculo? Debe haber una mezcla de problemas realmente graves, que existen desde hace tiempo, y de otros que podrían resolverse fácilmente. Para seleccionar los problemas hay dos criterios posibles:

1. La resolución del problema significará una diferencia muy importante y (preferentemente) mensurable.
2. El esfuerzo creativo podría tener importancia (por razones de motivación) para la resolución del problema.

Los problemas no deben ser tan técnicos ni deben requerir tantos detalles especializados que la gente ajena al área no tenga posibilidad alguna de trabajar con ellos. Estos problemas sólo son adecuados para una Lista Creativa de Exitos válida dentro de determinada área de especialización.

Tarea de perfeccionamiento: Se define el área y se especifica el tipo de mejora o perfeccionamiento. O sea que se trata también de focos creativos de tipo de propósito. ¿Cómo podemos acelerar este proceso? ¿Cómo podemos reducir el desperdicio? ¿Cómo podemos mejorar la calidad? A veces las tareas tienen un objetivo preciso y mensurable. ¿Cómo podemos reducir las roturas en un 50 por ciento en los próximos seis meses? Los criterios para seleccionar las tareas de perfeccionamiento son similares a los criterios de selección de problemas. Sin embargo, en el perfeccionamiento siempre se pone más énfasis en la medición de los resultados: por eso conviene —por lo menos al principio— elegir tareas en las que los resultados sean mensurables.

Proyecto: Un proyecto puede ser oficialmente encomendado, puede producirse en determinado sitio, o puede ser especial porque se elabora como resultado de una sesión de pensamiento creativo. El proyecto puede ser autoimpuesto; puede incluir invitaciones para inventar o diseñar algo nuevo; ocasionalmente puede tratar cuestiones no vinculadas directamente al trabajo pero relacionadas con la comunidad; también puede incluir el diseño de nuevos proyectos creativos.

Capricho y oportunidad: Esta última categoría pertenece más bien al tipo de foco de "área general". Cuando se apela al "capricho" se elige cualquier área y se invita a los pensadores a desarrollar ideas dentro de ella. Estas áreas pueden ser el resultado de focos inusuales, que han sido incorporados. Las áreas pueden elegirse bastante arbitrariamente. Esta categoría puede incluir las "oportunidades". Si se ha producido algún cambio o se han logrado productos nuevos, se puede considerar que existe un área de oportunidad y entonces es factible introducir ideas creativas. Si hay un área supuestamente rica en posibilidades, se puede presentar como área de oportunidad.

El siguiente ejemplo de una Lista Creativa de Exitos muestra la gama de puntos.

Problemas
- El área de estacionamiento es demasiado pequeña.
- El absentismo está aumentando.
- Hay colas en la cantina.
- La competencia tiene mejores costos operativos.
- Falta comunicación entre investigación y mercadotecnia.

Tareas de perfeccionamiento
- Reducir el tiempo dedicado a reuniones.
- Respuesta más rápida a las quejas de los clientes.
- Mejor recepción de los mensajes.
- Limpieza más rápida de los moldes.
- Menos marcas en las superficies terminadas.

Proyectos
- Organizar excursiones campestres mensuales.
- Establecer un sistema de entrenamiento creativo.
- Diseñar un mejor exhibidor para el producto.
- Inventar un soporte para los ordenadores.
- Memorizar los nombres de todas las personas del departamento.

Capricho / oportunidad
- Interruptores eléctricos.
- Los últimos cinco minutos de la jornada.
- La firma de la correspondencia.
- Usos para una fibra altamente elástica.
- Utilización de la destreza de un jardinero aficionado.

Cómo usar la Lista Creativa de Exitos

La Lista Creativa de Exitos puede ser exhibida en tableros de anuncios y guardada en los escritorios. Es posible también llevar una versión abreviada en la billetera. Se publica en el periódico interno y se adjuntan también las sugerencias.

La Lista Creativa de Exitos puede proporcionar temas para la enseñanza de las técnicas creativas y también para las sesiones formales de pensamiento creativo.

Cada persona puede abordar individualmente los puntos de la Lista. Pueden formarse grupos para concentrarse en cada uno de ellos.

Se pueden asignar puntos tomados de la Lista Creativa de Exitos a Equipos de Acción Creativa, dentro del marco del programa FAT/CAT.

La Lista Creativa de Exitos no es inmutable; los puntos que la componen pueden olvidarse o reemplazarse por otros. La primera versión de la lista puede ser muy diferente de la forma que asumirá después, cuando se haya modificado.

**La Lista Creativa de Exitos
y la resolución de problemas generales**

Hay problemas de la organización que deben resolverse recogiendo información y procesándola. Algunos de esos problemas estarán ya siendo investigados por los diferentes departamentos o grupos. La Lista Creativa de Exitos no pretende compilar todo el pensamiento que se necesita dentro de la organización. Sólo debe incorporarse un punto en la lista si hay una necesidad creativa; es decir, si el problema o la tarea no responden a otros procedimientos y parece necesario encontrar un nuevo enfoque. En ese caso se expresará la necesidad específica de una idea nueva en vez del problema en su conjunto.

En otros casos, tal vez ya existan otros enfoques pero se quiera obtener uno nuevo.

La Lista Creativa de Exitos sólo proporcionará una breve indicación del área de foco y la necesidad creativa. Pero las personas que decidan concentrarse en la tarea percibirán una descripción mucho más detallada de la necesidad.

Siempre es legítimo formularse la siguiente pregunta: "¿Por qué está este punto en la Lista Creativa de Exitos?". La respuesta a esa pregunta debe ser una formulación clara de la necesidad de nuevos conceptos y nuevas ideas. Si no se puede responder satisfactoriamente, el tema debe ser eliminado de la lista.

Valor de la Lista Creativa de Exitos

La Lista Creativa de Exitos tiene una serie de valores.

1. Hay cuestiones que realmente requieren atención creativa. Esta Lista invita a las personas a pensar sobre ellas. Existe un valor directo: el de las ideas útiles que se producen por medio de la atención creativa.
2. Al tratar de definir los temas para la Lista Creativa de Exitos, hay que mirar alrededor y analizar lo que se está haciendo. Con el tiempo se desarrolla el hábito de captar los focos creativos. Aunque no todos se incorporen a la Lista, estos focos creativos pueden ser abordados de diferentes maneras.
3. La Lista Creativa de Exitos es un recordatorio de la necesidad de creatividad y ayuda a fomentar una cultura del esfuerzo creativo.
4. La Lista Creativa de Exitos proporciona tareas creativas inmediatas para la enseñanza de la creatividad y para la práctica de las técnicas creativas. Además, proporciona tareas creativas que puedan ser asignadas dentro del programa FAT/CAT.
5. La Lista Creativa de Exitos ilustra la necesidad de pensamiento creativo y proporciona, así, una razón para el entrenamiento en la creatividad.
6. Las Listas especializadas dentro de ciertas áreas suelen servir para concentrar la atención sobre las necesidades creativas reales en esos campos.
7. La Lista Creativa de Exitos ofrece blancos "oficiales" para el esfuerzo creativo. Todo tema extraído de la Lista tiene valor como blanco u objetivo.
8. La Lista implica un desafío para aquellas personas que se consideran creativas. A través de ella encuentran una manera de mostrar su destreza.
9. La Lista Creativa de Exitos brinda interés, compromiso y diversión, más allá de los límites del trabajo inmediato de cada persona.

10. La Lista suele constituir una manera de identificar a las personas realmente creativas y a las que están motivadas para llegar a serlo.

Los peligros

La Lista Creativa de Exitos implica algunos peligros. El primero es que la lista está llena de "problemas generales" que requieren más bien información y análisis que ideas creativas. El segundo peligro es que la Lista Creativa se llene de temas triviales, frivolizando así la creatividad misma.

Es preciso evitar ambos peligros y el encargado de la Lista puede hacerlo vetando algunos temas y redactando cuidadosamente los que serán incorporados. Esta función sumamente importante puede ser realizada por un individuo o por un equipo reducido.

Introducción de la creatividad

>Ya estamos haciendo todo lo que hay que hacer.
>Tenemos otras prioridades.
>La creatividad es una cuestión de talento; no se puede hacer nada en ese terreno, excepto contratar gente creativa.
>En creatividad somos bastante buenos.
>Tenemos gente creativa.
>Permítame que le cuente algunas de las cosas creativas que estamos haciendo.

En los seminarios suelen preguntarme cómo hay que introducir la creatividad en una organización. Debo confesar que no resulta fácil.

Empezaré por el principio. El camino más fácil se abre cuando en la organización hay un ejecutivo o una ejecutiva creativos y, por lo tanto, perciben claramente la necesidad de creatividad.

Era creativo Sam Koechlin, director ejecutivo (CEO) de Ciba-Geigy. También lo fue Michael Pocok, CEO de Shell. Se dio también esta situación cuando Phil Smith fue CEO de General Foods (antes de la sucesión). Creativo era Gunnar Wessman, que fue CEO en Pharmacia, en Suecia. Y también lo es Ron Barbaro, CEO de Prudential. Hay otros ejemplos. En estos casos el interés del CEO suele llevarle a organizar seminarios internos que sirven para demostrar la lógica y la naturaleza de la creatividad. Esto es muy importante porque existen muchas ideas erróneas acerca de la creatividad, y no es posible liberarse de ellas con una simple conversación o presentando un trabajo para un grupo. Cuando Mano Kampourise, CEO de American Standard, empezó a interesarse por la creatividad, organizó una serie de seminarios internos para sus altos ejecutivos, con el propósito de que todos llegaran a entender en qué consiste la creatividad. Si bien se mencionan los métodos del pensamiento lateral, las sesiones no son de entrenamiento sino de sensibilización, y son muy importantes.

En otros casos, un alto ejecutivo ha asistido a alguno de mis seminarios y se ha interesado por el tema. Fue así como nació el gran interés de Du Pont por la creatividad. David Tanner asistió a un seminario público que dirigí en Toronto y se interesó por el tema. Siguió a ello una serie de seminarios para los altos ejecutivos de Du Pont. Cuando estas personas comprendieron que no se trataba de creatividad "alocada" sino de un enfoque serio y sistemático de un tema importante, fue posible obtener el apoyo necesario para establecer formalmente un Centro para la Creatividad, que hasta hoy existe en Du Pont.

Introducir seriamente la creatividad en una organización es una cuestión personal que requiere liderazgo. Puede que todos los miembros de un comité estén de acuerdo con la iniciativa y se declaren convencidos de que la creatividad es algo valioso. Sin embargo, el proyecto no se concreta, porque siempre se interpone alguna crisis, surge un problema o el programa de reducción de costos es prioritario. La creatividad es un lujo que nadie combate pero que tampoco defiende nadie. Es necesario que el presidente mismo de la firma (o un alto ejecutivo) se convierta en el "campeón del proceso".

¿Es posible que, dentro de una organización, un pequeño grupo bien motivado desarrolle una alta destreza en creatividad y luego la emplee como base para su difusión? Estoy seguro de que es posible, pero jamás he encontrado ningún ejemplo. Hace falta una gran dosis de habilidad política para cruzar límites entre áreas paralelas. Sospecho, sin embargo, que puede suceder de vez en cuando. En teoría, debería ser fácil introducir la creatividad en cualquier programa de gestión de calidad, perfeccionamiento continuo o reducción de costos, ya que tales programas exigen cierto grado de pensamiento creativo para conseguir mejores maneras de hacer las cosas. En la práctica, sin embargo, no resulta tan fácil, porque las motivaciones y las estructuras de los programas de este tipo suelen ser tan rígidas que no dejan espacio para lo que es tan evidentemente necesario.

Por lo tanto, ¿cuáles son las maneras posibles de introducir la creatividad en una organización si no hay un CEO visionario?

Sensibilización

Este método consiste en exponer a un número suficiente de altos ejecutivos, incluyendo al presidente o al director, a un seminario sobre pensamiento lateral. Esta es la manera más simple y eficaz. Es posible tratar de sensibilizar a la gente utilizando vídeos, pero ese procedimiento resulta menos efectivo porque no se da el efecto masivo.

Seis Sombreros para Pensar

Este sencillo procedimiento ha sido rápidamente adoptado por muchas organizaciones, ya que es simple pero poderoso. El marco que crea su aplicación es tan eficaz para hacer las reuniones más productivas y para producir más pensamiento, que el método se difunde por sí solo. El procedimiento de los Seis Sombreros no está dirigido sólo al pensamiento creativo, pero es conveniente hacer algunas observaciones. El sombrero verde abre tiempo y espacio para el pensamiento creativo. Requiere pensamiento creativo. Cuando se formula esta petición, se genera la conciencia de que quizá sea necesaria la creatividad y al equipo le falte destreza en ese campo. Además, el método de los Seis Sombreros limita el uso del pensamiento del sombrero negro a ciertos períodos bien determinados. Nos permite analizar las nuevas ideas más a fondo y más productivamente. En un nivel simple, cuando los ejecutivos advierten que el método de los Seis Sombreros es sencillo y potente, se sienten más motivados para intentar otros procedimientos para el mejoramiento del pensamiento. Por lo tanto, la introducción del método de los Seis Sombreros para Pensar suele ser un buen primer paso.

El paladín designado y el paladín del proceso

Si en la empresa trabaja un alto ejecutivo que posee cierta destreza y que afirma que "lo suyo" es la creatividad, la introducción será fácil. Todo dependerá de su energía y su capacidad política. Cuanto antes la creatividad arroje resultados tangibles, más rápida será su aceptación en la organización.

No es necesario que el paladín del proceso sea una persona especialmente creativa. Su habilidad política y su energía organizativa son más importantes.

Estructuras y programas

La creación de un sistema formal de confección de Listas Creativas de Exitos o la creación de otras estructuras (que se mencionarán más adelante) pueden contribuir a la introducción de la creatividad en su organización, pero ¿quién debe impulsar el establecimiento de tales estructuras?

Algunos programas, como el denominado FAT/CAT, acompañados por proyectos de formación en creatividad, pueden constituir un medio para introducirla; de todos modos, siempre tiene que existir una motivación previa. Las estructuras y los programas ayudan cuando existe la disposición para hacer algo y no se sabe cómo seguir adelante.

El escollo más grave es, sin duda alguna, la complacencia. Hay muchas organizaciones que creen de buena fe que están haciendo algo en el campo de la creatividad; sin embargo, casi siempre se trata de una exageración o de la actividad de un pequeño sector.

Y cuando finalmente se ven en dificultades por causa de la falta de iniciativas creativas, estas organizaciones suelen aplicar un programa de reducción de gastos porque ese recurso se les presenta como la manera más tangible e inmediata de obtener ciertas mejoras.

En realidad, la complacencia es la mejor respuesta para sí misma: nadie realmente bueno en cualquier campo siente complacencia y piensa que no hay necesidad de mejorar.

La responsabilidad

> ¿Quién es el responsable de la marcha del programa de creatividad?
> ¿A quién le corresponde esa tarea?
> ¿Quién es, supuestamente, la persona que realiza?

La creatividad es "algo bueno" y en realidad nadie está en contra de ella. Todos necesitamos creatividad, de modo que está en todos nuestro actos. Precisamente por estas razones suele suceder que la creatividad no es campo específico de nadie y por eso nadie hace nada. Nada sucederá en la creatividad si no hay alguien que lo provoque.

El paladín del proceso

Todo producto nuevo necesita un "paladín del producto", es decir, una persona que ponga su energía en él y lo haga funcionar. Es la persona que lucha por el producto y lo representa en todas las reuniones, cuando otras personas están luchando por conseguir recursos para sus propios proyectos. Es aquel que pone energía en un proyecto que languidece y lo apoya aunque las cosas no vayan bien y todo el mundo esté desmoralizado. Sin su defensor, ante las primeras dificultades el proyecto empieza a morir.

Exactamente del mismo modo es necesario que exista un "paladín del proceso" para que todo transcurra con creatividad. La creatividad es tan frágil como cualquier producto. Necesita fortalecimiento, un caballero que la defienda. Como la creatividad es, a primera vista, una idea muy buena, la gente da por sentado que no necesita apoyo. Sin embargo lo precisa, porque las personas se inclinan naturalmente a la resolución de problemas y a la recopilación de información.

Sir Colin Marshall, director ejecutivo de la British Airways, a quien se debe gran parte del mérito de la transformación de la compañía aérea, cree firmemente en los "paladines designados". Declara que sin un paladín no se va a ninguna parte. Muchas otras personas comparten su opinión. Es necesario que alguien se responsabilice de la marcha de las cosas. Tiene que haber alguien a quien uno pueda dirigirse para preguntarle:

¿Cómo va el tema de la creatividad?
¿Hemos avanzado?
¿Podría proporcionarnos un informe sobre este tema?

Aunque acepto plenamente la necesidad de designar un paladín, no creo que eso sea suficiente. Alguien puede ser responsable pero no estar en situación de poner mucha energía en la cuestión. En mi opinión, la figura del "paladín del proceso" es más amplia que la del "paladín designado". Desde luego, en ciertos casos —si la persona es muy enérgica— las dos funciones pueden fundirse.

¿Qué características debe reunir un paladín del proceso?

En primer lugar, no es indispensable que sea muy creativo. Con frecuencia hay, dentro de una organización, alguien que está motivado para ser creativo y que se ha creado la reputación de experto en creatividad. Esta no es la persona adecuada para el cargo de paladín del proceso. Esta persona ha establecido un nicho del que es difícil salir. Es posible que a lo largo de los años haya generado antagonismos (nacidos de la frustración). A este individuo no se le toma demasiado en serio. Las personas creativas suelen ser competitivas y casi siempre tienen una fuerte tendencia a criticar las ideas ajenas. Por estas razones el paladín del proceso debe tener un interés y una motivación para la creatividad, pero no es necesario que sea especialmente creativo.

El paladín del proceso debe ser enérgico y tener capacidad de organización. Como la creatividad atraviesa tantas disciplinas y como siempre tendrá que internarse en campos diferentes, no existe un canal único para ella. Por consiguiente, el paladín del proceso no puede sentarse a esperar que todo transcurra por los canales establecidos. Es preciso vigilar cada paso hacia la meta.

El paladín del proceso tiene que ser alguien que ocupe la posición más elevada posible, pero esa posición debe ser compatible con el tiempo y la energía que se requieren. La operatividad debe aparecer representada en un nivel gerencial y estar siempre presente en las reuniones de los altos ejecutivos. Además, el paladín del proceso debe ser una persona accesible y afable, con buenos contactos y con capacidad para usarlos. Se requiere también que posea una buena dosis de simpatía. El paladín debe ser persuasivo y tener condiciones de vendedor. Es fácil elogiar excesivamente la creatividad y suscitar expectativas que no pueden ser satisfechas (resuelva todos sus problemas en media hora). Por otra parte, es necesario persuadir a la gente para que tenga iniciativa en vez de dar por sentado que en creatividad no se puede hacer nada.

El paladín del proceso debe ser capaz de formar un equipo y de motivarlo. Introducir la creatividad en una organización no es tarea de una sola persona. Esta es una razón más por la que los individuos creativos, que tienden a ser solitarios, no son adecuados para el cargo de paladines.

Todas estas maravillosas características hacen que parezca imposible encontrar un dechado de virtudes semejante, que no esté ya abrumado por la enorme cantidad de trabajo que tiene que hacer. Esa persona no tendría ni el tiempo ni la energía necesarios. Un candidato posible a paladín del proceso sería alguien que ya ha llegado a la cumbre en determinada área pero no esté interesado en ser presidente de la empresa. Quizás esa persona esté buscando un nuevo desafío. Seguir haciendo lo que ha hecho durante años no es, para él —o para ella— suficientemente estimulante. Esta persona sería un paladín ideal. En toda organización suele haber alguien de ese tipo. También habría que poner los ojos en alguien más joven, destinado a alcanzar elevadas metas. Se podría encomendar este "proyecto" a esa persona, como una manera de poner a prueba su capacidad y también para proporcionarle un amplio acceso a todos los sectores de la organización.

El gerente de concepto

Creo que en el futuro todas las organizaciones tendrán un "gerente de concepto" formal. En un mundo altamente competitivo, donde todas las empresas compiten en un nivel básico, lo único que distingue es la posesión de mejores conceptos. En lo sucesivo, tendremos que ocuparnos de los conceptos con tanta seriedad como de las finanzas, la mano de obra, la energía y las materias primas. Ya no bastará con esperar que "de algún modo" surjan mejores conceptos. En mi libro *Sur/petition* he analizado la necesidad de crear formalmente la actividad "Investigación y desarrollo del concepto". El gerente de concepto será específicamente responsable por la recopilación, creación y desarrollo de conceptos nuevos. Este papel será clave para el éxito de toda organización y estará por encima incluso de las estrategias generales de la corporación.

En una organización pequeña el papel del paladín del proceso creativo y el de gerente de concepto podrían ser desempeñados por una sola persona. En una empresa mayor, el paladín del proceso trabajaría con y para el gerente de concepto. Su cargo consiste en fomentar el desarrollo de conceptos. El papel del paladín del proceso de creatividad es lograr que todo el personal desarrolle y use un alto grado de destreza creativa.

El Centro para la Creatividad

David Tanner ha sido un excelente paladín del proceso en la firma Du Pont. Fundó un Centro para la Creatividad con personal de jornada completa. Su oficina estaba cerca de la del director ejecutivo. Así, con seriedad, debe tomarse la creatividad. Invertir en creatividad es como invertir en investigación: pero resulta más barato.

En este nuevo esquema, ya no son unas pocas personas creativas las que proporcionan el elemento creatividad, sino que se produce un esfuerzo formal por extender la creatividad a todo el personal y se crean estructuras para fomentar la creatividad como tal.

El Centro para la Creatividad tiene profesores capaces. Ha formado coordinadores que actúan como "gerentes de proceso" en las reuniones. Se invita al coordinador, por ejemplo, a una reunión en la que se intentarán desarrollar nuevas ideas sobre determinado foco. El coordinador orientará a los participantes en el empleo de las diversas técnicas creativas; de este modo podrán aplicar las técnicas aunque no hayan completado su formación en el campo. Además, aprenderían las técnicas aplicándolas a sus propios problemas.

El Centro para la Creatividad organiza seminarios, reuniones y exposiciones, y por lo general contribuye al desarrollo de una cultura de la creatividad dentro de la organización.

El Centro tiene una responsabilidad clara y definida: fomentar la creatividad en la empresa.

Es preciso formular una advertencia: fundar un "Centro para la Creatividad" y no ocuparse más de él no resulta eficaz. El Centro para la Creatividad no puede reemplazar al paladín del proceso. Este siempre es necesario. Cuando hay un paladín del proceso, el Centro para la Creatividad amplía y concreta los esfuerzos que él realiza. Una vez instalada plenamente la creatividad como parte integrante de la cultura de la organización, el

Centro para la Creatividad debe ser capaz de mantenerse a la altura.

Es importante que los Centros y Oficinas para la Creatividad no emprendan actividades frívolas ni traten de justificar su existencia con actividades que distraigan a la gente del legítimo esfuerzo que deben realizar.

Me han planteado muchas veces una objeción: si se "institucionaliza" la creatividad fundando un Centro o una Oficina para la Creatividad, todo el mundo pierde interés. Ese peligro existe, pero sólo si ese Centro pretende encargarse de todo el pensamiento creativo que necesita la corporación. Eso sería un grave error. El propósito del Centro para la Creatividad es, precisamente, favorecer el desarrollo de la creatividad individual y hacerla productiva. En ningún caso deberá crearse un enclave de creatividad que excluya a una parte del personal. La fundación de un Centro se parece más bien a la instalación de un departamento de energía: el propósito de tal departamento sería proveer de energía a todos.

La red

Además de fundar el Centro para la Creatividad, es necesario distribuir a los responsables de las diversas áreas que se sientan motivados para dedicarse al proceso creativo. En general, hay dos tipos de red.

1. Una red de "paladines del proceso" locales. Estas personas entienden la creatividad, son capaces de organizar reuniones creativas e incluso de proporcionar cierta formación en ese campo. Esta gente puede distribuirse en diferentes departamentos, fábricas, sucursales, etcétera. La formación y el mantenimiento de esta red es fundamental para el reparto general de la creatividad. Por otra parte, no hay que esperar que se presenten voluntarios. Lo mejor es localizar a la persona adecuada y después invitarla a participar en las actividades vinculadas a la creatividad.

2. El segundo tipo de red reúne a las personas que siempre se han interesado por la creatividad y que, en la mayoría de los casos, son creativas. Estos individuos se convierten en un ejemplo para quienes les rodean y además constituyen una fuente específica de talento creativo. Como ya he comentado anteriormente, éstas no son necesariamente las personas más indicadas para convertirse en paladines del proceso, porque su talento para la creatividad no implica una habilidad similar para organizar o motivar a los demás. En algunos casos habrá una superposición entre las dos redes, pero es importante considerarlas como independientes.

En Du Pont, por ejemplo, funcionan y se desarrollan ambos tipos de red.

El departamento de recursos humanos

Como las empresas han optado finalmente por tomar conciencia de que el más importante de sus recursos es la gente, el departamento de recursos humanos (DRH) crece y adquiere mayor prestigio. Y así es como debe ser. El papel del departamento de recursos humanos es amplio y abarca una vasta gama de actividades, desde la capacitación hasta la evaluación y la resolución de problemas. Las personas hacen funcionar la organización, de modo que cuidar al personal debe ser una función clave.

¿La responsabilidad por la creación y dirección de los programas de creatividad debe ser simplemente transferida al departamento de recursos humanos? A primera vista parece razonable, porque poner las técnicas de creatividad al alcance de todo el personal equivale a desarrollar los recursos humanos. Además, la formación en el campo de la creatividad podría incorporarse en los programas de formación del personal que organiza el departamento de recursos humanos. Una manera muy conveniente de resolver el "problema" de la creatividad sería adoptar la siguiente postura: "Entreguémosle la creatividad al DRH y dejemos que ellos se encarguen".

En la práctica, el departamento de recursos humanos de cualquier empresa está siempre sobrecargado de trabajo. El personal de este departamento cumple tareas de rutina pero además debe poner en marcha programas nuevos, como, por ejemplo, el de gestión de calidad o el de atención de los clientes. Entonces, existe el peligro de que la creatividad sea considerada como un punto más en la lista de cosas por hacer. La creatividad no recibirá la atención y la energía necesarias.

En consecuencia, transferir la "creatividad" al departamento de recursos humanos no es una medida conveniente, a menos que haya alguien en ese departamento con un alto nivel de motivación y que disponga del tiempo y la energía necesarios para convertirse en el paladín del proceso.

En cualquier caso, el paladín del proceso debe mantener una estrecha relación con el DRH, porque el desarrollo de la creatividad reside en las actividades propias de ese departamento. En cuestiones específicas de entrenamiento, o de incorporación de ciertos elementos de la creatividad en el entrenamiento de rutina, es necesario que exista un paladín del proceso de creatividad que trabaje en íntima relación con el personal del departamento de recursos humanos.

Cuando el DRH dirige programas de calidad, reducción de costos, etcétera, es indispensable que se relacione con el paladín del proceso a fin de que las técnicas creativas se usen como una especie de "caja de herramientas" en el trabajo con aquellos programas.

Cuando en una organización existe un programa específico, como el FAT/CAT, el departamento de recursos humanos puede tomar la iniciativa de introducir la creatividad en la organización. No obstante, siempre será necesario que el paladín del proceso trabaje dentro del amplio marco de la aplicación de las técnicas creativas.

Como ya he explicado en una sección anterior de este libro, aunque es evidente la necesidad de las técnicas creativas en los programas de calidad y en los de perfeccionamiento continuo, la creatividad debe poseer una identidad propia. Por eso tiene sentido la estrategia de Du Pont de separar la creatividad y el perfeccionamiento en departamentos distintos pero que trabajan en colaboración.

Los profesores

En una actitud seria ante la creatividad, algunas empresas mandan a su gente a estudiar las técnicas del pensamiento creativo con la idea de que después esas personas entrenen a sus colegas.

Este procedimiento es útil, pero sólo funciona si la organización ha implantado ya un sólido esquema de entrenamiento en el cual pueden encajar los nuevos profesores. Todo esto puede formar parte de un programa regular de capacitación del personal. En estos casos es perfectamente posible utilizar los conocimientos de los nuevos instructores.

No obstante, nunca se debe esperar que los profesores formados en cursos externos asuman la responsabilidad de introducir la creatividad en la organización. La razón es simple: estos entrenadores no se encuentran en situación de diseñar programas de capacitación ni de crear estructuras de apoyo a la creatividad. Por lo tanto, toda expectativa en ese sentido no es realista.

Los profesores recientemente formados pueden ser un elemento importante dentro de los programas de creatividad, pero no están capacitados para aportar el primer impulso organizativo.

Existe además el peligro de que la organización impulse la formación de gente y después tenga la impresión de que no necesita hacer nada más en el campo de la creatividad. Los profesores son un recurso. Pero los recursos tienen que ser usados por los empresarios. Y dentro de toda organización el empresario de la creatividad es el paladín del proceso.

En última instancia, la introducción seria de la creatividad en una empresa depende de la colocación de la persona adecuada en el lugar preciso.

Estructuras y programas

Me he referido con frecuencia al temor de que la creatividad sea destruida por las técnicas sistemáticas o perjudicada por las estructuras y los programas que la institucionalizan. Los deportistas de talento que juegan al fútbol o al béisbol integran formalmente un equipo, se someten a reglamentaciones formales y sin embargo no ven perjudicado su talento. La antigua idea de que creatividad significaba liberación de toda restricción sólo tenía sentido cuando no podíamos decir nada más de la creatividad.

Las estructuras y los programas son marcos para fomentar y recompensar el comportamiento creativo.

Al introducir la creatividad en una organización, lo más importante consiste en lograr que el comportamiento creativo se convierta en una "expectativa". Lo paradójico es que al principio necesitamos convertir el comportamiento creativo en algo muy especial (porque de otro modo todos podrían afirmar que ya son creativos) pero después tenemos que transformarlo en una expectativa. ¿Cómo se consigue que algo se convierta en una "expectativa"? Una manera de lograrlo es poniendo a esa persona en una situación en que ese tipo de comportamiento sea necesario para el cumplimiento de ciertas tareas. En este punto entran en juego las estructuras y los programas.

En esta sección examinaré una serie de estructuras y programas posibles. Algunos tradicionales y otros nuevos. No pretendo sugerir que una organización deba tratar de usarlos a todos. Simplemente menciono posibilidades. En general, una estructura resulta más permanente que un programa. Un Centro para la Creatividad es una estructura, mientras que un programa de calidad es una actividad que se desarrolla dentro de las estructuras existentes. Sin embargo, algunos programas, como por ejemplo los de perfeccionamiento continuo y los de seguridad, pueden ser permanentes.

Esquemas para la percepción de sugerencias

Algunas empresas obtienen un gran partido de sus esquemas de recepción de sugerencias, pero en otras esos esquemas apenas si existen nominalmente. Los japoneses poseen una cultura de la sugerencia, por las razones que he expuesto anteriormente. Una de las razones de que los esquemas de sugerencias de los japoneses funcionen es que "se espera" de la gente que haga sugerencias; y éstas se consideran en el nivel en el que se realizaron. Todas las propuestas del sector producción, por ejemplo, pasan por los círculos de calidad y son consideradas en ese nivel. En Occidente, las sugerencias se concentran en un único sector, donde son estudiadas por personal superior. Esto sobrecarga de trabajo a los asesores que se mostrarán reacios a realizar estas tareas. Como consecuencia, se dejan de lado las propuestas "tontas" y el esquema sólo es utilizado por aquellos que se sienten capaces de efectuar sugerencias realmente serias.

El sistema de recompensas es demasiado mediato. Una sugerencia pasa por varias comisiones. Si finalmente se pone en práctica, el autor recibe una recompensa. Muchas personas piensan que nunca tendrán una idea semejante y por lo tanto ni siquiera se molestan en presentar iniciativas. Además, ciertos campos, como la ingeniería, están abiertos a las sugerencias dirigidas a producir dinero, pero en otros, como el sector de servicios al cliente, es difícil valorar una idea nueva.

Es mejor otorgar un "reconocimiento" que sea realmente una

recompensa por el esfuerzo de presentar la sugerencia. Las personas serían compensadas —a modo de reconocimiento— por sus sugerencias, independientemente de su calidad. Para facilitar la selección y también para aclarar a los autores por qué ciertas ideas no fueron utilizadas, es importante indicar que todas deben acompañarse con una explicación acerca del "valor" inherente.

Si los esquemas de sugerencias constituyen una especie de telón de fondo de las actividades habituales, la gente llega poco a poco a no prestarles atención e incluso a olvidar que existen. Como el esquema está siempre allí, no es obligación hacer algo hoy o mañana. Y como es posible concentrarse en cualquier tema, la gente termina por no concentrarse en nada.

El establecimiento de un "período breve de foco" es una buena idea. Durante un par de semanas se puede poner todo el énfasis sobre las sugerencias dirigidas a la "seguridad". La iniciativa puede reforzarse con carteles, circulares, etcétera. Después se deja pasar cierto tiempo y nuevamente se anuncia un período de actividad orientado a la "reducción de costos", dándole toda la publicidad necesaria. Así se puede concentrar la atención en temas diversos: ahorro de energía, reducción del despilfarro, mejora de los procesos, etcétera. Cada foco será breve y bien definido. Las sugerencias para cada foco se solicitarán y se recibirán dentro de un plazo anunciado con suficiente antelación.

Con este método se supone que las personas que presentan sugerencias están utilizando su creatividad, pero no se produce un esfuerzo deliberado para perfeccionar las técnicas. También sería posible ofrecer un curso básico de creatividad a quienes lo solicitaran.

Los círculos de calidad

En las organizaciones donde ya existen círculos de calidad siempre es posible impartir cursos de creatividad para lograr que funcionen más eficazmente.

No tendría sentido introducir la creatividad desde el comienzo, porque los miembros de un círculo de calidad suelen tener muchísimas sugerencias valiosas que hacer, basándose en su experiencia y en el análisis lógico. Sólo se justificaría el inicio de la capacitación del personal en el campo de la creatividad cuando disminuyeran los resultados obtenidos por los círculos de calidad. Antes, se consideraría innecesaria la capacitación y se percibiría más bien como una molestia.

La utilización de las técnicas creativas dentro de los círculos de calidad depende en gran medida de la existencia de focos creativos definidos. Debe ponerse mucho énfasis sobre la necesidad de formular estos focos, ya dentro de cada grupo, ya como ejercicio general. En este caso suele resultar útil la confección de una Lista Creativa de Exitos. La introducción de un foco creativo que plantea un "problema" sin resolución directa es el mejor entorno para la utilización de los recursos de la creatividad. En esas circunstancias se aprecia fácilmente el valor de estos instrumentos.

También suele ser útil remarcar que la calidad lleva implícita la idea de lograr lo mismo pero de una manera mejor, mientras que la creatividad puede significar la realización de algo diferente. Además, la creatividad puede aplicarse al perfeccionamiento de los métodos existentes.

Calidad, perfeccionamiento continuo y reducción de costos

Existen diversos programas que se ocupan de la gestión de la calidad, el perfeccionamiento continuo, la reducción de los costos, etcétera. Estos programas constan de objetivos, estructuras y métodos propios. A veces es preciso resolver problemas. Otras es necesario encontrar una manera "mejor" de hacer algo. En ocasiones se impone la generación de nuevas alternativas. En otras, estas necesidades pueden satisfacerse apelando a la experiencia, el análisis y la recopilación de información; pero a veces, se plantea una necesidad real de pensamiento creativo. En esos casos, es indispensable introducir en los programas ciertas técnicas de creatividad. Cuando se presenta la necesidad de pensamiento creativo, se puede simplemente incorporar una técnica creativa. Además de la "caja de herramientas" de las técnicas, las actitudes que surgen de la formación en creatividad son importantes en todos estos programas. Por ejemplo: la costumbre de cuestionar lo que se está realizando; la voluntad de detenerse en algo que no constituye un problema para comprobar si es posible mejorarlo; la disposición para identificar el "punto fijo" y para buscar alternativas.

Entre la creatividad y estos programas existe una sinergia evidente. A veces se introduce en los programas algún elemento de creatividad, pero este recurso suele ser insuficiente. Es preferible introducir un elemento específico de técnicas creativas, diseñado por expertos, y presentarlas directamente como "creatividad".

El Centro para la Creatividad

Ya he explicado qué tipo de estructura suelen adoptar los Centros para la Creatividad. El centro tiene actividades propias y puede servir también para la coordinación de muchas de las actividades que ya he mencionado. Podría responsabilizarse, por ejemplo, de la Lista Creativa de Exitos y del archivo Nube "9".

El Centro para la Creatividad provee una estructura fortalecedora y concentradora. Brinda una manera de trabajar que debería hacerse pero que nadie sigue (en el campo de la creatividad).

Investigación y desarrollo del concepto

Esta sugerencia es importante. La idea consiste en que los conceptos deben ser tratados tan formalmente como la investigación y el desarrollo en el campo técnico. Muchas empresas invierten millones de dólares en investigación y desarrollo técnicos pero no gastan nada en conceptos. Simplemente se da por sentado que los conceptos aparecen como por arte de magia. Pero cuando la competencia tecnológica llega a cierto punto, los conceptos adquieren una enorme importancia. En otro libro, *Sur/petition*, he analizado a fondo la Investigación y el Desarrollo del Concepto. Aquí basta con decir que la Investigación y el Desarrollo de los Conceptos deben valerse mucho de la creatividad y tratar de desarrollar técnicas creativas en todas las áreas.

Cuando las organizaciones empiecen a crear departamentos de Investigación y Desarrollo del Concepto necesitarán tomarse la creatividad muy en serio.

La Lista Creativa de Exitos

En una sección anterior he explicado detalladamente lo que es la Lista Creativa de Exitos. Se repite aquí por razones de organización del texto. La Lista Creativa de Exitos es una estructura simple que puede servir para la introducción de la creatividad y para mantenerla vigente.

La Lista debe ser organizada de la manera más seria y formal posible. El Centro para la Creatividad o el paladín del proceso deben supervisarla. Puede haber una Lista de Exitos general para toda la compañía o para los departamentos más importantes, pero debe haber también Listas Creativas de Exitos locales, que pueden ser mucho más especializadas.

Se puede recopilar y publicar los puntos de la Lista de Exitos (con su texto completo o resumido). Desde luego, se destacarán especialmente las sugerencias más interesantes y exitosas.

La Lista Creativa de Exitos actúa como fuente de tareas que pueden asignarse a otros programas, como por ejemplo el programa FAT/CAT.

El archivo Nube "9"

Esta estructura fue ideada por una empresa constructora de Canadá. Nube "9" significa "sueño". El archivo es un archivo físico que se hace circular, según determinada pauta establecida con anterioridad, entre ejecutivos y otras personas. Puede haber varios archivos en circulación y también otros locales para áreas especiales.

Cada persona recibe el archivo una vez al mes o cada dos meses. En él figuran las siguientes posibilidades:

Ideas nuevas. Contiene ideas no originales y que quizás estén siendo usadas en otra organización. Esa idea todavía no se aplica en la empresa a la que llega el archivo, pero puede ser tomada en calidad de préstamo o imitada.

Ideas originales. Se trata de ideas supuestamente originales. Su creador puede incluir su nombre, si así lo desea. Estas ideas pueden estar vinculadas a los temas de foco propios del campo o pueden inspirarse en otros materiales del archivo.

Comentarios constructivos. Pueden ser comentarios de sombrero blanco, que aporten experiencia o información para apoyar una idea del archivo. De sombrero amarillo, que señalarán el valor de las ideas en el campo. De sombrero verde, que sugieran alternativas o modificaciones de las ideas del archivo. No debe haber comentarios de sombrero negro, a menos que se incluya también una manera de superar el posible problema.

Nuevos focos creativos. Pueden ser sugerencias para nuevos focos creativos. Deben ser formuladas como problemas, tareas, oportunidades, etcétera. Se puede asignar un lugar especial en el campo para los focos creativos, de modo que se detecten inmediatamente.

Las personas leen el archivo, agregan algo y lo hacen circular. Si el archivo resulta demasiado voluminoso se hacen copias de repuesto y se confecciona un índice que indica cómo se puede obtener información adicional.

El archivo Nube "9" tiene varios valores:

1. Es un recordatorio periódico para pensar creativamente.
2. Provee de focos creativos sobre los que se puede pensar creativamente.
3. Apunta ideas y conceptos ante los cuales reaccionar.
4. Actúa como un canal simple dentro del que es posible colocar ideas.
5. Aporta el valor real de las ideas y las sugerencias.

El valor "de canal" es muy importante. Muchas personas no quieren aportar ideas porque les desagrada el esfuerzo que implica ocuparse de ese tema. La idea se convierte en una carga. La persona se pregunta: ¿Y ahora qué hago con esta idea? ¿A quién tendré que convencer? ¿Cómo demostraré que la idea funciona? El archivo Nube "9" proporcionará una solución sencillísima: el canal. Si uno tiene una idea, espera hasta que recibe el archivo y la incluye en él. Esto es todo lo que hay que hacer.

La Hoja Creativa de Tareas

El archivo Nube "9" es una "oportunidad". No se exige a los usuarios que agreguen algo. Uno puede leerlo y pasarlo sin incluir nada nuevo. La Hoja Creativa de Tareas, en cambio, es una solicitud específica. Al receptor se le pide directamente que aporte ideas creativas sobre determinado foco.

Con mucha frecuencia, las personas tienen ideas sobre ciertas cuestiones; pero cuando se les pregunta por qué no las han presentado, responden:

> No era asunto mío.
> Nadie se hubiera interesado por mi idea.
> Nadie me pidió nada.
> No quise tomarme la molestia de presentarla.

La Hoja Creativa de Tareas pretende superar esa resistencia y suscitar ideas nuevas.

En la parte superior de la Hoja se especifica la "tarea" creativa, o sea, el foco. La descripción debe ser precisa pero sin demasiados detalles. Se formula la tarea real (una sugerencia, una solución, otras alternativas, un nuevo concepto, etcétera).

Se pueden incluir sugerencias sobre las técnicas a usar. Tal vez la Hoja contenga una provocación específica (Po...), pero el destinatario no está obligado a usarla.

La Hoja Creativa de Tareas es enviada individualmente a ciertas personas, para solicitarles un aporte creativo. Se otorga un plazo para completarla y devolverla.

Después se recopilan las ideas y los conceptos. Si se necesita información adicional se puede contactar directamente con el autor de la idea. Si es necesario, se puede organizar una sesión de pensamiento creativo con las personas que demostraron más interés y capacidad en el tema propuesto.

La Hoja Creativa de Tareas puede ser organizada por el Centro para la Creatividad o por el paladín del proceso. Cualquier persona, de cualquier área, que necesite un aporte creativo puede mandar una Hoja Creativa de Tareas. Desde luego, este sistema se simplifica si se coordina a través del Centro para la Creatividad u otra estructura equivalente. Evidentemente, sería posible enviar directamente una Hoja de Tareas "local" siempre que fuera necesario; esta práctica se convertiría en hábito y se recurriría a ella en todas las ocasiones en que se necesitaran ideas nuevas.

Auditoría de oportunidades

Con frecuencia se culpa a los ejecutivos que cometen errores o no resuelven problemas. Pero raramente se culpa a alguien que pierda una oportunidad. La consecuencia es que muy pocas personas están dispuestas a correr el riesgo de probar algo nuevo. Si se arriesgan y les va mal, esa calificación negativa queda en sus antecedentes. Por lo tanto, si nunca intentan nada nuevo, nunca corren el riesgo de cometer un error. Entonces ¿de dónde surgirá la energía innovadora? Sam Koechlin, ex presidente ejecutivo de Ciba-Geigy, me contó en una ocasión que a él le habría encantado que sus gerentes le informaran una vez al año de los errores que habían cometido. En su opinión, si se equivocaban era porque estaban intentando cosas nuevas. Koechlin no llegó a ver materializada su aspiración en Suiza.

La Auditoría de Oportunidades* es una manera formal de solicitar a los ejecutivos que presenten las oportunidades o las ideas nuevas sobre las que han trabajado durante el año. Gracias a esta práctica, el aprovechamiento de las oportunidades se convierte en una expectativa y en una tarea. No poner nada en la Auditoría de Oportunidades equivale a un error: no hacer nada ya no es la actitud más segura. Así, la Auditoría de Oportunidades es una estructura que "exige" pensamiento empresarial. La auditoría debe formular las oportunidades consideradas, exponer el trato que han recibido y explicar por qué no se han aprovechado (o, si se ha hecho, especificar el tratamiento que reciben).

Se puede utilizar la Auditoría de Oportunidades como tal o modificarla y crear una Auditoría de Creatividad.

Sesiones regulares de creatividad

Dentro de cada departamento o área local de una organización se puede establecer un programa de sesiones regulares de creatividad. Estas sesiones se realizan regularmente, por ejemplo, el primer miércoles de cada mes. Se fija la hora: un desayuno de trabajo o una reunión de fin de jornada. Se abre una agenda para cada reunión. Los participantes pueden enviar sugerencias para esa agenda. Esta circula una semana antes de la reunión invitando a todos a hacer algo de pensamiento creativo individual antes de la sesión colectiva. También es posible que algunas personas aporten presentaciones formales de ideas y conceptos.

---

* Sugerida en mi libro *Oportunities*, Londres, Penguin Books, 1977.

Las sesiones creativas regulares pueden ser organizadas por el paladín del proceso a nivel local. Es mejor no llamarlas "sesiones de 'tormenta de ideas' ", para evitar interpretaciones erróneas. Las sesiones utilizarán la "creatividad seria" tal como se describe en este libro. Más adelante expondré el formato de una sesión creativa.

El valor de las sesiones creativas regulares es, precisamente, su regularidad. Esto constituye una enorme diferencia con la práctica de convocatoria de una reunión ad hoc cuando es necesario. Una vez establecidas las sesiones regulares, se puede introducir en ellas diversos focos creativos. Además, cada reunión podría proponerse el tratamiento de un punto tomado de la Lista Creativa de Exitos.

Como en cada sesión creativa participan pocas personas, es posible que se desarrollen varias sesiones paralelas, a la misma hora o en horarios diferentes. En general, ocho personas es el número máximo para una sesión creativa.

El Centro para la Creatividad puede encargarse de la organización, así como se ocupa de la Lista Creativa de Exitos, las Hojas Creativas de Tareas, la Auditoría de Oportunidades y otras actividades afines.

Los profesores y la enseñanza

Evidentemente, la enseñanza es una estructura importante para desarrollar la creatividad en una organización. Este punto será considerado por separado en otra sección.

Se puede decir, en general, que existe una enseñanza que agrega un elemento de creatividad a los programas de capacitación que ya están organizados y además una enseñanza específica, cuyo objetivo es mostrar las técnicas del pensamiento creativo.

La enseñanza y el entrenamiento en el empleo de las técnicas es un elemento fundamental en el proceso general de la introducción de la creatividad en una organización. Sin entrenamiento y enseñanza, las técnicas creativas quedan en un estado rudimentario. La mera confianza en el talento natural o en la inspiración es algo muy débil y contribuye más bien al desperdicio de las potencialidades existentes. La enseñanza, realizada dentro de un sólido marco de trabajo, resulta de gran valor, pero creer que la enseñanza es la única manera de introducir la creatividad en una organización es una visión demasiado optimista.

Los coordinadores

La incorporación de coordinadores (que forma parte de la cultura de Du Pont) es un concepto muy interesante. Los coordinadores son más bien "gerentes de proceso" que profesores. Se les invita a una reunión para que dirijan el proceso creativo. Por lo tanto, ellos son los asesores de la utilización de las técnicas creativas. De este modo los participantes se acostumbran a usar las técnicas con orientación y asesoramiento, y logran así una verdadera destreza. Además, los procesos se aplican a cuestiones de suma importancia para todos los participantes y, en consecuencia, la motivación y la utilidad resultan elevadas.

En este punto es necesario hacer una advertencia. Existe el peligro de que los participantes de las reuniones de creatividad se apoyen tanto en los coordinadores que no lleguen nunca a desarrollar destrezas propias. Lo ideal es que los coordinadores traten de mantenerse al margen del trabajo específico.

Aprender las técnicas creativas aplicándolas a los problemas inmediatos no es la mejor manera de asimilarlas, ya que la atención se concentra principalmente en el contenido del problema y no en el proceso de pensamiento. Por lo general es más conveniente aprender las técnicas aplicándolas a cuestiones que no afectan directamente a los participantes de la sesión. Después, con esas destrezas adquiridas se pueden abordar los propios problemas.

De todos modos, el sistema de los "coordinadores" es una manera práctica y eficaz de introducir la creatividad en una organización.

El programa FAT/CAT

Hay un nuevo programa que ha sido diseñado específicamente para introducir formalmente la creatividad en las empresas. Como ya he explicado, la sigla representa las siguientes palabras:

Fixed Assigned Task / Creative Action Team
[Tarea Fija Asignada / Equipo (de) Acción Creativa]

Las tareas son fijas y se asignan a pequeños equipos de acción. Estos equipos tienen la responsabilidad de generar ideas y conceptos nuevos sobre la tarea fija. Varios equipos pueden dedicarse al mismo tema. El programa tiene una estructura específica y se brinda el entrenamiento básico necesario para los equipos que participan.

La actividad desordenada

He presentado en esta sección una serie de estructuras y programas adecuados para introducir formalmente la creatividad en una organización. La práctica, bastante habitual, de que un grupo de personas se entregue a una actividad desordenada con la esperanza de obtener inspiración es totalmente inadecuada.

La enseñanza

He argumentado, a lo largo de todo este libro, que es posible enseñar creatividad a las personas. Esta opinión no concuerda con dos concepciones tradicionales:

1. Que la creatividad es un talento natural que algunas personas poseen y otras no; que nada se puede hacer en el campo de la creatividad, excepto contratar gente creativa.
2. Que la creatividad consiste en liberarse de temores e inhibiciones y que una vez eliminados ambos obstáculos basta con actuar confusa y desordenadamente para que surja algo bueno. Para favorecer esta actividad desordenada hay que suspender el juicio.

No repetiré aquí las razones, teóricas y prácticas, por las que estas ideas son anticuadas y erróneas. Enseñar pensamiento creativo es tan factible como enseñar matemáticas, restauración o tenis. Esto no significa que todo aquel que estudie creatividad se convertirá en un genio. No todas las personas que juegan bien al tenis ganan campeonatos en Wimbledon. Sin embargo, hay una enorme cantidad de cosas que se pueden hacer con creatividad por debajo del nivel de la genialidad.

La enseñanza implica voluntad, destreza y método.

Voluntad. La persona que pretende enseñar técnicas creativas debe tener la voluntad de hacerlo. No se trata simplemente de sacar a relucir el propio talento natural. Ese elemento aislado resulta débil. Tiene que existir la decisión de enseñar ciertas técnicas y procedimientos.

Destreza. Los profesores o entrenadores tienen que poseer la destreza necesaria para enseñar creatividad. El tema no es complejo, siempre que los profesores tengan una idea clara de lo que están haciendo. No basta con generar desorden y confusión e instar a la gente a efectuar "locuras". El efecto de semejante actitud es siempre temporal. Aprender las técnicas creativas es algo así como montar en bicicleta por primera vez. Todo parece raro y antinatural. Uno se pregunta si llegará alguna vez a tener equilibrio y a dominar la máquina, y cómo habrán aprendido los que ya saben. Pero al cabo de cierto tiempo se adquiere la destreza. Después, cuando uno ya es un buen ciclista, mira hacia atrás y no entiende cómo pudo parecerle difícil. Toda actividad que nos exige contradecir nuestros hábitos o nuestras tendencias naturales nos parece difícil y desagradable al principio. Cuando se empieza a aprender a esquiar, parece rarísimo que en las curvas haya que inclinarse hacia afuera y no hacia adentro.

Superar las inhibiciones naturales por medio de la "diversión" y la "locura" no es ni el único enfoque posible ni el más eficaz. Comprender la lógica de la creatividad es un procedimiento mucho más poderoso (y la única manera de trabajar con gente especializada).

Método. Existen programas formales para la enseñanza del pensamiento lateral, que es un procedimiento específico y deliberado de la creatividad seria. Este libro no es un "texto de enseñanza". Hay programas destinados a capacitar a los profesores para la enseñanza de las técnicas del pensamiento lateral a sus alumnos. A veces, los encargados de enseñar creatividad tienen el desastroso hábito de tomar una parte de un programa, una parte de otro y así sucesivamente, creyendo que semejante práctica será mejor que abordar específicamente la enseñanza de la creatividad. Esto confunde a los estudiantes, porque por lo general los diversos planteamientos resultan contradictorios. Además, no existe una base uniforme para todos los programas. De hecho, algunos no tienen base alguna. Otra dificultad que suele presentarse es que algunos entrenadores reescriben programas existentes. Dejando de lado el hecho de que copiar es ilegal, esta práctica sólo sirve para halagar el ego del que copia. Hay abundante material para ampliar los programas existentes agregándoles ejemplos locales, sin tratar de reescribirlos. Cuando se procede así para no comprar el programa, se incurre en piratería intelectual, con todos los riesgos que ello implica.

Los requisitos de la enseñanza

Los requisitos de la enseñanza de la creatividad pueden separarse en dos áreas bien definidas. Es importante que el entrenador tenga muy en claro el tipo de entrenamiento que proporciona a sus alumnos. Esto nada tiene que ver con la profundidad de la enseñanza.

1. Destreza creativa general

Todas las personas que deben pensar necesitan conseguir cierta destreza creativa. Todo aquel que deba manejar conceptos, percepciones e ideas necesita tener cierta destreza creativa. Sin ella sólo se pueden seguir rutinas establecidas o combinaciones de rutinas diversas.

La enseñanza de las técnicas de la creatividad debería formar parte de la educación en todos los niveles, desde la escuela primaria hasta la universidad. Pero no es así. De modo que la enseñanza de la creatividad se lleva a cabo dentro de las organizaciones que quieren beneficiarse con ella.

La destreza creativa general deberían adquirirla todas las personas integrantes de cualquier organización, sin excepción alguna. Esto no significa que en todos los niveles se requiera el mismo grado de creatividad.

A nivel gerencial, es preciso que se entienda la importancia y la lógica de la creatividad. No debe ser considerada como un lujo superfluo sino como un recurso fundamental. Es preciso poner los hábitos y las técnicas del pensamiento lateral al alcance de todas las personas que actúan a nivel gerencial. Algunos ejecutivos seguirán usando estos métodos a lo largo de toda su vida y otros no lo harán. Ciertas técnicas, como el método de los Seis Sombreros para Pensar, deben pasar a formar parte del comportamiento habitual en el campo del pensamiento.

En otros niveles, profundizar no resulta factible, aunque sería beneficioso hacerlo. En estos casos conviene destacar el valor de la creatividad y transmitir algunas técnicas básicas, de modo que toda persona que desea ser creativa disponga de ciertos instrumentos específicos para lograrlo. Las exhortaciones a "pensar" aportan un valor práctico muy limitado.

2. Creatividad de áreas especiales

Hay ciertas áreas especiales donde existe una demanda constante de ideas nuevas. En cierto sentido, las "ideas" son el producto de esas áreas. La mayoría de las personas creen que están en ellas porque son muy creativas. Esto es cierto hasta cierto punto, porque el talento natural sólo puede desarrollarse aprendiendo métodos sistemáticos.

Las áreas especiales incluyen la investigación en las que la creatividad es necesaria no sólo para superar problemas sino también para desarrollar nuevas líneas de investigación y nuevos conceptos. La investigación debe ser impulsada más por los conceptos que por el auge natural de la tecnología. En ningún caso debe tratarse de:

¿Qué podemos hacer para usar esto?

sino de:

¡Sería magnífico si pudiéramos hacerlo! Ahora bien, ¿cómo?

La formación que reciben los científicos y los técnicos no desarrolla suficientemente las técnicas del pensamiento creativo. El énfasis está siempre puesto sobre la recopilación y el análisis de datos.

El campo de la investigación requiere una gran dosis de creatividad para percibir las posibles aplicaciones prácticas de los nuevos desarrollos.

Algunas áreas íntegras de la investigación dependen de la capacidad para desarrollar conceptos nuevos.

Los departamentos de nuevos productos suelen subsistir gracias a una dieta de mejoras basadas en la idea del "yo también". Es absolutamente posible que otros desarrollen el mercado y después entrar en él con un producto perfeccionado sobre la base del "yo también". Para introducir tales modificaciones o para ocuparse de las patentes hace falta el pensamiento creativo.

Cuando existe la voluntad de desarrollar productos realmente nuevos, se necesita enormemente la creatividad conceptual. Los nuevos productos sólo funcionarán si se integran completamente dentro de los complejos valores del comprador.* Identificarlos o reconocerlos y encontrar maneras de integrarse con ellos es un ejercicio creativo. Una vez encontrado el concepto, es necesario generar ideas para llevarlo a la práctica. Y por último, también se requiere creatividad para diseñar maneras de probar los productos.

* Véase *Más allá de la competencia*, Barcelona, Paidós, 1993.

La creatividad es necesaria para acortar el período de producción y para reducir el costo del desarrollo de los productos. Algunas organizaciones tienen departamento de Nuevos Emprendimientos, constantemente dedicados a la búsqueda de nuevas áreas de crecimiento. A veces se realizan adquisiciones o incorporaciones y otras se emprenden empresas totalmente nuevas.

Para considerar posibles programas futuros es necesario tener creatividad. Hay que pensar en las discontinuidades que pueden acarrear problemas o brindar oportunidades. Hay que diseñar conceptos lo suficientemente flexibles como para adaptarse a condiciones cambiantes o a previsiones imperfectas.

El análisis de la información puede mostrar tendencias, pero ¿cómo interactuarán? El análisis de la información que nos muestra las tendencias les muestra las mismas tendencias a los demás. ¿Qué nuevos conceptos podríamos diseñar que nos permitan tomar la delantera? Tal vez los bloques sean iguales, pero el edificio que construyamos con ellos no debe ser necesariamente el mismo.

A veces, la creatividad es imprescindible incluso para el análisis de la información. La mente sólo ve lo que está preparada para ver. Es necesario tener una idea, una hipótesis, un conjunto de suposiciones, para poder detectar algo en los datos que examinamos.

El área de Investigación y Desarrollo del Concepto que mencionamos anteriormente se vincula directamente a esta área de los nuevos emprendimientos.

Toda organización competente tiene una gran capacidad de producción, pero ese potencial se malgasta si le faltan buenos conceptos.

La estrategia de la corporación debe consistir en un uso importante de la creatividad, debido a la necesidad de "diseñar" conceptos y alternativas. Las numerosas incertidumbres (el futuro, la competencia, las presiones ecológicas, el comportamiento del gobierno) requieren diseños flexibles y cambios de dirección. Algunos de estos cambios pueden efectuarse mediante el análisis lógico y la utilización de conceptos tradicionales. Pero muchas veces se necesita un concepto nuevo. ¿Podemos acaso estar seguros de que los conceptos tradicionales nos ofrecen todo el valor de una situación dada? ¿Cuánto estamos dispuestos a invertir en el esfuerzo creativo? Si los beneficios pueden ser altos —como lo son en el nivel de la estrategia general de la corporación— vale la pena invertir mucho en las posibilidades creativas. A fin de cuentas, todas las ideas creativas tendrán que someterse al juicio del pensamiento del sombrero negro, de modo que no se corra el peligro de quedar atrapados en una idea impracticable. Hay que mejorar tanto la destreza para generar ideas creativas como las técnicas de evaluación y juicio: ésa es la mejor combinación posible.

Toda organización que se precie de su capacidad de evaluación debe invertir mucho en el esfuerzo creativo.

La comercialización, o mercadotecnia, es una mezcla de análisis, tradición, imitación y conceptos creativos. Hay mucho campo de acción para los conceptos innovadores con un efecto fuerte. A medida que la competencia capta nuestros conceptos innovadores, tenemos que seguir avanzando. Las maneras establecidas de actuar deben ser usadas y cuestionadas al mismo tiempo. Es preciso encontrar nuevas sinergias y nuevas vías para llegar al consumidor. Los valores cambian constantemente y es preciso mantenerse a la altura de estos cambios de valor y convertirlos en ventajas. También es necesario crear nuevos cambios de valor. Hay que renovar los productos tradicionales; hay que descubrir o crear diferentes segmentos del mercado. Sin embargo, siempre existe el peligro de ser demasiado astuto o de caer en la hiperactividad.

En el área de la comercialización existe una especial necesidad de manejar conceptos. Los nuevos nunca son demasiados. Las maneras de poner en práctica un concepto nunca son demasiadas. En algunos casos, como en la mercadotecnia directa, existe la posibilidad de verificar las ideas fácilmente. Esto incrementa el valor de la generación de ideas diferentes. Siempre existe la tentación de hacer lo que están haciendo los otros y de conformarse con las ideas que se sabe que funcionan. Al mismo tiempo, se teme que algún día las viejas ideas pierdan su eficacia o que un competidor las convierta en obsoletas.

La negociación y las transacciones no son "áreas especiales" para la creatividad, pero ambas implican el diseño de nuevos conceptos y la sugerencia de nuevos valores. Con el diseño creativo se puede lograr que ambas partes obtengan resultados satisfactorios. La negociación no tiene que incluir necesariamente una transacción de poder, presiones o sufrimiento. Es preciso tratar de conciliar los valores opuestos.

En las negociaciones y los conflictos de las relaciones laborales también hay un espacio para la creatividad. También hay que crear aquí nuevos valores y encontrar maneras aceptables de aplicarlos. El diseño de nuevas alternativas supera el análisis y es un proceso verdaderamente creativo. La publicidad, las relaciones públicas, el diseño de envases, de fabricación de productos y de procesos son áreas especiales y requieren una gran creatividad.

He expuesto aquí algunas de las necesidades de estas áreas especiales para señalar que la creatividad es fundamental para todas ellas. En todas las áreas existe el peligro de que la tradición y la imitación debiliten gradualmente la creatividad; además, siempre se tiende a la comodidad y a la reducción del riesgo. ¿Por qué aventurarse cuando se puede realizar un trabajo razonable sin riesgo?

La enseñanza de la creatividad en estas áreas especiales no es fácil porque la gente que trabaja en ellas se considera altamente creativa y se opone a que le "enseñen" creatividad. No obstante, cuando han aprendido las técnicas suelen sentirse muy satisfechos al usarlas para la obtención de resultados impactantes. Es preciso enseñar creatividad en profundidad tanto con respecto a la "lógica" como con respecto a las técnicas formales. Se debe proporcionar una práctica intensa. Es necesario destacar el aspecto formal de las técnicas, porque contrasta con el habitual enfoque de libertad absoluta que se suele adoptar en estas áreas especiales. El pensamiento lateral no debe ser presentado como mejor que la "creatividad natural" sino como una manera de conseguir ideas adicionales por medio de un enfoque diferente. En cierto sentido, las técnicas formales proporcionan a cada persona un "ayudante creativo", que es la misma persona actuando de otro modo.

3. La aplicación de las técnicas creativas

Ciertas personas necesitarán indefectiblemente emplear las técnicas de la creatividad para generar ideas nuevas. Por ejemplo, los miembros de las sesiones regulares de creatividad necesitarán las técnicas de acción del pensamiento lateral porque tendrán que usarlas regularmente. El equipo del programa FAT/CAT empleará mucho este tipo de destreza creativa.

Los coordinadores deberán ser capaces de mostrar las técnicas creativas y también de orientar a otras personas en su aplicación.

Los integrantes de estos grupos creativos especiales no suelen introducirse en el campo del pensamiento creativo. Por lo tanto, será conveniente que el aprendizaje de las técnicas contribuya a ampliar su experiencia en diferentes campos. Es mucho más fácil entrenar a estos grupos que a las áreas especiales mencionadas anteriormente. Ello se debe a que en este ambiente no existe un estilo de creatividad ya arraigado, y también a que hay menos problemas de vanidad personal. La enseñanza debe poner énfasis en el aspecto práctico, porque si bien es menos necesario hacer comprender la lógica de la creatividad, es indispensable que los alumnos lleguen a aplicar con precisión y formalidad las diferentes técnicas creativas.

A veces no conviene enseñarles a todos los miembros del equipo la serie completa de técnicas creativas. Cuando así sea, se puede reducir el número de instrumentos, pero los que se enseñen aportarán un alto grado de eficacia.

La destreza para aplicar las técnicas creativas es la más necesaria de las que se adquieren al estudiar creatividad. Esta habilidad será utilizada constantemente. Las personas deben recibir una formación que les permita aplicar inmediatamente la técnica de pensamiento creativo necesaria. Es como entrenar a un cirujano directamente en las técnicas quirúrgicas que deberá aplicar en determinadas operaciones.

Formas de enseñanza

La enseñanza del pensamiento creativo equivale a la enseñanza de las técnicas. Esto significa aprender a usar herramientas simples pero eficaces dentro de esa simplicidad. Es preciso proporcionar ejemplos como muestra del funcionamiento de cada herramienta. La práctica debe incluir siempre una cierta dosis de información "ajena", sin conexión directa con lo que se está enseñando. Esto se hace con el propósito de que la atención se concentre en el proceso mismo del pensamiento y se llegue a adquirir seguridad en el uso de las técnicas. De vez en cuando pueden introducirse temas directamente pertinentes, para mostrar que también es posible usarlas en cuestiones de ese tipo.

Es mejor practicar la creatividad sobre temas concretos, porque permiten reconocer inmediatamente el valor de una idea. Cuando se eligen temas más teóricos, el valor puede ser una cuestión de opinión y, por lo tanto, no se tiene la sensación clara de haber obtenido una "idea nueva". Por ejemplo, si uno sugiere pagar al personal en fechas elegidas al azar en vez de respetar la fecha habitual, es difícil estar seguro de lo que podría suceder. Pero si uno sugiere que un vaso podría tener el fondo redondeado, es muy fácil "ver" lo que sucedería.

La enseñanza de las técnicas es siempre una enseñanza "desde el centro". Esto contrasta fuertemente con la enseñanza normal de cualquier tema, que siempre se hace "desde el borde". En la enseñanza normal se pone el énfasis en el empeño de distinguir una situación de otra a fin de que se pueda usar la acción elegida. Se presta mucha atención a las áreas de superposición y a las áreas grises, porque todavía será necesario tomar otras decisiones en ellas. Los casos obvios son fáciles y evidentes. Un juez experimentado dedica la mayor parte de su tiempo a estas zonas grises y trata de clarificarlas. Al enseñar "desde el centro" simplemente se ignoran las áreas grises porque no interesan. Para esclarecerlas se utilizan, en cambio, ejemplos buenos y directos. Se demuestran con esos ejemplos. Si algo resulta confuso, simplemente se pasa por alto y se sigue adelante. El profesor intenta que los estudiantes se formen una idea muy clara de lo que se supone que deben hacer. La confusión es el gran enemigo del desarrollo de la destreza creativa.

La distribución del tiempo

Existen diversos formatos de entrenamiento, que enumeraré aquí. No obstante, estas posibilidades de asignación y distribución del tiempo son meras sugerencias.

Seminario de un día (6 1/2 horas)

Estos seminarios son útiles para proporcionar una visión general de la creatividad a grupos numerosos. Son convenientes para sensibilizar a las organizaciones respecto de la importancia de la creatividad. En este tiempo se explican algunas de las técnicas básicas del pensamiento lateral, pero las posibilidades de practicarlas son limitadas. Es demasiado lo que hay que enseñar en poco tiempo. Este tipo de seminario es también apropiado para el personal de nivel gerencial. Para un seminario de este tipo no hay límite de inscripción. Es posible dirigirse a un auditorio de 500 personas o más.

Seminario de dos días (11 1/2 horas)

El seminario de dos días cubre los mismos temas básicos que el de uno, pero incluye también otros materiales. La principal diferencia es que brinda más oportunidades para practicar las técnicas y llegar a comprenderlas cabalmente. Por esta razón el número de asistentes debe ser menor (alrededor de 50 personas). Es posible dirigir seminarios de dos días con audiencias mayores, pero entonces la atención individual disminuye.

Cursillo para profesores (5 días o 40 horas)

Este tipo de entrenamiento está específicamente diseñado para equipar a los profesores o entrenadores con las herramientas de trabajo y los métodos que transmitirán a sus estudiantes. El estilo es diferente del de los seminarios de uno y de dos días, dirigidos al uso personal de los participantes. Se pone el énfasis sobre la práctica, de modo que se entiendan claramente los métodos, en un sentido práctico, y se puedan aclarar los malentendidos que podrían surgir durante el entrenamiento posterior.

Pensamiento lateral avanzado (5 días o 40 horas)

Este tipo de entrenamiento está destinado a individuos que tienen una gran necesidad personal de usar las técnicas creativas. No es un programa para profesores sino un programa para usuarios. Se exponen algunas de las técnicas más avanzadas del pensamiento lateral (como por ejemplo la "huida"). Se pone el énfasis sobre la práctica, tanto individual como de grupo. La atención de los participantes es personal, con el propósito de solucionar problemas individuales. No participan más de 20 personas.

A continuación se enumeran diferentes módulos, destinados a ser usados por los profesores de organización, dentro de esa misma organización.

Módulo de 40 horas

El módulo de 40 horas es un curso en profundidad, diseñado para el personal de áreas especiales que necesitará la aplicación de una gran dosis de pensamiento creativo en su trabajo.

Módulo de 20 horas (ejecutivo)

Este módulo está dirigido a los ejecutivos sin una especial necesidad de creatividad, pero que la precisan tanto para su trabajo como para poder incentivar a otras personas.

Módulo de 10 horas (técnicas básicas)

Este módulo abarca las técnicas básicas del pensamiento lateral, en el nivel en que podrían necesitarlas los grupos de operación creativos. Se pone el énfasis en la aplicación directa de las técnicas.

Módulo de 5 horas (mínimo)

Este módulo es el mínimo posible y abarca una selección de métodos. Es el tipo de entrenamiento adecuado para todo el personal de una organización. Si no es posible brindar a la gente de la corporación un entrenamiento más profundo, este módulo basta para los equipos del programa FAT/CAT.

Es posible reducir los módulos reduciendo el tiempo destinado a la práctica. Este procedimiento no es aconsejable, ya que cuando se trata de enseñar una técnica es necesario experimentar usándola. Uno puede llevar a una persona a ver un partido de tenis. En unos veinte minutos entenderá bastante bien las reglas del juego, pero difícilmente podría jugar un partido. Para ser tenista hay que entrar en la pista y practicar. Por eso, la práctica guiada es muy importante en la enseñanza de las técnicas de la creatividad.

Los módulos pueden dividirse en segmentos de diferente longitud, según el estilo de enseñanza de las diversas organizaciones. Por ejemplo, los módulos de 20 horas podrían dividirse en segmentos de cuatro horas. Como principio general puede decirse que mientras más segmentos haya, más eficaz será la enseñanza, porque el tiempo de intervalo permite practicar y "sumergirse" en los métodos. Si se enseña creatividad en una sola sesión larguísima se corre el riesgo de cansar a los participantes y de favorecer ciertos procesos en perjuicio de otros (igualmente importantes), que inevitablemente son dejados de lado.

Para obtener información sobre los cursos que dicta personalmente el autor, comunicarse con Diane McQuaig, Toronto, Canadá, Fax (410) 488-4544.

Formatos

Siempre he preferido referirme a las técnicas del pensamiento lateral denominándolas "herramientas". Un carpintero tiene una serie de herramientas (martillo, serrucho, cepillo, torno, cincel, taladro, etcétera), y las usa según sus necesidades. No posee una secuencia fija de pasos a seguir. Cuando el carpintero adquiere experiencia con herramientas, sabe cómo usarlas. Siempre he desconfiado de los programas de enseñanza que especifican detalladamente los pasos que los alumnos deben seguir. Esto causa muy buena impresión en el aula, pero cuando el alumno tiene que trabajar olvida la secuencia y se pierde. Pero si, por el contrario, no existe una secuencia fija, uno usa las herramientas como más conveniente le parece. Quizá la secuencia elegida no sea la mejor posible, pero para la persona que está trabajando resulta eficaz.

El aspecto más importante de la enseñanza y del diseño de programas es que la materia debe ser simple y de uso práctico. Esto es algo que olvidan con frecuencia aquellos profesores que tratan de elaborar un método de impresionante complejidad pero de aplicación también compleja. A mí me interesa mucho más la "simplicidad poderosa". El método de los Seis Sombreros para Pensar es un buen ejemplo.

Sin embargo, tiene cierto valor dar ejemplos de formatos prácticos, en los que se pueden usar las herramientas del pensamiento lateral.

El uso inmediato

Las técnicas del pensamiento lateral pueden ser usadas instantánea e inmediatamente. Consideremos la siguiente escena:

No hemos conseguido nada nuevo. Volvemos constantemente a las mismas ideas. Probemos la técnica de la palabra al azar. Foco de tipo de propósito: demasiadas personas llegan tarde al trabajo. La palabra al azar es "puente" (obtenida de una lista de 60 palabras mientras consultamos el segundero de un reloj). Dos minutos de pensamiento individual.

¿Qué ideas hemos conseguido? Empecemos por usted. Cuando uno está en el puente, tiene que cruzar al otro lado. Por lo tanto, la idea consiste en conseguir que nuestro personal llegue al local antes de la hora de entrada al trabajo. Podríamos ofrecer los diarios de la mañana para quien quiera leerlos, un desayuno frutal, etcétera.

Yo he llegado a la misma idea a partir del puente dental, la boca y la comida.

Un puente es un medio para atravesar algo. ¿Podríamos acaso conseguir que la gente "atraviese" la ciudad? Tal vez nuestros autobuses podrían recoger al personal en un punto. Incluso sería posible empezar a trabajar en él: por ejemplo, concertar reuniones para aprovechar el tiempo de viaje.

Yo he pensado en un puente en suspensión. Eso podría significar suspender al personal que llegue tarde. Pero también se podría intentar lo contrario: otorgar una bonificación a los empleados que lleguen cinco minutos antes de la hora de entrada, más de una vez por semana.

Excelente. Ya tenemos algunas ideas. Vamos a resumirlas...

El proceso completo podría ocupar unos seis minutos. Se podría asignar un tiempo adicional para explorar las ideas desencadenadas por la palabra al azar, extraer los conceptos y encon-

trar diferentes maneras de usarlos (por ejemplo, la recompensa por llegar temprano).
Veamos otro ejemplo, más simple aún, de uso instantáneo de una técnica.

Queremos algunas ideas nuevas para cubrir las mesas en un restaurante. Probaremos algunas alternativas directas. El punto fijo es: atención a la superficie de las mesas después de la comida. Presentamos algunas ideas inmediatas:
Manteles.
Los comensales pueden elegir sus manteles.
Manteles pequeños individuales.
Nada. Sólo una superficie cubierta.
Superficies de baldosas cerámicas.
Manteles desechables.
Una especie de musgo o hierba.
Una superficie transparente con algo interesante debajo, como por ejemplo alguna pieza decorativa antigua o un hormiguero en un contenedor sellado.
Citas de personajes famosos impresas en una superficie de fórmica.
Bien. Ya tenemos algunas ideas.

Este proceso podría ocuparnos unos cuatro minutos. Es interesante ver cómo las alternativas van avanzando desde las convencionales hasta las "novedosas", tan pronto como alguien sugiere la provocación de poner "musgo o hierba". Se habrían podido especificar muchísimas superficies "interesantes". En este punto se podía extraer el concepto "algo interesante que mirar o comentar" y presentarlo como un nuevo "punto fijo".
Alguien podría pensar que estos usos instantáneos son tan casuales que no es necesario ser formal. Pero la formalidad agrega valor al ejercicio. Por ejemplo, definir el punto fijo al buscar alternativas es mucho más valioso que limitarse a decir "busquemos algunas alternativas".

Formatos individuales

En otra sección de este libro se discute el uso individual y el uso en grupo del pensamiento lateral. La gran ventaja del uso individual es que resulta mucho más rápido, porque no se provoca al grupo ni tampoco se necesita tiempo para la discusión. En general, el uso en grupo de una técnica requiere entre tres y cinco veces más de tiempo que su uso individual.

Otra característica del uso individual que ayuda a ahorrar tiempo es que las ideas y los conceptos se anotan a medida que surgen, lo que no sucede cuando las ideas aparecen en una discusión de grupo.

Etapa 1. Foco
    Identificar y aclarar el foco.
    Aporte de información, si es necesario.
    Redacción alternativa y definición del foco.
    Elección de subfocos para uso posterior.

Etapa 2. Técnica
    Elección de la técnica.
    Presentar la técnica (es decir, plantear una provocación).
    Usar la técnica.

Etapa 3. Resultado
    Extraer los conceptos.
    Trabajar con los conceptos.
    Recopilación.
    Tratamiento de las ideas.
    Resultado formal.

Es difícil prever plazos, porque cada etapa puede requerir un tiempo breve o largo, según el foco, la técnica usada, el flujo de las ideas y la cantidad de trabajo que requiera el resultado. Como orientación general se podría proponer: 3 minutos en la etapa del foco, 3 minutos para la etapa de la técnica y 6 minutos en la del resultado. La cantidad de tiempo dedicado a esta última variará según la naturaleza de la tarea. Si la técnica del pensamiento lateral se está usando para tratar de producir algunas ideas nuevas, entonces no habrá mucho que hacer en la etapa del resultado si ninguna de las ideas es verdaderamente nueva.

Pero si se usa la técnica simplemente para generar ideas, entonces la etapa del resultado tiene que ser minuciosa.

Extraer conceptos de las ideas y trabajar con ellos para perfeccionarlos y producir ideas nuevas forma parte de la etapa del resultado, porque ambas actividades derivan del uso directo de la técnica.

Es posible usar más de una técnica cada vez. Sin embargo, no es aconsejable usar más de tres técnicas en la misma sesión.

Foco
Técnica 1
Técnica 2
Técnica 3
Resultado

Cuando se trabaja individualmente, el trabajo con los conceptos, la recopilación y el tratamiento de las ideas pueden hacerse juntos, después de la utilización de la técnica final. Cuando se trabaja en grupos es mejor realizar todos estos pasos después de usar cada técnica.

Ejemplo:

Foco
Mejora de los semáforos.
Foco de tipo de propósito.
Que los semáforos cumplan la misma función que desarrollan actualmente.

Tecnica 1. Técnica del cuestionamiento
¿Por qué las luces están colocadas verticalmente?
¿Por qué están colocadas en lo alto?
¿Por qué hay un conjunto de luces?

Concepto
Múltiples luces en múltiples lugares.

TÉCNICA 2. TÉCNICA DE LA HUIDA
Damos por sentado que los semáforos deben ser visibles.
Po, los semáforos no son visibles.
Idea:
Una señal de radio que encienda una luz roja en cada automóvil si los semáforos están en rojo.

RESULTADO:
El concepto de luces múltiples podría sugerir duplicar las luces en lugares diferentes. Quizá luces colocadas dentro de la ruta, de modo que una franja de ella cambie de color. Quizá pequeñas luces dispuestas de forma especial.
El concepto extraído de la luz que se enciende dentro del coche por medio de una onda de radio es que cada coche respondería automáticamente a los semáforos. Esto podría lograrse introduciendo alteraciones en la superficie de la ruta con el propósito de provocar saltos o una barrera física. También podría producirse un sonido en el interior del automóvil.

Recopilación

Dos direcciones amplias: diferente forma y ubicación de los semáforos y algo en el automóvil que responda automáticamente a ellos.
Ideas del tipo por "ejemplo": luz o sonido en el automóvil, desencadenados por una señal de radio; bandas de luz a través de la ruta; alteración en la superficie de la ruta; luces múltiples dispuestas de formas diversas.
Cambio de pensamiento: pasar de considerar las luces por sí mismas o considerar la respuesta del coche. Reflexionar también sobre la respuesta opcional del coche al enfrentarse a una respuesta forzosa, como sería una barrera en el trayecto.

Modelado de las ideas
Posiblemente se podría conseguir que la luz roja fuera mucho más larga que las otras luces. También podría haber dos luces rojas.
El diseño de la respuesta dentro de los automóviles se agregaría a las luces corrientes, de modo que si el nuevo dispositivo fallara, el sistema habitual siguiera funcionando.
Se requiere pensamiento adicional para elaborar el concepto de una barrera física que impidiera el paso del automóvil si el semáforo estuviera en rojo.

Resultado formal:
Idea: la idea es una luz roja doble o más grande, para que sea más visible.
Valor: es más importante ver la luz roja que cualquiera de las otras luces.
Concepto: un sistema de respuesta dentro del automóvil, que indique el estado del semáforo.
Valor: advertencia fuerte y anticipada de que el próximo semáforo está en rojo.

En este ejemplo, la recopilación y tratamiento de las ideas podrían haberse realizado mucho más minuciosamente. Por ejemplo, la dificultad con la señal de radio es distinguir los automóviles que avanzan en una dirección de los que avanzan en otra (la señal tendría que estar antes del cruce). También es conveniente utilizar la lista de control para la recopilación y los diferentes pasos para el "tratamiento" de las ideas que surjan.

Formatos de grupo

Las etapas del formato de grupo son similares a las etapas para el formato individual pero, evidentemente, lo que sucede dentro de las etapas es diferente.

Etapa de foco

1. Un individuo que presenta la propuesta creativa ante el grupo puede formular el foco sobre el que se trabajará. También resumirán los datos necesarios.
2. Los miembros del grupo aportarán sugerencias para los focos. Se discuten los focos alternativos y las definiciones de los focos y subfocos. Se elige una forma final para el foco. Se expresa claramente el tipo de foco.

Etapa de las técnicas

1. Un coordinador, o la persona que dirija el proceso creativo, puede decidir respecto de las técnicas e incluso presentar a los miembros del grupo la técnica completa para que trabajen con ella.

"Usaremos la técnica de la palabra al azar. Semáforo po nube."

Luego los miembros del grupo trabajan sobre esto individualmente, durante tres minutos, o bien abiertamente como grupo.

2. El coordinador puede indicar la técnica y después cada uno la aplica y trabaja con ella individualmente tal como lo hubiera hecho solo.

"Quiero usar la técnica de la huida. Tomen esta técnica individualmente y úsenla."

3. El grupo puede discutir qué técnica usar. Si se empleará una técnica de provocación, pueden hacerse sugerencias provocativas. Luego se elige una de ellas. El trabajo puede ser individual o en grupo.

En general es mejor que todos trabajen con la misma provocación al mismo tiempo, porque así la discusión es más fructífera. Si cada uno utiliza una provocación diferente, podrían también trabajar de forma individual.

Etapa del resultado

Cuando se trabaja en grupo siempre hay una etapa de resultado de cada técnica. No se trata de una cosecha plena sino de una forma simplificada, que contiene los siguientes elementos:

1. Informes individuales sobre el esfuerzo creativo.
2. Registro de las ideas y los conceptos.
3. Saltar de las ideas a los conceptos.
4. Discusión general (trabajo constructivo sobre las ideas).

Etapa siguiente

La etapa siguiente puede consistir en una discusión en grupo continua o en la introducción de otra técnica. Se maneja como se indica anteriormente.

Resultado final

El resultado final consiste en la recopilación completa de toda la sesión, el tratamiento a fondo de las ideas y la formulación del resultado formal.

El grupo en conjunto puede realizar la recopilación, o bien se pueden confeccionar individualmente y después reunir los diferentes resultados.

Tanto el tratamiento de las ideas como los resultados formales se realizan como un esfuerzo de grupo cooperativo.

También en este caso es difícil fijar tiempo, porque el tiempo dependerá del número de personas del grupo, la naturaleza del tema, las técnicas elegidas (el abanico de conceptos requiere mucho tiempo) y el flujo de las ideas. Cuanto más ideas haya, más largo será el período de recopilación y el de tratamiento de las ideas.

El tiempo aproximado para un módulo de 30 minutos sería:

Etapa de foco: 3 minutos
Etapa del resultado: 10 minutos
Resultado final (recopilación, etc.): 10 minutos
Resultado formal: 4 minutos

Como ya he mencionado anteriormente, la cantidad de tiempo dedicado a la cosecha y al tratamiento de las ideas dependerá de la índole de la tarea creativa. Si sólo se buscan ideas nuevas, no es necesario tratar en profundidad las que no lo son. Si no hay ideas nuevas, conceptos nuevos o ni siquiera ideas del tipo "por ejemplo", la etapa del resultado final puede reemplazarse por otra técnica.

Se puede repetir el módulo de 30 minutos, pero la etapa del resultado final sólo se efectúa al final de la sesión completa, de modo que la secuencia sería más o menos la siguiente:

> Foco
> Técnica 1
> Resultado
> Técnica 2
> Resultado
> Resultado final.

El registro

Tradicionalmente se supone que las sesiones creativas de grupo requieren la presencia de alguien que tome notas. Según mi experiencia, estas personas retrasan considerablemente el proceso y además reducen mucho la producción de ideas. La razón es que el encargado de anotar está sobrecargado de trabajo: cada persona que formula una idea mira al secretario para que la anote. Este la registra de una forma simplificada, o bien —lo que sucede la mayoría de las veces— piensa que puede incluirla bajo un encabezamiento previo. Es fácil y lógico poner una idea nueva bajo un encabezamiento existente porque la idea encaja bien allí. Pero después resulta imposible deducir de ese encabezamiento cuál era la naturaleza especial de la idea.

He asistido a sesiones creativas muy interesantes durante su desarrollo. Después he escuchado el resultado y resultaba increíblemente pobre. La esencia de las ideas individuales se había perdido completamente en el proceso del registro.

Por todos estos motivos prefiero el registro magnetofónico, que después puede ser procesado lentamente para obtener el mayor provecho posible. Es mejor tener varias grabadoras en la sala, porque la intención de hacer copias casi nunca se concreta. Además, estos registros ofrecen la gran ventaja de que permiten prestar atención incluso a las más breves sugerencias. Muchas veces varias personas están esperando para hablar y una observación valiosa se pierde, porque el expositor siguiente no la toma sino que expresa aquello que había estado esperando poder decir.

Una alternativa al registro magnetofónico es que todos los miembros del grupo asuman la responsabilidad de anotar las ideas y los conceptos que les parezcan valiosos. Siendo la naturaleza humana como es, existen enormes probabilidades de que todas las ideas sean anotadas. Cuando durante una sesión de grupo se realiza también un trabajo individual, el resultado puede expresarse por escrito, aunque al mismo tiempo se formule verbalmente.

Sin duda, pegar muchas hojas de papel en las paredes de la sala suele dar una impresión de eficacia y de logros, pero esa práctica retarda el trabajo y puede reducir el proceso creativo, ya que las personas tratan de trabajar a partir de las ideas anotadas y colocadas en las paredes. Esto es innecesario cuando pueden usarse procesos de provocación deliberada. Cuando se trabaja en grupo con un abanico de conceptos se necesita una pizarra o un panel.

Estructuras de grupo

Se define al grupo como un conjunto de personas que se reúnen con determinado propósito. En este caso, el propósito es el pensamiento creativo. En la "tormenta de ideas" tradicional el grupo es un elemento fundamental del proceso. En el pensamiento lateral, el grupo se vale de las técnicas formales del pensamiento lateral, tanto individual como en grupo. Después el grupo puede aportar más valor discutiendo y desarrollando las ideas y los conceptos que se hayan generado durante el trabajo. Por ejemplo, una persona propone una idea, alguien del grupo vuelve al concepto y otro sugiere una manera aún mejor de ponerla en acción.

Número de personas

Seis personas es el número ideal. Cuatro personas constructivas y creativas también pueden desempeñarse muy bien. Ocho es el máximo posible: ese número de participantes puede permitir que algunos permanezcan inactivos en vez de trabajar durante todo el tiempo.

En el proceso de pensamiento lateral los miembros del grupo pueden trabajar individualmente de vez en cuando, utilizando las técnicas formales del pensamiento lateral. Cuando se hace así, es necesario que estas personas presenten los resultados de pensamiento ante el grupo. Eso requiere tiempo: entre dos o tres minutos por persona. Si el grupo es grande, el proceso de estimulación ocupará demasiado tiempo.

Por otra parte, los grupos grandes permiten que algunas personas no trabajen y se limiten a observar lo que hacen los demás. Ofrecen la posibilidad de que algunos de los participantes adopten una actitud crítica o de "observación" y se dediquen a comentar las ideas de los demás. En los grupos pequeños, todos se sienten obligados a realizar alguna aportación. En los grupos grandes hay un espacio para que alguien asista en calidad de observador "oficial", y esto puede inhibir a la gente y perjudicar su actuación.

La naturaleza de las personas

Se suele decir que de vez en cuando es necesario conseguir que alguien completamente ajeno al trabajo brinde un nuevo enfoque. Esto tiene valor, pero no es tan necesario cuando se plantean provocaciones deliberadamente. En el pensamiento creativo tradicional no existía una manera de plantear provocaciones, de modo que había que confiar en las ideas alocadas y en la ingenuidad.

Parte del propósito de la creatividad de grupo es el desarrollo de la destreza en el pensamiento creativo y el aprendizaje de las técnicas. Por eso conviene que los grupos estén compuestos por personas que trabajan juntas.

Si, en determinadas ocasiones, el propósito del grupo es generar seriamente algunas ideas nuevas necesarias, entonces puede resultar aconsejable invitar a uno o dos extraños o, por lo menos, a algunas personas de otros departamentos.

Si se están analizando cuestiones estratégicas, probablemente sea mejor que los miembros del grupo pertenezcan a los niveles de gestión que se ocupan habitualmente de esas cuestiones. Pero si el foco está en el proceso o la actividad dentro de determinado departamento, el valor reside en realizar un corte vertical e incorporar a gente de todos los niveles.

Los papeles oficiales

Sólo debe haber un papel oficial: el de "organizador del grupo". Se encarga de establecer la hora y el lugar para la reunión y de convocar a los participantes. El organizador inicia y cierra la reunión. Establece la agenda (generalmente previa consulta con los demás).

El organizador del grupo actúa como moderador durante la reunión para evitar, por ejemplo, que varias personas hablen al mismo tiempo. Puede llevar a los participantes de vuelta al foco, repitiéndolo cada cierto tiempo o preguntando si se debe realizar un cambio formal de foco.

En general, el organizador usa el el sombrero azul, el que controla el pensamiento. Sugiere las técnicas que usarán los individuos o el grupo. Supervisa la presentación de provocaciones, la introducción de palabras al azar, etcétera. Se ocupa de la grabación de las sesiones o de cualquier otro método que se utilice para registrar los resultados.

En algunos casos, el papel de organizador del grupo puede ser desempeñado por un coordinador experto, que se convierte así en el "gerente de proceso" para la reunión. Entonces el coordinador se encarga de las funciones anteriormente cumplidas. En estos casos el "director" de la reunión es otra persona. Ese director invita al coordinador. Forma parte del grupo y es responsable de la formación del grupo y de la confección de la agenda. Entonces, el coordinador es una especie de "personal contratado", que ayuda a dirigir el lado creativo de la reunión. El director se responsabiliza del contenido y el foco.

Por las razones ya expuestas, no hay una persona oficialmente designada para tomar notas.

El tiempo

Muchos factores afectan la duración de las reuniones. Si se realizaran regularmente, pueden ser breves. Si, por el contrario, es difícil reunir a la gente, porque todos tienen que viajar para asistir o porque no pueden abandonar sus tareas cotidianas, entonces es preciso aprovechar al máximo cada reunión. Si hay áreas importantes en las que es indispensable aportar ideas nuevas, las reuniones pueden ser más prolongadas, a fin de abarcar todas esas áreas.

Sin embargo, pienso que en general las reuniones deben durar entre 60 y 90 minutos. Se puede agregar media hora, para una recopilación adicional o para el tratamiento de las ideas.

Siempre se deben dedicar los primeros 15 minutos a la práctica de alguna de las técnicas formales del pensamiento lateral, aplicándola a problemas ajenos, que no afectan a ninguno de los participantes. Esta especie de "precalentamiento" sirve para fortalecer la destreza en el uso de la técnica, ya que es difícil adquirir solvencia en la utilización de una herramienta si se emplea para tratar problemas locales urgentes.

Los formatos

Ya se han examinado anteriormente los formatos dentro de las reuniones y el equilibrio entre trabajo individual y en grupo.

Evaluación

Llega un momento en que la benevolencia constructiva hacia la idea nueva debe terminar. La idea tiene que abandonar el nido y abrirse paso en el mundo. Empieza a competir con otras ideas posibles y debe probar sus méritos.

Al comienzo del proceso creativo se puede realizar una evaluación preliminar, que ayudará a modelar la idea hasta convertirla en una mejor. Esto forma parte del "tratamiento" de las ideas. Pero cuando este proceso termina, la idea debe ser sometida a una evaluación específica.

El procedimiento de la evaluación no forma parte del pensamiento creativo sino de la capacidad de juzgar y tomar decisiones de un individuo o de una organización. Esta capacidad de juicio debe aplicarse a todo tipo de cuestiones e ideas, cualquiera que sea la fuente de donde provengan. La evaluación de las ideas creativas no debe ser diferente de la evaluación de las otras ideas. Por esta razón siempre sostengo que al pensamiento creativo no se le pueden atribuir "desastres". Cuando se producen desastres, el error es imputable a la mala evaluación de las posibilidades creativas. Por esta razón el sistema de juicio/decisión que opera en la organización debe ser utilizado en la evaluación final de las ideas producidas por la creatividad.

La única excepción para este procedimiento se produce cuando una organización decide deliberadamente asignar una proporción fija de sus recursos a las ideas creativas con alta potencialidad y alto riesgo. Las ideas creativas que tratan de ingresar en esta categoría serán evaluadas de un modo diferente de las otras cuestiones. Los criterios para evaluar un proyecto de investigación pueden diferir de los criterios para estimar un cambio en el programa de producción.

Las notas sobre la evaluación que aquí se incluyen deben ser leídas a la luz de lo que he expresado hasta ahora en esta sección.

Si se compara con los pocos segundos que requiere la generación de una idea nueva, el proceso de evaluación es lento. Y ello debe ser así, porque es en el proceso de evaluación donde están los riesgos.

Categorías finales

Quiero comenzar con las "categorías finales", o sea, las casillas en las que, al terminar el proceso de evaluación, se pueden colocar las ideas evaluadas. Esto dará un buen indicio de la naturaleza de la evaluación. Nada hay de especial en estas categorías y además hay muchas maneras de conseguirlo.

Idea directamente utilizable

Ciertas ideas son consideradas de valor y se pueden usar directamente. Esto no significa que se utilizarán inmediatamente. Puede suceder que una organización posea muchas ideas directamente utilizables pero le falten recursos.

Una idea buena, pero no para nosotros

La idea es valiosa y aplicable, pero no "encaja" dentro de las necesidades o de las condiciones actuales de la organización. Esto se vincula a la evaluación del tipo "el mejor lugar" que se examinará más adelante. Siempre se deben especificar las razones por las que la idea "no encaja".

Una idea buena, pero no ahora (desván)

Se estima que la idea es aplicable y tiene valor. Existe la convicción de que en el futuro se podrá recuperar y usar. Sin embargo, la idea no se adapta a las necesidades o a las prioridades del momento. Esta categoría no es exactamente igual a la anterior, que sostiene que las ideas no encajan en absoluto, ni servirán en el futuro. Guardar una idea en el desván significa que se deja allí para examinarla de nuevo de vez en cuando.

Necesita más trabajo

La idea adolece de graves defectos e insuficiencias. No obstante, no encierra imposibilidades fundamentales, y además parece prometedora. Alguien sugiere que se puede trabajar más sobre ella. Este trabajo debe ser lógico y creativo. Se puede, entonces, formar un equipo para trabajar sobre ella.

Es potente, pero no utilizable

Entran en esta categoría las ideas con gran potencia pero que, por diversas razones, no pueden ser utilizadas. Algunos de esos motivos pueden ser: reglamentaciones, cuestiones ambientales, factores de alto riesgo, productos existentes muy agresivos, etcétera. Paralelamente se reconoce que la idea es potente pero no utilizable. Las ideas que entran en esta categoría se ponen en el archivo y se examinan ocasionalmente. Las circunstancias pueden cambiar y la idea puede resultar utilizable. También es posible extraer conceptos útiles y darles una forma más viable.

Interesante pero impracticable

Estas ideas no son "potentes" sino "interesantes", porque abren multitud de posibilidades. Las ideas interesantes indican que existe posibilidad de cambio y de nuevas percepciones. El efecto de estas interesantes ideas sobre la percepción puede ser aun más valioso que su uso real. Hay que prestarles atención y revisarlas de vez en cuando. Las ideas de esta categoría poseen un valor creativo y estimulante, aunque nunca lleguen a ser utilizadas.

Escaso valor

La idea es viable y se adapta a la organización, pero su valor y los beneficios posibles son escasos. No hay razón ni motivación para utilizarla. Quizá se esté subestimando el valor de la idea; en tal caso, es responsabilidad de los autores demostrar que posee un alto valor. Algunas ideas interesan y llaman la atención por su alto valor de novedad. Pero cuando se someten a una evaluación más exhaustiva se suele advertir que su único valor es la "novedad". Si bien esto suele ser suficiente en el campo de la publicidad, por lo general no basta en otras áreas.

Impracticable

Hay muchas ideas que son inmediatamente consideradas impracticables. Esto significa que existen imposibilidades fundamentales. No se trata de trabajar más sobre ellas. Merecen ser rechazadas. Quizá más adelante surjan otra vez bajo una forma diferente, pero por el momento merecen ser rechazadas. No se debe apelar a la benevolencia creativa para mantenerlas vivas.

Como vemos, entre las categorías "directamente utilizables" e "impracticables" existe toda una gama de categorías intermedias. Las ideas que entran en las otras categorías suelen desempeñar un papel importante en el pensamiento de una organización, pero sólo las "directamente utilizables" acceden al nivel de aplicación prioritaria. Las ideas de esta categoría suelen necesitar aún ser sometidas a verificación, tanto para controlarlas como para construir una base de sustentación para ponerlas en práctica. Los resultados de esta verificación suelen ser mucho más motivadores que la idea en sí.

Algunas consideraciones importantes

A continuación se enumeran algunas consideraciones importantes que hay que tener en cuenta en la evaluación. Cada una abarca un área muy amplia y puede ser elaborada con más detalles.

Beneficios

Esta es la primera consideración, y la más importante. Si la idea no ofrece beneficios, no vale la pena seguir estudiándola. ¿Cuál es la relación entre "valor" y "beneficios"? A veces se usan ambos términos indistintamente y esto no causa mayores problemas. Fundamentalmente, el "valor" reside en la idea y los "beneficios" son disfrutados por aquellos a quienes afecta la idea. La belleza puede residir en una estatua, pero los beneficios de la belleza son disfrutados por turistas, fotógrafos, artistas y otras personas expuestas a esa belleza.

¿Cuáles son los beneficios? ¿De qué magnitud serán? ¿Cuáles son los beneficios derivados? ¿De qué dependen? ¿Cuánto durarán? Es preciso formular todas estas preguntas. Por ejemplo, los beneficios que dependen de las tasas de interés del momento suelen ser grandes pero efímeros. Los de la producción a bajo costo en cierto país pueden durar o no. Los de un nuevo concepto financiero sólo duran hasta que la competencia lo copia.

¿Quién se apropiará de los beneficios? Esta es una cuestión clave. ¿Revertirán directamente hacia el productor en términos de menores costos y mayores ganancias? ¿Se canalizarán hacia el comprador en términos de precios más bajos, mejor calidad o funciones suplementarias? En ciertos momentos los beneficios afectan tanto al comprador como al productor. Por ejemplo: un mejor diseño puede tener mayor atractivo para el comprador, al mismo tiempo que el incremento de las ventas beneficia al productor. ¿Y qué sucede con los intermediarios, o sea con los canales por los que el producto o servicio tiene que pasar? Los envases de detergente concentrado reducen en un 45 por ciento el costo de manipulación en los supermercados y además son muy populares entre los minoristas. ¿La nueva idea facilita o dificulta la vida para los minoristas? ¿La nueva idea hace la vida más fácil o más difícil para los agentes de bolsa? Los puntos nuevos que requieren mantenimiento frecuente o son difíciles de demostrar no proporcionan beneficio a los minoristas. En cuanto a los beneficios para el medio ambiente, suelen ser reales, pero también son una excelente publicidad.

Es preciso formular claramente toda la gama y el alcance de los beneficios, y brindar toda la información sobre las razones por las que se cree que se podrán obtener.

Factibilidad

Suele argumentarse que la primera prioridad es la factibilidad. Si una idea no es factible, ¿por qué molestarse en pensar en los beneficios? Estos deben considerarse en primer lugar porque si se estima que serán importantes se producirá un esfuerzo mucho mayor por encontrar una manera de poner en práctica la idea.

De vez en cuando las ideas no son practicables porque entran en contradicción con ciertos principios básicos (como por ejemplo las máquinas basadas en la idea del movimiento perpetuo). En estos casos, no tiene sentido profundizar en el análisis.

En otros casos, las ideas no resultan factibles porque violan ciertas reglamentaciones o son francamente ilegales. Aquí se puede tratar de mantener el concepto y cambiar la idea, de modo que sea legal y respete las reglamentaciones del campo. A veces incluso vale la pena presionar para que cambien las reglamentaciones.

Cuando una idea no es factible porque puede asustar a ciertos sectores o provocar daños ambientales, es posible trabajar sobre ella para tratar de eludir esos peligros.

En ocasiones las ideas no son practicables porque no existe una manera conocida de ponerlas en práctica o porque no se dispone de la tecnología adecuada. Hay muchos ejemplos de ideas exitosas ante los cuales la primera reacción fue decir: "Esta idea no puede ser buena". Entonces, sólo la tenacidad del empresario suele encontrar finalmente una manera de concretarla. En este punto del proceso es habitual que se rechace una idea porque no existe una manera factible de llevarla a la práctica. Pero si los beneficios son suficientemente prometedores, se pueden realizar grandes esfuerzos para concretarla. Cuando Ron Barbaro sugirió la idea de los "beneficios en vida" para la industria del seguro de vida, se levantó un verdadero coro de voces para explicar por qué no era posible ponerla en práctica.

Lo importante es tener claro la dosis de esfuerzo que se invertirá en el intento de convertir en factible la idea.

Ahora bien, si la idea parece inmediatamente viable, las cosas son más fáciles.

Los recursos

¿Disponemos de los recursos necesarios para hacer funcionar la idea? ¿Queremos destinar recursos para esta idea?

¿Cuál será el costo en dinero? ¿Cuánto tiempo requiere? ¿Cuál es el costo en horas de mano de obra y a qué nivel? ¿Cuál será el gasto en función de la interrupción de las actividades en curso? ¿Cuál es el costo en esfuerzo y complicaciones? ¿Quién tendrá que trabajar sobre esta idea? ¿Quién asumirá la responsabilidad?

¿Se ha considerado el desvío de recursos y esfuerzo desde otras actividades y proyectos?

Sería excelente poder poner en acción todas las ideas valiosas y factibles, pero siempre existe una cierta limitación de los recursos.

Si simplemente sucede que no se dispone de recursos, tomar una decisión es fácil. Pero si se dispone de ellos, entonces la decisión se toma en función de comparaciones y prioridades.

Evidentemente, es muy importante evaluar de forma realista los recursos. Por lo general se subestiman fuertemente todos los recursos necesarios para poner en práctica una idea.

La concordancia

¿La idea "concuerda" con la organización? La "concordancia" es una cuestión compleja pero muy importante. ¿La idea concuerda con el tipo de organización? Una idea puede ser adecuada para un principiante que intenta penetrar en el mercado; otra, en cambio, sólo conviene a una organización grande, con suficiente fuerza de mercado para hacerla funcionar.

¿La idea concuerda con la política, la estrategia y los objetivos de la empresa? ¿Concuerda con la imagen pública y las expectativas? ¿Encaja en las esperanzas de los analistas económicos?

En el nivel interno, ¿la idea concuerda con la personalidad y las ambiciones del director ejecutivo y también con las de aquellos que toman las decisiones? ¿Se adecua a las motivaciones de quienes serán los responsables inmediatos de ponerla en práctica? ¿Qué interés tiene para mí?

La dificultad de la "concordancia" radica en que en primera instancia suele estimarse que sólo las ideas tradicionales concuerdan con el comportamiento usual de la organización. Por definición, ninguna idea nueva concuerda.

Al mismo tiempo, es muy difícil conseguir que funcione una idea nueva si no encaja dentro del estilo y la motivación de la organización. Puede suceder que una idea muy valiosa y practicable fracase debido a esta falta de "concordancia".

Tal como en el caso de la "factibilidad", en esta área es posible realizar un esfuerzo mayor. Si al parecer la idea no encaja en la organización, ¿será posible que encaje? ¿Cuánto esfuerzo estamos dispuestos a invertir para lograrlo?

Si se analiza la idea desde el punto de vista del "mejor lugar", es posible evaluar cuál es el contexto que más le conviene. No se trata tanto de examinar la idea en sí como de ver dónde encajaría mejor. Se imagina el mejor lugar para ella y luego se compara con la organización existente. ¿Cuál sería el mejor lugar para esta idea? ¿Podemos nosotros concedérselo?

Los beneficios que se esperan alcanzar con la idea servirán de incentivo para tratar de lograr su adecuación.

Factores esenciales

Si bien todos los "factores esenciales" pueden ser cuestionados, esto no significa que no tengan validez. Al evaluar ideas y alternativas es preciso tener conciencia de los "factores esenciales". Estos factores determinan si una idea es utilizable o no. Si falta el factor esencial, la idea debe descartarse o se debe realizar un esfuerzo para incorporarle ese factor esencial.

Existen dos tipos básicos de factores esenciales: vital y letal.

Los factores vitales

Estos factores son necesarios para la "vida" de la idea, y por eso se llaman factores "vitales". Sin ellos la idea no funciona; abarcan la rentabilidad, el cumplimiento de las reglamentaciones, la aceptación por parte de los sindicatos, un mercado bien definido, el canal de distribución, la asignación de recursos, etcétera. Algunos de estos factores vitales son inherentes a la idea pero otros surgen de la manera de tratarla. La adecuada capitalización es un factor vital para el éxito de todo nuevo emprendimiento.

Los factores letales

Así como los factores vitales son necesarios para la vida de una idea nueva, los factores "letales" la llevan a su muerte. Si una idea contiene factores letales, no puede funcionar. Hoy en día, el daño ambiental es un factor letal en muchos países. También lo son el precio demasiado alto; los problemas legales y su elevado costo; la violación de los derechos de propiedad intelectual; también podría serlo la asociación con una corporación en quiebra. La crueldad con los animales y la explotación de menores son factores letales.

Como en el caso de la factibilidad y de la concordancia, el esfuerzo para liberarse de los factores letales (no para ocultarlos) o para incorporar factores vitales deberá estar siempre impulsado por el valor de la idea. A menos que sea muy alto, las ideas se rechazarán en función de sus factores vitales o letales, y así debe ser.

La flexibilidad

La flexibilidad de una idea nueva es un factor que está adquiriendo cada vez más importancia. Las condiciones futuras son inciertas. El futuro comportamiento de los competidores, también. Los valores cambian constantemente. Los costos futuros son impredecibles.

Frente a tal incertidumbre, es difícil predecir que una idea funcionará. No obstante, necesitamos ideas nuevas. No es posible quedarse tranquilamente sentado y eludir todo riesgo recurriendo al sencillo expediente de no hacer nada. La respuesta a este dilema es la flexibilidad.

¿Es posible modificar la idea para adaptarla a condiciones variables? ¿La idea es suficientemente flexible? Si los competidores responden de determinada manera, ¿podemos modificarla para hacer frente a esa respuesta? ¿Podríamos cambiar el precio si fuera necesario?

Las ideas rígidas no son convenientes. Durante el proceso de diseño se debe poner especial énfasis en la incorporación de flexibilidad.

Si la idea funciona, ¿podrá engendrar una cantidad de ideas adicionales que nos permitan sacar provecho del impulso? ¿Podremos tener "hijas" y "nietas" de la idea? ¿Podremos extraer de este éxito toda una gama de modelos? Si corremos el riesgo y todo sale bien, ¿cómo podremos aprovecharlo al máximo?

La posición de retroceso

Si, por motivos diversos, la idea fracasa, ¿cuál será nuestra posición de retroceso? ¿Podremos minimizar las pérdidas? ¿Podemos sacar algún provecho del intento (quizás aprender algo sobre el mercado)? ¿El fracaso de la nueva idea perjudicará a nuestros productos, dañará nuestra imagen o las relaciones con nuestros distribuidores?

La posición de retroceso más común consiste en buscar un chivo expiatorio, alguien a quien culpar por el fracaso. Muchas veces esto queda establecido de antemano.

Si bien nadie se plantea al comienzo la posibilidad de que la idea fracase, es prudente diseñar una posición de repliegue, de retroceso.

Verificabilidad

En el proceso de diseño de toda idea se debe tener en cuenta la verificabilidad. ¿Esta idea puede ser probada en una planta piloto? ¿Podría ser puesta a prueba en un sondeo de mercado? ¿Se puede verificar mediante un muestreo? ¿Se puede probar con una encuesta entre los consumidores? ¿La aceptación de la idea puede ser verificada con anticipación, "lanzando una idea" o permitiendo que se filtre información a la prensa?

¿Se puede verificar la idea consiguiendo que alguien la pruebe primero? ¿Es posible someterla a prueba por medio de grupos de foco o de verificación interna?

Como ya he señalado, hay varios factores que verificar:

1. Ver si la idea funciona.
2. Modificarla según la realimentación de información.
3. Conseguir apoyo para la idea.

También suele ser necesario invertir una considerable dosis de creatividad para diseñar dispositivos de verificación prácticos y persuasivos.

El riesgo

Por debajo de todos los juicios, decisiones y evaluaciones existe un factor de riesgo. El propósito del diseño y el objetivo de la evaluación es reducirlo.

Existe el riesgo de que la idea fracase.

Existe el riesgo de que la idea resulte mucho más cara de lo que habíamos previsto.

Existe el riesgo de que la idea cause daños (imagen, fiabilidad del producto, relaciones con los distribuidores, con la clientela, etcétera).

Existe el riesgo de que la idea desvíe la atención y los recursos que podrían aplicarse a otros temas.

Existe el riesgo de que un cambio imprevisible en las circunstancias la haga naufragar.

Existe el riesgo de que un error de la tecnología nos lleve al fracaso.

Existe el riesgo de que la idea provoque respuestas competitivas muy eficaces que terminen por despojarla de todo valor.

Esta lista de riesgos posibles podría ampliarse hasta el infinito, porque todo lo relacionado con el futuro es incierto.

Podemos controlar los riesgos de diversas maneras:

1. Tomar conciencia de los riesgos posibles.
2. Diseñar posiciones de retroceso y sistemas para la reducción de los daños.
3. Reducir el riesgo por medio de la verificación.
4. Reducir el riesgo rediseñando la idea.
5. Crear sistemas de advertencia temprana.
6. Mantenernos tan informados como sea posible.
7. Contratar una póliza de seguro.
8. Conseguir reacciones y respuestas rápidas.
9. Extender el riesgo con socios y sociedades en participación.
10. Evaluar los índices de riesgo/ganancia.

Cuando se han tomado todas las medidas sensatas para

reducir o contener el riesgo, la organización debe decidir cuánto riesgo está dispuesta a correr. Si se reduce el costo de introducción de un nuevo producto, esa introducción será menos arriesgada.

En última instancia, las organizaciones necesitan tomar decisiones "empresariales". ¿Qué parte de los recursos disponibles se asignará a los nuevos emprendimientos en los que la ganancia potencial sea alta pero exista también un factor de riesgo?

Negarse a todas las iniciativas y adherirse a la continuidad y a las actividades no arriesgadas es una actitud de mucho peligro. No hacer nada no equivale a evitar todos los accidentes sino a aceptar el elevado riesgo implícito en la inercia.

A veces es posible mantenerse actualizado lanzando un producto del tipo "yo también", una vez que alguien ha abierto el nuevo mercado. Pero a veces es demasiado tarde y se pierde una porción de ese mercado, que abarca la competencia.

La decisión final

En el transcurso del análisis de las ideas suele ser necesaria la toma de decisiones. Por ejemplo: es evidente que esta idea no ofrece beneficios suficientes como para llevarla adelante; es evidente que en la puesta en práctica tropezaríamos con demasiadas dificultades; no podemos eliminar los factores letales que esta idea contiene. Es así como toman decisiones los japoneses.

Las discusiones acerca de las ideas requieren la utilización de los Seis Sombreros para Pensar, a fin de aplicar los diferentes modos de pensamiento.

Si durante el proceso de evaluación no se toman algunas decisiones, más tarde será preciso tomar otras, más conscientes. Las decisiones pueden tomarse de diferentes maneras.

El sistema de puntos

Se puede asignar determinado peso a los diversos factores de la evaluación (pero no los factores esenciales) y luego adjudicar puntos a cada idea según cada factor. Al finalizar el procedimiento se impondrán las ideas más favorecidas. La dificultad en todo sistema de puntos reside en que estos sistemas producen ideas débiles, nunca emocionantes, porque las ideas más moderadas obtienen una puntuación similar en todas las áreas.

La comparación directa

También es posible realizar comparaciones directas entre las ideas en discusión o las alternativas disponibles. Se señalan los puntos de similitud y los de diferencia y se miden los diversos desempeños comparándolos con los criterios de evaluación. La ventaja de la comparación directa es que permite tener en cuenta factores que no figuran en la lista de control de la evaluación. Por otra parte, resulta más fácil evaluar ideas si se toman como "un todo".

Por lo general la comparación funciona mejor sobre la base del "rechazo". Uno se concentra en los riesgos y defectos y esto le brinda una razón para rechazar algunas de las ideas en pugna. Pero si uno se concentra en los puntos buenos resulta muy difícil rechazar una idea, ya que en todas las personas existe una resistencia a dejar de lado una idea con posibilidades.

La lógica retrospectiva

Uno escoge una idea e imagina que ya ha decidido elegirla (o utilizarla). A continuación, explicamos a la audiencia por qué elegimos esa idea y no otra. Enumeramos las razones lógicas de la elección. Con frecuencia una idea con una apariencia muy fuerte se torna débil cuando tratamos de enumerar las razones por las cuales la elegimos. Entonces se descubre que el atractivo de la idea es más emocional que racional y se basa más en la esperanza que en expectativas razonables.

Este ejercicio es muy útil porque ayuda a impulsar las ideas que deben ser seleccionadas en función de sus méritos lógicos. Pero existe también el peligro de rechazar ideas inusuales con un gran potencial pero con una base de apoyo racional débil.

Las emociones

Aunque no nos guste admitirlo, en última instancia todas las decisiones se toman emocionalmente. La información y el razonamiento lógico sólo nos colocan en mejor situación para ejercer nuestras emociones. Por lo tanto, podemos identificar la base emocional de nuestra decisión. Podemos indagar para comprobar, en cada alternativa, cuál podría ser la emoción básica que está determinando nuestra elección. Si eligiéramos esa alternativa, ¿cuál sería la emoción subyacente?

Las tres emociones más importantes son:

1. Temor
2. Codicia
3. Pereza.

El temor al riesgo y a la culpabilidad es la base emocional para rechazar ideas o ser indiferente. A veces el temor es una fuerza impulsora. El miedo a quedar atrás, a perder la porción del mercado, a los ataques de la competencia, es un factor que puede impulsar a la acción positiva.

La palabra "codicia", aunque parece tener un matiz despectivo, dentro de este contexto abarca la decisión de crecer, de agrandarse, de actuar, de aumentar la porción del mercado y el valor de las existencias. Se trata, pues, de una fuerza impulsora positiva.

La pereza también impulsa muchas decisiones. Se manifiesta como una renuncia a hacer algo diferente. Se prefiere la "vida tranquila", una existencia donde suceden pocas cosas. Todo proyecto nuevo exige atención, significa más incertidumbre y más "pensamiento". Entonces se prefiere eludir todas estas exigencias y se encuentran razones para justificar el abandono de las ideas, cuando la razón básica es la "pereza".

¿Por qué me gusta esta idea? ¿Por qué no me gusta aquella otra? ¿En qué medida influyen en cada caso el miedo, la codicia y la pereza?

Las circunstancias

¿En qué circunstancias elegiría yo esta idea? ¿En qué circunstancias me gustaría llevarla adelante?

Tal como sucede con otros marcos de trabajo, las circunstancias suelen facilitar la toma de decisiones. Quizá se presenten las circunstancias ideales, quizá no.

Cómo hacer funcionar una idea

A veces creemos que una idea es tan maravillosa y potente que arrastrará tras de sí a todo el mundo. Casi nunca ocurre. Por el contrario, siempre es necesario "hacerla funcionar". Tiene que haber una persona o un grupo resueltos a hacerla funcionar y dispuestos a superar inconvenientes y obstáculos para lograrlo. El intento de encontrar una idea que funcione sin trabajo y esfuerzo es una ilusión vana. Por las mismas razones, una idea que obviamente no es una gran idea puede funcionar si alguien advierte sus posibilidades y decide ponerla en práctica con éxito.

Los diamantes en bruto no son muy bellos; pero la destreza del orfebre que los talla revela su belleza. Del mismo modo también el valor de una idea suele revelarse cuando alguien decide aplicarla satisfactoriamente.

Resumen

El propósito que me guió al escribir este libro fue realizar una exposición amplia y actualizada del pensamiento lateral. Este libro pretende ser tanto un punto de referencia como un manual para el usuario. El pensamiento lateral trata específicamente del cambio de conceptos y percepciones y de la generación de otros nuevos. Los productos finales son las ideas utilizables. Conceptos, ideas y percepciones están presentes en todos los campos donde se requiere pensar. A menos que lo que uno está haciendo pueda realizarse igualmente por medio de rutinas automáticas y reiterativas, para desarrollar cualquier actividad es preciso poseer cierta destreza en la práctica del pensamiento lateral. Creo que todos los estudiantes universitarios y todos los ejecutivos deberían leer este libro. Los conceptos pueden resumirse del siguiente modo:

Punto 1

El pensamiento creativo está adquiriendo rápidamente una importancia creciente y llegará a desempeñar un importante papel en las finanzas, las materias primas y la mano de obra. A medida que todas las empresas alcanzan el mismo nivel de competencia, son los conceptos los que brindan ventajas competitivas. Para preparar una sopa necesitamos agua, pero la sopa es algo más que esto. El agua representa la competencia básica. A medida que un emprendimiento pasa de la competencia a la *sur/petition*, aumenta de pensamiento conceptual fuerte. Los nuevos conceptos no surgen del análisis de los datos, porque la mente sólo puede ver aquello que está preparada para ver. Por lo tanto, es preciso desarrollar la capacidad de crear conceptos nuevos.

Las organizaciones competentes poseen un potencial fuerte, pero ese potencial se malgastará a menos que se utilice la maquinaria de la organización para poner en acción ciertas ideas poderosas.

El pensamiento creativo es importante también para las organizaciones que todavía están ascendiendo hacia la cima de la competencia. Existe una necesidad real de pensamiento creativo para descubrir mejores maneras de conseguir calidad, reducción de los costos y perfeccionamiento continuo.

El mundo en que vivimos debe enfrentarse cada vez a más problemas. Muchos de ellos no pueden resolverse mediante la simple técnica analítica consistente en localizar la causa del problema y tratar de eliminarla. En muchos casos no se puede eliminar y entonces surge la necesidad de "diseñar" una manera de salir adelante generando conceptos nuevos. ¿Y de dónde surgirán esos conceptos si no es del pensamiento creativo?

Punto 2

Sabemos ahora, por primera vez en la historia, que en el cerebro humano existe una necesidad absolutamente matemática de creatividad. La percepción opera como un sistema de información autoorganizado, en el que la información que entra se ordena en pautas o secuencias. Estas pautas no son simétricas y es necesario ser capaz de atravesarlas. Esta operación se produce naturalmente en el humor y en la intuición, pero también es posible provocarla deliberadamente, por medio de los procesos formales del pensamiento lateral. Como sólo podemos reconocer las ideas creativas que retrospectivamente son lógicas, hemos llegado a creer, erróneamente, que la lógica lo es todo. Esto es completamente incorrecto dentro de un sistema de construcción de pautas.

La "secuencia temporal" de nuestra experiencia establece nuestros conceptos y percepciones. El desarrollo temporal de los acontecimientos establece nuestras maneras de hacer las cosas. La cronología de la historia establece nuestras estructuras e instituciones. Quizá necesitamos liberarnos de esta secuencia temporal para poder utilizar plenamente el potencial de experiencia que nos oculta.

Punto 3

La creatividad no es un talento místico que algunas personas poseen y otras sólo pueden envidiar. El pensamiento lateral es un pensamiento creativo que puede ser aprendido, practicado y utilizado por cualquier persona. Algunas serán mejores que otras, como en cualquier destreza. El pensamiento lateral no convierte a nadie en un genio pero complementa las técnicas de pensamiento que se poseen, agregándoles una valiosa capacidad de generar ideas nuevas.

La opinión tradicional de que para producir pensamiento creativo sólo hay que liberarse de las inhibiciones y temores es incorrecta y anacrónica. El comportamiento natural del cerebro consiste en formar pautas y ceñirse a ellas; por eso es un instrumento excelente para entender el mundo. En consecuencia, la supresión de miedos e inhibiciones sólo producirá un incremento leve de la creatividad. Para ser efectivamente creativos tenemos que aprender a realizar actividades que para el cerebro no son naturales. Tenemos que aprender, por ejemplo, a plantear provocaciones y a usarlas con la nueva operación mental llamada "movimiento".

El enfoque de la creatividad como "locura" es muy superficial y ha perjudicado la seriedad con que debe tratarse el pensamiento creativo. Este enfoque se basa en una comprensión insuficiente de los procesos del pensamiento creativo. El pensamiento creativo no es un recurso aleatorio, que consiste en producir ideas al azar con la esperanza de hallar alguna que sirva para algo. Podemos evitar los efectos restrictivos del juicio de una manera mucho más eficaz utilizando las técnicas formales y sistemáticas del pensamiento lateral. Estas técnicas pueden ser usadas individualmente o en grupo. Trabajar en grupo no es indispensable, como en la llamada "tormenta de ideas", que forma parte de la línea de la creatividad "alocada".

Punto 4

En este libro se exponen los procesos sistemáticos, las herramientas y las técnicas del pensamiento lateral. Veinticinco años de experiencia han demostrado su eficacia y la posibilidad de aprenderlas. No es suficiente adoptar una actitud creativa y esperar que suceda algo. Cuando necesitamos una idea nueva podemos sentarnos y utilizar las técnicas sistemáticas para producirla. También se explican en este libro las maneras en que pueden aplicarse las técnicas sistemáticas a diferentes situaciones, como por ejemplo resolución de problemas, perfeccionamiento, diseño de oportunidades, etcétera.

El pensamiento creativo no consiste en esperar la inspiración.

Punto 5

Me he referido también a la introducción de la "creatividad seria" en una organización. Es necesario que una persona de nivel gerencial se responsabilice de ello, actuando como "paladín del proceso"; de otro modo, no se obtendrán grandes resultados. Se debe introducir el pensamiento creativo no sólo como actividad aislada sino también como complemento de ciertos programas, como los de calidad, reducción de costos y perfeccionamiento continuo. Además, se han incluido en este texto los aspectos prácticos de la enseñanza y de las estructuras necesarias para utilizar la creatividad. Algunas organizaciones importantes, como Du Pont y Prudential, han empezado ya a recorrer este importante camino.

Punto 6

Actualmente muchas empresas declaran que creen en la importancia de la creatividad e introducen innovaciones superficiales. Otras se enorgullecen de los pequeños esfuerzos creativos que realizan. Pero, en general, todavía se considera la creatividad como algo superfluo o costoso. Las organizaciones exitosas del futuro serán aquellas que ya han empezado a pensar de otro modo. La creatividad es fundamental para liberar todo el potencial de una empresa y de su gente. Por otra parte, si alguien quiere introducir la creatividad en su organización y usarla de forma seria, los medios para lograrlo están a su alcance. Lamentablemente, hay gente que practica la creatividad y sin embargo cree que para desarrollarla en otras personas basta con instarlas a ser un poco alocadas. La "locura" está muy lejos de ser suficiente.

La creatividad seria es realmente necesaria. Eso explica el título de este libro.

APENDICE I

Las técnicas del pensamiento lateral

Seis Sombreros para Pensar

Se asigna un sombrero de diferente color a cada uno de los seis modos fundamentales del pensamiento. Así se puede pasar de un modo de pensamiento a otro. En cualquier momento se puede pedir determinado tipo de pensamiento. Es posible aumentar la productividad del pensamiento crítico restringiendo su uso al momento adecuado. El método de los Seis Sombreros para Pensar brinda un marco de trabajo concreto para salir del pensamiento tradicional, basado en la discusión y el enfrentamiento, y avanzar hacia la investigación en cooperación.

Sombrero blanco: pensamiento de información
Sombrero rojo: intuición y sentimiento
Sombrero negro: cautela y lo negativo lógico
Sombrero amarillo: lo positivo lógico
Sombrero verde: esfuerzo creativo y pensamiento creativo
Sombrero azul: control del proceso mismo del pensamiento.

La pausa creativa

Se trata de una pausa muy breve, que se produce dentro de la mente del pensador y sirve para considerar si habría una alternativa u otra manera de hacer las cosas. Existe la disposición de prestar una atención creativa a todos los aspectos de cualquier cuestión. En el suave flujo del pensamiento o la conversación se dan por sentadas muchas cosas. La pausa creativa permite al pensador detenerse un poco más para examinar algo.

Foco simple

Normalmente sólo pensamos en los problemas y las dificultades que reclaman nuestra atención. Sin embargo, es posible obtener grandes resultados creativos concentrándonos en cuestiones que nadie ha abordado hasta ahora. El foco simple no es un intento de generar ideas nuevas sino una voluntad de elegir un punto como foco potencial para el esfuerzo creativo: "Eso sería un buen foco creativo". Basta con anotar estos focos sin intentar generar ideas.

Cuestionamiento

El cuestionamiento creativo es uno de los procesos fundamentales del pensamiento lateral. No es un ataque, una crítica ni un intento de demostrar por qué algo no es correcto. Es un cuestionamiento de la posibilidad única: "¿Esta es la única manera posible?". El cuestionamiento creativo supone que algo se hace de determinada manera por razones anteriores tal vez ya inexistentes. En todos los casos puede haber una manera mejor de hacer lo mismo.

El cuestionamiento creativo puede estar dirigido al asunto mismo, pero también puede orientarse hacia la manera tradicional de pensar sobre él. "¿Por qué tenemos que considerar esto de este modo?" El cuestionamiento puede estar dirigido a los factores que moldean nuestro pensamiento: conceptos dominantes, supuestos, límites, factores esenciales, factores de evitación y polarizaciones. Por medio del cuestionamiento, examinamos directamente estos factores para comprobar si son realmente necesarios.

Además, el cuestionamiento creativo pone en tela de juicio la "continuidad", por la que algo se realiza de determinada manera porque así se ha hecho antes. Este proceso de "análisis de la continuidad" contempla los siguientes tipos:

La continuidad del descuido: nadie se ha molestado en pensar en el tema.
La continuidad del encierro: el tema tiene que coincidir con otras cuestiones.
La continuidad de la complacencia: el éxito reiterado impulsa a no reconsiderar el asunto.
La continuidad de la secuencia temporal: quedamos atrapados en el desarrollo de nuestras experiencias.

Alternativas

La consideración de las alternativas es otro de los procesos fundamentales del pensamiento lateral. La búsqueda de alternativas constituye la esencia misma de la creatividad.

Este proceso implica la voluntad de detenerse para la búsqueda de alternativas cuando no hay necesidad aparente de hacerlo; de detenerse para buscar alternativas aunque el paso siguiente sea lógico y posible; la voluntad de esforzarse para encontrar otras alternativas en vez de conformarse con las que ya se han localizado (en cuestiones prácticas es preciso fijar un límite a esta búsqueda); la voluntad de "diseñar" nuevas alternativas cambiando la situación en vez de conformarse con "analizarla". Además, es importante en el proceso de la búsqueda definir el "punto fijo" al que se referirán las alternativas: "¿Alternativas con respecto a qué referencia?". El punto fijo puede ser de propósito, de grupo, de semejanza o de concepto. Por lo general es posible definir varios puntos fijos en una situación y después buscar alternativas para cada uno.

Abanico de conceptos

El abanico de conceptos resulta particularmente útil para el pensamiento de "realización". "¿Cómo podemos lograrlo?" El pensamiento de realización incluye la resolución de problemas y el cumplimiento de tareas. El abanico de conceptos es una manera muy elaborada de buscar alternativas usando conceptos para desencadenar alternativas "en cascada".

Retrocedemos desde las direcciones hacia los "conceptos" que son las maneras de avanzar en esa dirección. Puede haber varias capas de conceptos que van desde lo más amplio hasta lo más específico.

Después retrocedemos de los conceptos a las "ideas", que son maneras prácticas y específicas de poner en acción los conceptos.

Al desplegar un abanico de conceptos es posible empezar en cualquier punto y luego avanzar hacia el propósito del pensamiento y retroceder hacia las ideas específicas.

Conceptos

Este recurso es importante para poder trabajar con conceptos precisamente en el nivel del concepto. Los conceptos son métodos o maneras generales de hacer las cosas. Los conceptos se expresan de una manera amplia, vaga, no específica. Todo concepto debe ser puesto en acción por medio de una "idea" específica. El objetivo a nivel de concepto es la posibilidad de "engendrar" más ideas.

A veces creamos conceptos directamente. Otras veces es conveniente "retroceder" desde cierta idea para descubrir el concepto que esconde. Siempre que pensamos en algo que se está haciendo debemos esforzarnos para extraer el concepto o los conceptos implícitos. Una vez extraído el concepto podemos reforzarlo, modificarlo o encontrar mejores ideas con las que ponerlo en acción.

Hay conceptos "de propósito", que se refieren a algo que tratamos de hacer; mecanismo, que describe cómo se producirá el efecto deseado, y de valor, que indican de qué forma algo proporcionará un valor.

Provocación y movimiento

En todo sistema de información autoorganizado (como la percepción) existe una necesidad absoluta de provocación. La provocación y el movimiento son necesarios para atravesar las pautas. La naturaleza asimétrica de las pautas induce a que se las atraviese: algo que retrospectivamente resulta obvio suele ser invisible por anticipado.

El neologismo "po" representa la Operación Provocativa e indica que lo que se formula pretende ser una provocación.

Con toda provocación necesitamos usar la operación mental activa del "movimiento", a fin de avanzar hacia una idea nueva. El movimiento es una operación activa y no sólo la suspensión del juicio.

Provocaciones espontáneas

Un pensador creativo puede tratar como provocación cualquier enunciado, observación o evento, aunque no hayan sido producidos con intención provocativa. La decisión le corresponde enteramente al pensador. Una idea aparentemente insensata e incluso ridícula puede ser usada como provocación con el propósito de producir ideas útiles. En este sentido se puede decir que las provocaciones "surgen" espontáneamente.

Provocaciones de huida

Se trata de provocaciones que el pensador creativo plantea deliberadamente. El pensador toma cualquier asunto que "se da por sentado" o que se considera normal dentro de la situación y procede a "huir" de él. La huida se lleva a cabo negando el punto, cancelándolo o simplemente dejándolo de lado.

El punto que "se da por sentado" no debe ser un problema, una crítica o una identidad.

Provocaciones de puente

Son también maneras deliberadas de plantear provocaciones. Es importante plantear las provocaciones audazmente y sin pensar cómo se utilizarán. No tiene sentido modificar una idea existente para formar una provocación. Debe ser planteada mecánicamente. Hay cuatro métodos para obtener una provocación de puente.

Inversión:

Se toma la "dirección" normal de la acción y luego se "invierte" para formar la provocación. Debe haber acción en la dirección opuesta.

Exageración:

Se exageran las medidas o las dimensiones normales (número, tamaño, peso) hacia arriba o hacia abajo. Una exageración hacia abajo nunca debe llegar a cero.

Distorsión:

Se altera arbitrariamente la relación normal entre las partes involucradas en la acción o la secuencia normal de los acontecimientos, con el propósito de generar una "distorsión" de la situación. Con esto se forma la provocación.

Pensamiento de deseo:

En este procedimiento se presenta una fantasía: "¿No sería bueno que...?". Debe ser una fantasía, no un deseo ni un objetivo. Una fantasía es algo que, pensando realistamente, no se puede esperar que suceda.

La aportación del azar

El principio básico es que si uno empieza desde un punto diferente, aumenta las probabilidades de abrir pautas distintas de las que habría usado partiendo desde el "centro".

La modalidad más conveniente de la aportación del azar es la de la palabra al azar. Esa palabra se obtiene de diversas maneras (por ejemplo, valiéndose del segundero de un reloj para seleccionar una palabra de una lista de 60). Después se usa la palabra para generar ideas nuevas alrededor del foco elegido.

Los procesos de aportación del azar pueden trabajar también con objetos, láminas, exposiciones, etcétera. Lo importante es que el aporte sea aleatorio y no elegido.

Movimiento

El movimiento es una operación mental activa y no una ausencia de juicio. El movimiento puede operar en el nivel de una disposición para pasar de una idea a otra idea nueva, pero también hay maneras sistemáticas y formales de acceder al movimiento.

Extraer un principio:

Extraemos de la provocación un principio, un concepto, una característica o un aspecto e ignoramos el resto. Trabajamos con ese principio y a su alrededor construimos una idea nueva.

Foco sobre la diferencia:

¿En qué se diferencia la provocación de la manera usual de actuar? ¿Podemos pasar de esa diferencia a una idea nueva útil? Aunque la diferencia sea pequeña, nos concentramos en ella para buscar una idea nueva. Este método es también la mejor defensa contra la frase que mata las ideas: "Es igual a...".

Minuto a minuto:

Visualizamos la provocación que se está poniendo en acción, aunque sea imposible en la realidad. Luego tratamos de ver lo que pasaría, "minuto a minuto". Tratamos de obtener una idea útil a partir de esa observación.

Aspectos positivos:

Aquí nos concentramos en los aspectos directamente positivos de la provocación. Ignoramos el resto y tratamos de construir una idea a partir de estos aspectos positivos.

En qué circunstancias:

Observamos el entorno para identificar las circunstancias en las que la provocación ofrecería un valor directo. Luego tratamos de avanzar hacia una idea útil, para esa circunstancia o para otras.

El estratal

El estratal es una técnica de "sensibilización". Reunimos cinco enunciados independientes acerca de la situación y después vemos qué idea nueva surge. Los enunciados no deben ser ni descriptivos ni amplios, y no se debe pretender que abarquen todos los aspectos. Para hacer más aleatorio el estratal se pueden escribir los enunciados en trozos de papel, colocarlos en una bolsa y después sacar cinco. El número cinco es conveniente desde el punto de vista perceptual.

La técnica del filamento

Se enumeran los requisitos básicos de cualquier situación de pensamiento. Luego se considera cada uno de esos requerimientos en un "filamento" que sale de él. Esta consideración consiste en anotar las maneras en que por lo general se satisface ese requisito. Se ignora totalmente el contexto real del problema o del foco creativo.

En la manera pasiva de utilización de la técnica del filamento se pasa luego a estudiar los filamentos hasta que de ese proceso de sensibilización "surge" una idea.

En la manera activa, o "forzada", de usar la técnica del filamento, se eligen ciertos puntos de cada uno de ellos y luego se realiza un esfuerzo decidido para forzar su combinación con el propósito de producir una idea nueva.

En otras secciones de este libro se ofrecen más detalles acerca de estos propósitos y técnicas. En todos los casos existe un proceso creativo fundamental que es puesto en acción de determinada manera. Es posible, por ejemplo, emplear el proceso fundamental de la provocación de manera sistemática, paso a paso. Desde luego, algunos de los procesos, como el cuestionamiento o las alternativas, son comunes a muchos enfoques del pensamiento creativo. Hace muchos años desarrollé la nueva palabra "po", las técnicas formales de provocación y movimiento, y la técnica de la aportación del azar como una manera sistemática de usar la provocación.

Al emplear las técnicas es conveniente mantenerlas claramente separadas. Mezclarlas con otros métodos de pensamiento creativo reduce mucho su poder y genera confusión, la enemiga del pensamiento eficaz.

APENDICE II

Notas sobre el uso de las técnicas del pensamiento lateral

Es sumamente importante que los lectores de estas notas lean la sección sobre la aplicación de las técnicas del pensamiento lateral. Las notas que aquí se ofrecen son breves observaciones y no abarcan todo el uso de las técnicas.

Los Seis Sombreros:

Se utiliza como marco general para la discusión. El sombrero verde pide un esfuerzo creativo específico. El amarillo, una visión positiva y constructiva de la idea que surge. El negro se usa para poner a la "cautela" y al pensamiento negativo lógico en su posición correcta, como parte final del tratamiento de la idea: "Todavía no necesitamos el sombrero negro".

El perfeccionamiento:

Foco claro de elección de subfocos. Cuestionamiento de los actuales métodos y conceptos y también del pensamiento mismo. Puntos fijos para las alternativas. Provocación de huida para salir de los surcos trillados del pensamiento. Provocación de puente para el cambio radical de todo el sistema. Abanico de conceptos para volver a estudiar lo que se está haciendo.

Problemas:

Foco para definir el problema. Definiciones alternativas del problema. Subfocos sobre partes del problema. Cuestionamiento de la definición y presentación del problema. Cuestionamiento del pensamiento existente. Cuestionamiento de los factores modeladores del pensamiento (límites, etc.). Cuestionamiento de los conceptos básicos. Puntos fijos y alternativas para problemas simples y abanico de conceptos para los grandes esfuerzos creativos. Provocación de huida para salir del enfoque estándar. Provocación de puente para un nuevo pensamiento radical sobre el tema. La palabra al azar cuando estamos bloqueados o queremos abordar la cuestión de un modo diferente.

Tareas:

Igual que con los problemas, pero se puede usar la técnica del filamento al comienzo. Se pone menos énfasis en el cuestionamiento y más en los deseos. Es muy útil el pensamiento del tipo "expresión de anhelos", dentro de la provocación de puente.

Diseño:

Similar a las tareas pero con más énfasis sobre los requisitos y con el empleo inicial de estratales y de la técnica del filamento. La palabra al azar puede brindar nuevos enfoques. El cuestionamiento de los conceptos existentes. Cuestionamiento del pensamiento que se produce durante el esfuerzo creativo. Provocación de huida sobre los requisitos.

El campo verde:

Situaciones abiertas, en las que no hay ni punto de partida claro ni nada de lo cual huir. Empleo de la palabra al azar para fijar un punto de partida. Uso de estratales para permitir el surgimiento de ideas. Técnica del filamento si se conocen los requisitos. Provocación de puente del tipo de pensamiento de deseos.

Oportunidad:

Tratada como una combinación de campo verde, diseño y tarea.

Invención:

La invención puede tomar la forma de "resolución de problemas", tareas, campo verde y oportunidad, según las necesidades del trabajo.

Bloqueo o estancamiento:

Cuando parece que ya no hay ideas, la técnica de la aportación del azar es la más conveniente para desencallar y seguir adelante. Para salir del círculo vicioso del pensamiento se puede usar la provocación de huida. El pensamiento del tipo "expresión de anhelos" y provocación de puente también puede abrir nuevos rumbos.

Proyectos:

El abanico de conceptos se emplea sobre el proyecto como un todo. Elegir subfocos y aplicarles el cuestionamiento y las alternativas. Se pueden definir y abordar los problemas y las tareas dentro de cada proyecto. Cuando existe una verdadera necesidad de esfuerzo creativo es indispensable definirlo todo bien. Con frecuencia los proyectos pueden ser tratados como una combinación de tarea y diseño.

Conflictos:

Es necesario tener absolutamente claros el foco y las necesidades creativas. Combinación de problema, campo verde, diseño y tarea. A veces es preciso diseñar una manera de seguir adelante.

Puede surgir la necesidad de probar un enfoque realmente nuevo, por medio de la palabra al azar. El cuestionamiento y la provocación de huida pueden aplicarse al pensamiento del momento y particularmente a las situaciones de encierro.

Futuros:

Estratales al comienzo, para generar algunas ideas. La técnica de la palabra al azar proveerá discontinuidades. La provocación de huida fuerza un pensamiento nuevo sobre el tema. El análisis de los conceptos también es importante.

Estrategia:

Se trata básicamente de un proceso de diseño que suele incluir subproblemas y una consideración de los futuros posibles. Se puede introducir la técnica del filamento si los requisitos son claros. El procedimiento general consistirá en proponer cierta estrategia y después realizar cuestionamientos en diversos puntos. Es sumamente necesario trabajar con los conceptos básicos: ¿Qué conceptos estamos usando? Es probable que la provocación de huida produzca poderosos cambios. Con frecuencia es preciso tener puntos fijos y alternativas dentro del marco de la estrategia general.

Planificación:

La mejor manera de encarar la planificación es por medio de una combinación de diseño y tarea. Los subproblemas y los nuevos focos deben ser tratados como tales. El cuestionamiento es aquí una técnica poderosa, especialmente cuando se aplica al propio pensamiento del planificador. Los puntos fijos y las alternativas resultan de gran valor en diversos puntos.

Con el tiempo, los usos básicos de las técnicas se tornarán familiares y el pensador creativo podrá elegir entre las técnicas posibles aquella que más se adecue a las circunstancias, así como un carpintero elige las herramientas que necesita en cada momento.

Las funciones básicas de las herramientas de trabajo pueden resumirse así:

Focos y subfocos
Alternativas y alternativas elaboradas (abanico de conceptos)
Cuestionamiento de lo existente
Huida de lo presente
Revisión radical por medio del pensamiento (puente)
Ideas nuevas y nuevo comienzo (palabra al azar)
Sensibilización (estratal y técnica del filamento).

APENDICE III

Lista de control de la recopilación

Se denomina "recopilación" al intento deliberado de cosechar, recoger o reunir todo el valor creativo que ha surgido durante un esfuerzo de pensamiento creativo realizado por un individuo o por un grupo. Conviene disponer de una lista de control para apoyar este proceso, en vez de tratar de recordarlo todo.

Existe una considerable superposición entre los puntos de lista de control que se da aquí; eso no importa. Anotar cada información debajo del encabezamiento que parezca apropiado. Poner lo mismo debajo de más de un encabezamiento, si así se desea.

Damos aquí la lista de control completa. No es necesario usarla en todos los casos. Casi siempre bastará con una lista simplificada. Cuando se quiera buscar ideas nuevas, además de las que ya se han encontrado, no es necesario anotarlas todas. Basta con apuntar las ideas que parecen diferentes de las existentes.

Ideas específicas:

Ideas concretas que pueden ser puestas en acción. La idea, tal como está, es satisfactoria. Parece nueva y aplicable, y parece ofrecer valor. Este es el resultado deseado del esfuerzo creativo.

Ideas del tipo "por ejemplo":

"Ejemplos" de ideas; no se pretende que sean utilizables. Se cree que la idea-ejemplo incorpora cierto principio o concepto y muestra cómo se podría aplicarlo. Es preciso seguir trabajando sobre estas ideas del tipo "por ejemplo", para convertirlas en ideas utilizables.

Ideas de plantel:

Son los comienzos de una idea. Ya se atisba o se intuye. La idea puede ser vaga o estar pobremente expresada, pero se tiene la sensación de que puede "crecer" y llegar a ser útil. La idea de plantel difiere de la de "por ejemplo" porque en ésta no se pretende desarrollar la idea, y en la otra, en cambio, sí existe esa intención.

Conceptos directos:

Conceptos que han sido identificados como conceptos durante el trabajo creativo. Pueden haber provocado o no nuevas ideas. Se habrá anotado el concepto, aunque el pensamiento no haya encontrado una manera práctica de ponerlo en acción. No es fácil registrar o recordar conceptos, porque por lo general se consideran un camino hacia las ideas. Pero los conceptos tienen una existencia y son importantes.

Conceptos de "retroceso":

Conceptos hacia los cuales "se retrocede" desde las ideas, durante las sesiones creativas o durante las discusiones que siguen, o incluso durante el proceso de recopilación. Siempre es posible retroceder hasta uno o más conceptos a partir de cada idea, buscando el "método general" que reside detrás de ella. Con las ideas del tipo "por ejemplo" hay siempre un fuerte efecto de retroceso hacia el concepto, con el propósito de desarrollar otras más prácticas.

Direcciones:

Son los conceptos más amplios en los que se pueda pensar. La dirección es el "enfoque" de un problema o de una situación. Siempre debe haber posibilidad de escoger los principales enfoques que se han producido durante el pensamiento creativo. Estos pueden haber sido formulados explícitamente o pueden haber sido extraídos después. A veces resulta difícil distinguir entre conceptos y direcciones.

Necesidades:

Pueden ser señaladas específicamente durante el trabajo creativo. Tal vez exista la necesidad de un concepto: "Necesitamos encontrar una manera de hacer esto". Puede que sea necesario el desarrollo de otras alternativas o ideas más prácticas. Las necesidades expresadas durante la sesión creativa son registradas durante la recopilación.

Nuevos focos:

Deben haber sido explícitamente anotados durante el trabajo creativo: "Este es un nuevo foco creativo". Durante la etapa de la recopilación es posible pero mucho menos valioso anotar los nuevos focos posibles. Un nuevo foco exigirá un esfuerzo creativo deliberado.

Cambios:

El énfasis puede cambiar. También pueden cambiar la manera de ver algo, el enfoque o el área de atención. Todos los cambios importantes que se producen durante el trabajo creativo deben ser anotados de la siguiente forma: "Hubo un cambio a partir de…". Suele resultar más fácil percibir estos cambios retrospectivamente que durante la sesión misma.

Matiz:

El "matiz" general, el "sabor" de la sesión creativa en su conjunto. Este "matiz" puede no incluir todos los puntos pero brinda una indicación general de la clase de pensamiento que se ha producido. Por ejemplo, el "matiz" de una conversación sobre el embotellamiento del tráfico en las ciudades podría haber sido "de reprobación del egoísmo de los conductores".

Se puede registrar cualquier otro punto de interés que surja en el transcurso de la sesión de pensamiento creativo. El pensamiento mismo puede también ser objeto de comentario. Se puede anotar que ciertas técnicas han estimulado el surgimiento y otras no. La cosecha es un proceso de sombrero azul porque nos mantenemos alejados para observar el resultado del pensamiento.

APENDICE IV

Tratamiento de la Lista de Control de Ideas

Después del proceso de cosecha es necesario tomar cada idea por separado y trabajar directamente sobre ella, en un intento por convertirla en una idea utilizable. El propósito final de todo esfuerzo creativo es la producción de ideas factibles, valiosas y aceptables. De vez en cuando durante la sesión creativa se producen ideas de estas características, pero la mayoría de las veces se tiene que seguir trabajando sobre una idea para que sea utilizable. Aunque las ideas parezcan perfectas, deben ser sometidas al proceso de tratamiento, para perfeccionarlas aún más.

Damos aquí una lista de control de los pasos del tratamiento. En el cuerpo general del libro se aborda con más detalles este importante tema.

El proceso de tratamiento suele ser prolongado y no es conveniente aplicarlo a todas las ideas que se presentan durante la sesión creativa. Eso es cuestión de necesidad, circunstancia y elección. Es preciso aclarar, sin embargo, que incluso las ideas que no parecen prometedoras pueden cambiar drásticamente como consecuencia de un "tratamiento" eficaz.

Modelado de ideas:

Se introducen las restricciones de la vida real —costo, legalidad, aceptabilidad, etcétera— como factores de modelación de las ideas. ¿Se puede modelar la idea para que se adapte a estas restricciones? No se deben usar las restricciones como criterios de rechazo sino como un medio constructivo de configuración. ¿Podremos poner en la práctica esta idea con menos dinero? ¿Existe alguna manera de legalizar esta idea?

Confección de las ideas:

Mientras los factores de modelado se refieren más bien a restricciones internas, la confección se relaciona con los recursos de la organización. ¿Podemos dar forma a la idea confeccionándola para que encaje dentro de nuestros recursos? Los recursos incluyen personal, tiempo, motivación, dinero, etcétera. ¿Hay manera de hacer utilizable esta idea para nosotros?

Vigorización de las ideas:

Se realiza un esfuerzo para incrementar la "potencia" de la idea. Esta "potencia" se refiere a la manera como proporciona valor. No existe razón alguna para suponer que la primera formulación de la idea sea también la más potente. Es posible mejorar una idea nueva y vigorizar una débil. El foco reside en su valor.

Reforzamiento de las ideas:

Todas las ideas poseen puntos débiles, que no son necesariamente defectos. Aquí nos concentramos en su reforzamiento. Si una idea es demasiado compleja, nos preguntamos: "¿Podemos simplificarla?". Quizás una idea sería más aceptable si se convirtiese en opcional. ¿Cuáles son los puntos débiles? ¿Qué podemos hacer al respecto?

Adopción de las ideas:

La atención se desplaza desde la idea misma a su "adopción". ¿Quién decidirá sobre la idea? ¿Quién tendrá que ponerla en práctica? ¿Quiénes deben colaborar y tener buena disposición para que la idea tenga éxito? Nos concentramos en estas cuestiones y tratamos de ver cómo se puede modificar la idea para aumentar las posibilidades de que sea adoptada.

Comparación:

Se compara directamente la idea propuesta con la que va a ser reemplazada. Se compara la nueva manera de hacer las cosas con la manera actual de proceder. También se puede establecer una comparación entre ideas nuevas alternativas que han sido propuestas. La comparación se centra en los puntos de diferencia, los puntos de valor y los de dificultad.

Fallos o defectos:

Aquí nos ponemos el sombrero negro para encontrar los fallos y los defectos de la idea. La búsqueda debe ser exhaustiva. Después se realiza un esfuerzo por corregirlos. El objetivo consiste en perfeccionar la idea y también prever lo que sucederá en la etapa de evaluación.

Consecuencias:

Se trata de prever las futuras consecuencias de la puesta en acción de la idea. ¿Qué es probable que suceda inmediatamente, a corto, a medio y a largo plazo? Las respuestas sólo pueden ser conjeturas y expectativas razonables. Los marcos temporales reales dependen de la naturaleza de la idea misma. A la luz de este examen de las consecuencias, ¿necesitamos introducir cambios en la idea? Si a largo plazo la construcción de una nueva carretera sólo servirá para aumentar el tráfico en la zona, ¿qué debemos hacer?

Verificabilidad:

¿La idea puede ser verificada? ¿Podemos diseñar una manera para verificarla? ¿La idea puede ser modificada para hacerla más verificable? Si una idea es verificable tiene muchas más posibilidades de ser adoptada. Una buena verificación otorga poder a los patrocinadores de la idea. Si no se puede hacer otra cosa, ¿sería posible organizar una "prueba de información" para comprobar si la información disponible apoya la idea?

Evaluación previa:

¿Cómo será evaluada esta idea por las personas encargadas de ello? ¿Cómo se puede modificar la idea para satisfacer estas necesidades? ¿Cómo debe ser presentada la idea? Aquí conviene conocer el proceso de evaluación y a las personas que lo realizarán.

Los procesos de tratamiento completan la acción creativa, constructora y positiva en beneficio de la nueva idea. La etapa siguiente es el proceso de evaluación, en el que la idea creativa no debe recibir un tratamiento diferente del de cualquier idea surgida de cualquier fuente. Por este motivo, la etapa de tratamiento es tan importante. Si no se realiza correctamente, una idea buena puede perderse y el esfuerzo creativo malograrse. Las ideas que parecen maravillosas por su novedad deben ser tratadas correctamente para que proporcionen su valor real. La euforia de la novedad sólo es un valor para los creadores de la idea. Hay que poner énfasis en el valor de uso, la factibilidad, los recursos y la adecuación.

Indice analítico

Abandonar, 166-7
Abanico de realización, 200
Absurdo, 229-30, 244-5, 248, 257
Accidente, 88-93
Acción, 205
Actitud, 331
Adopción, de ideas, 314-6
Ajuste, 204, 415-7
Alternativas, 181-95, 277-8, 285-6, 290-1, 294-7, 337, 433-4
   abandonar, 166-7
   análisis de continuidad, 166-72
   alternativas provocativas, 202-3
   bloqueo, 164-6
   creación, 189-90
   detenerse para buscar, 181-4
   elegir entre las disponibles, 183-4
   encontrar adicionales, 183-90
   en organización del pensamiento, 283
   huida, 165-7
   punto fijo, 191-3
   resistencia a considerar, 188-9
   últimas, 186-7
   y pensamiento de realización, 281-2
Alternativas provocativas, 202-3
   detenerse para buscar, 181-4
   resistencia a considerar, 188-9
   últimas, 186-7
Alternativa última, 186-7
American Standard, 351
Análisis, 109-11, 185, 222, 433-4
Análisis lógico, 385-6
Aplicación del pensamiento creativo, revisión de, 333-4
Archivo Nube, 36, 370-1, 372
Asimetría, 41-3, 76-7, 239
Asquith, Lady, 41-3
Aterrizaje positivo, 247
Auditoría de la oportunidad, 121-3, 154, 285-6, 345-6, 442-3
Ausente, 235-6
Aversión al riesgo, 85-7, 122-3
Azar, 88-93

Barbaro, Ron, 49, 51-2, 252-3, 351, 413-4
Beneficios, 130-1, 204, 235, 412-4
   Véase también valor
Benetton, 50-1, 62-3
Bertrand, John, 29-30
Black & Decker, 145
Bloqueos, 164-6, 235-6, 442-3
British Airways, 357
Burbuja lógica, 105-6

Cambio, 306-8

Cambio de circunstancias, 173
Cambio de costos, 173
Campanas y silbidos, 85-6
Centro de Creatividad, 124, 361-3, 367, 370-2, 374-5, 377
Cerebro derecho, 69-71
Cerebro izquierdo, 69-71
CI, 80-1
Ciba-Geigy, 351, 375-6
Círculos de calidad, 339-40, 368-70
Circunstancias, 422-3
Comentarios constructivos, 373
Comparación, 314-6, 421-2, 452-3
Competencia, 53-5, 425
Complacencia, 170-1, 353-5, 429, 432-3
Compromiso, 111-2
Concepto(s), 205-14, 277-8, 285-7, 290-7, 433-5
   alternativas en, 206-7
   alternativas provocativas y, 202-3
   construcción, 199-202
   definidos, 192-3
   de ideas a, 207-9
   descriptivos, 213
   directos, 303
   en el abanico de, 197-8
   encontrar un nivel, 210-11
   especificidad en, 209
   evaluación, 202-4
   llegar a, 235-6
   mecanismo, 213, 435
   naturaleza de, 209-11
   propósito, 213, 435
   retroceso, 303-5, 448-9
   reforzamiento, 206-7
   tipos de, 210-3
   trabajar con, 213-4
   valor, 213, 303-4, 435
Concepto, abanico de, 121-2, 195-204, 276-7, 280-1, 285-6, 289, 291-2, 296-7, 305, 433-4, 441
Concepto, cuestionamiento, 173-5
Concepto dominante, 174-7
Concepto, gerente de, 359-60
Concepto, I y D, 370-2, 385-6
Concepto, impulsores de, 62-3

Concepto más amplio, 195
Conceptos de mecanismo, 213, 435
Conceptos de propósito, 213, 435
Conceptos descriptivos, 213, 109-12, 185, 281-2
Conceptos de retroceso, 303-5, 308, 435, 448-9
Conceptos directos, 303-4, 448-9
Condicionamiento, 166-9, 293, 432-3
Confección, 311-2, 451-3
Confianza, 235-7, 256
Conflicto, resolución de, 111-2, 293-5, 443-4
Conformidad, 66-70
Consideraciones legales, 413-4
Consumidor, encuestas, 419
Continuidad, análisis de, 166-72, 338, 432-3
   continuidad por complacencia, 170-1, 432-3
   continuidad por condicionamiento, 166-9, 432-3
   continuidad por descuido, 166, 182-3, 432-3
   continuidad de secuencia temporal, 170-2, 432-3
Control del proceso, 131-2
Coordinadores, 377-8, 388-9, 407
Copia, 85-6
Creatividad,
   áreas, necesidad en, 54-6
   artistas y, 70-2
   aspectos motivadores de, 124
   bajo riesgo, 86-7
   constructiva, 67-8
   cotidiana, 147-9, 335-40
   definición, 27-9, 181
   específicas, 148-9, 331-42
   estructuras y programas para, 367-79
   fuentes de, 83-93
   véase también pensamiento lateral
   genio, 79-80
   gran salto, 79-80
   ideas erróneas acerca de, 65-81, 351, 381-2

información y, 57-64
inteligencia y, 80-1
inversión, índole, 141-2
modelo para, 42-5
naturaleza y lógica de, 27-30, 387
necesidad práctica de, 49-56
necesidad teórica de, 35-48
participación del CEO en, 351-3
práctica, 79-80
responsabilidad por, 357-65
véase también paladín del proceso salto pequeño
técnicas en áreas especiales, 383-7
Creatividad artística, 28-9, 70-2
Creatividad constructiva, 67-8
Creatividad cotidiana
alternativas, 337
caminos hacia, 338-40
cuestionamiento creativo, 336
en áreas especiales, 383-7
enseñanza, 338-40
escuchar, 338
específicas, 148-9, 331-42
estructuras y programas para, 367-79
foco simple, 336-7
necesidad de, 342
pausa creativa, 335-6
pensamiento de sombrero verde, 336
programas y estructuras, 339-40
provocación, 337
sensibilización, 338
Creatividad de bajo riesgo, 86-7
Creatividad del gran salto, 79-80
Creatividad de salto pequeño, 79-80
Creatividad específica, 339-42
definir el foco, 340-1
estructura para el pensamiento creativo, 340-1
evaluación y puesta en práctica, 340-1
necesidad, 342
Creatividad práctica, 79-80
Creativo, asistente, 387
Creativo, definición, 27

Cuestionamiento, 182-3.
Véase también cuestionamiento creativo; cuestionamiento de onceptos; cuestionamiento crítico; cuestionamiento de ideas
Cuestionamiento creativo, 161-79, 277-8, 284-6, 287-9, 293-7, 336, 432-3
análisis de continuidad y, 166-72
como "por qué", 164
conceptos e ideas en, 173-5
definición, 161-2
en pensamiento organizador, 283
en pensamiento de realización, 280-1
factores modeladores y, 174-9
liberarse, 171-3
y alternativas, búsqueda de, 164-6
y cuestionamiento crítico, comparación, 161-3
y la verdadera razón detrás de las acciones, 166-7
y pensamiento de perfeccionamiento, 280-1
Cuestionamiento crítico, 161-2, 338, 431-3
Cuestionamiento de ideas, 173
Cuestionamiento del juicio, *véase* cuestionamiento crítico

Chivo expiatorio, 417-8
Churchill, Sir Winston, 41-3

Datos, análisis de, 57, 384-6
Debilidad, 313
Defectos, 315-6, 452-3
Definición, necesidad/propósito, 155-6
de Forrest, Lee, 89-90
Descuido, 167-8, 301, 432-3
Desempeño, 132-3
Diseño, 185, 281-2, 287, 289-91, 385-6, 433-4, 442-3
y la creación de nuevas alternativas, 189-90

modos de, 111-3
Diferencia, 235
Direcciones, 196-8, 305, 433-4, 448-9
Disciplina, 319-21
Disciplina del resultado, 320-1
Disciplina técnica, 320-1
Discusión, 131-2
Disminución, 249-50
Distorsión 252-4, 283, 294-5, 436-7
División/ reacomodación, *véase* Disciplina
Du Pont 124, 127, 353-2, 361-3, 365, 377, 429

Ego, 132-3
Emociones, 128-9, 421-3
Enfoque al azar, 77-8, 216-7
Enseñanza, 66-7, 338-40, 377, 381-93
    creatividad de áreas especiales, 383-7
    formas de, 388-90
    método, 382
    necesidades, 382-98
    técnicas creativas de operación, 387-9
    técnicas creativas en, 383
    técnicas, 381-2
    tiempo, asignación, 389-93
Enseñanza de las técnicas, 388-90
Enseñanza del tema, 389-90
Equipo interdisciplinario, 90-3
Error, 88-93
Escuchar, 338
Esfuerzo creativo, 139
Especificidad, 209
Esperanza, 141-2
Espíritu empresario, 122-3
Esquemas de sugerencias, 116-9, 339-40, 367-70
Estados mentales alterados, 33
Estancamiento, 261-3, 442-3
Estilistas productivos, 27
Estilo, 92-3
Estratales, 267-70, 272, 279, 287-8, 291-5, 298, 442-3
Estrategia de corporación, 385-6

Estrategias, 294-6, 443-4
Evaluación, 202-4, 309, 315-6, 318, 339-40, 409-11,
    ajuste, 415-7
    beneficios, 412-4
    categorías finales, 410-3
    decisión final, 420-3
    factibilidad, 413-4
    factores esenciales, 416-8
    flexibilidad, 417-8
    hacer funcionar una idea, 422-3
    posición de retroceso, 417-8
    recursos, 415
    riesgo, 419-20
    verificabilidad, 419
Exageración, 249-52, 294-5, 436-7
Excentricidad, 67-8, 90-1
Expectativas, 367-8
Experiencia, 85-6
Experimentos con el pensamiento, 215
Explicación, 58-60
Extraer una técnica de principio, 227-9, 232-3, 437-8

Factibilidad, 88-9, 204, 413-4
Factores esenciales, 177-8, 293, 416-8
Factores letales, 416-8
Factores modeladores, 113, 174-9, 451
    proceso de, 179
Factores vitales, 416-7
Fantasía, 253-4, 281-2, 437-8
Farmacia, 351
FAT/CAT, programa, 339-40, 353-4, 363-4, 372, 378-9, 388-9, 393
Filtraciones, 419
Fleming, Alexander, 88-9
Flexibilidad, 70-1, 122-3, 417-8
Foco, 140-3, 145-60, 277-8, 284-5, 287, 289, 291-2, 296
    definición, 340-1
    definiciones
        alternativas, 158
        específico, 147-9

importancia de, 343
información y, 160
múltiple, 156-7
nuevo, 306-7, 245-6, 450
problemas subyacentes de, 158-60
propósito, 151-6
reformulación, 158-9
simple, 145-8, 336-7, 432-3
tipo de área general, 150-2, 276-7, 279, 287-8
Foco de propósito, 151-6
oportunidad, 154-6
perfeccionamiento, 152-3
resolución de problemas, 152-3
tarea, 154
Foco, disciplina, 320-1
Foco específico, 147-9, 289
Foco, ocasiones, 155-7
Foco simple, 145-9, 182-3, 336-7, 432-3
Foco sobre la diferencia, técnica, 228-30, 232-3, 437-9
Formato de utilización inmediata, 395-8

Gerente de proceso, 407
Gestión de Calidad Total, 116-7, 339-40
Gestión de mantenimiento, 53-4

Heinz, 49
Herramienta de observación perceptual, 105-7
Herramientas, 31-3
Hipótesis, 58-60, 186-7
Hipótesis razonables, 59-60
Hoja en blanco, 262-3
Hopfield, John, 37-8
Huida, 165-7
Huida, método de, 241-6, 276-7, 285-97, 436-7, 441
Huidas, 391-2
Humor, 35, 74-5, 216-7

I Am Right, You Are Wrong, 37-8, 106-7, 267

IBM, 127
Idea(s), 383, 433-5
a concepto, 207-9
adopción de, 314-6, 452-3
buena pero no ahora, 410
buena pero no para nosotros, 410
comparación de, 314-6, 452-3
confección, 310-1, 451-3
definición, 192-3
desván, 410
directamente utilizable, 410
en el abanico de conceptos, 197-8
específica, 302-3, 447
evaluación previa, 454
fallas y defectos de, 315-7, 452-3
fortalecimiento, 313-5, 452-3
hacerla funcionar, 422-4
impracticable, 411-3
interesante pero impracticable, 411
lista de control, 451-4
llegar a, 235-6
mágica, 315-6
modelado, 310-2, 451
necesita más trabajo, 410
novedosa, 372, 411
original, 372-3
plantín, 303-4, 448-9
poderosa pero no utilizable, 410-1
por ejemplo, 302-4, 447
potencia de, 452-3
puesta en práctica, consecuencia de la, 317-8, 454
rechazo rápido, 309-11
reforzamiento, 311-3, 220-2
valor débil, 411
verificabilidad, 318, 454
vieja, 233-4
Ideas del tipo
conceptos de retroceso, 303-5, 308
conceptos de valor, 303-4
"ejemplo", 302-4, 308, 447
focos nuevos, 306-7
ideas de plantín, 303-4, 448-9
ideas específicas, 302-3, 447
necesidades, 305-7
Ideas mágicas, 302-3

459

Ideas novedosas, 372, 411
Ideas originales, 372-3
Ideas viejas, 233-4
"Igual a", 309-11
Imágenes al azar, 263-4
Imaginación, 186-7
Indulgencia creativa, 411
Inflexibilidad, 84-5
Información
    acerca del futuro, 59-62
    datos, análisis, 57, 384-6
    explicación, 58-60
    ingredientes, 62-4
    mercado, análisis, 59-62
    recolección, 64
    sombrero blanco como, 128-9
    y creatividad, 57-64
    y foco, 160
Información, proceso, 101
Información, prueba, 454
Inhibiciones, 71-4, 92-3, 381-2, 426-7
Inocencia, 64, 83-6, 160
Insatisfacción creativa, 161-2
Inteligencia, 80-1
Intención, 142-3
Intuición, 74-7, 128-9
Intuiciones, 128-9
Invención, 281-2, 287-9, 442-3
Inventor, 119-20
Investigación, 84-5
Investigación en cooperación, 131-2
Inversión, 247, 248-50, 294-5, 436-7
Item dado por sentado, 243-6, 247, 281-2, 436-7

Juicio, 71-2, 223-6, 381
Juicio afinado, 88-9, 338
Justificación retrospectiva, 219-20

Kampourise, Mano, 351
Koechlin, Sam, 351, 375-6

Liberar, 71-5, 92-3
Límites de lo razonable, 89-91, 175-7, 215, 285-6, 296
Lista Creativa de Exitos, 339-41, 343-50, 353-4, 369-72

compilación, 344-5
definición, 344-5
ítems sobre, 344-8
peligros de, 349-50
uso de, 347-9
valor de, 349-50
y resolución general de
    problemas, 349
Locura, 76-8, 88-93, 381-2, 427-9
Lógica de agua, 106-8
Lógica de roca, 106-8
Lógica retrospectiva, 421-2

Mann, Murray Gell, 37-8
Mapa de conceptos enriquecidos, 61-2
Marketing, 385-7
Marshall, Sir Colin, 357
Matiz, 308, 450
Mejor, 116-7
Mejor lugar, determinación del, 416-7
Mercado, análisis de, 59-62
Mercado, investigación de, 59-61
Método actual, 162-3
Método del puente, 245-56, 276-7, 285-7, 290-1, 294-8, 436-8, 441
    distorsión, 252-4, 436-7
    en pensamiento de realización, 280-1
    exageración, 249-52, 436-7
Método del sandwich, 329
Molde 111-2
Motivación, 29-32, 86-7, 115, 130-1, 140-2, 383
Movimiento, 223-39, 337, 427-8, 435, 437-9
    actitud general y, 225-7
    aspectos positivos, 231-3, 439
    ausente, 235-6
    circunstancias, 231-4, 439
    confianza y, 235-7, 256
    definición, 222-5
    diferencia, 235
    extraer un principio, 227-9, 232-3, 437-8

foco sobre la diferencia, 228-30, 232-3, 437-9
ideas viejas, 233-4,
llegar a un concepto, 235-6
llegar a una idea, 235-6
minuto a minuto, 229-33, 439
negativos en, 233-4
papel de, en la creatividad, 223
punto interesante, 233-5
resultados posibles de, 233-6
técnicas sistemáticas para, 227-34
uso de, 225-6
valor, 235
y juicio, comparación, 224-6
Muestreo, 419

Necesidades, 305-7
Negatividad, 132-3, 233-4
Negociación, 387
NTT (Nippon Telephone and Telegraph), 127

Oportunidad, 121-3, 154, 285-6, 345-6, 442-3
Oportunidades, 375-6
Oportunismo, 85-6
Optimismo, 129-30
Ordenadores, 95, 101, 103-4
O'Reilly, Tony, 49
Osmosis, 71-2

Palabras al azar, 49-51, 73-4, 257, 276-8, 287-8, 290-1, 293-5, 311-2, 442-3
elegir lo mejor, 263-4
y la técnica del filamento, 271-3
y otro aporte al azar técnicas, comparación, 265, 272
Paladín del proceso, 352-3, 353-4, 357-60, 362-4, 372, 374-6, 427-8
características, 358-9
gente creativa como, 358-60
Paladín del producto, 357
Paladines designados, 357-9

Paradigma, cambio de, 59-60
Pausa creativa, 139-44, 293, 335-6, 431
como pensamiento proactivo, 142-4
definición, 139-41, 182-3
en la creatividad cotidiana, 148-9
motivación y, 140-2
uso de, 141-3
y foco simple, comparación, 146
Pautas, 38-41, 73-4, 93, 426-7
asimétricas, 41-3, 76-7, 239
cambiantes, 48
Pensamiento convergente, 98-9, 233-4
Pensamiento creativo, competencia y, 425
estructura del, 340-1
propósitos del, 301-3
usos del, 115-24
Pensamiento de anhelos, 253-5, 281-2, 287-9, 294-5, 296-7, 437-8, 442-3
Pensamiento de oposición, 131-2
Pensamiento de perfeccionamiento (cambio), 280-2
Pensamiento de realización (cómo llegar al), 119-22, 279-81, 433-4
Pensamiento de realización (lograr), 119-22, 279-81
de anhelos, 253-5, 281-2, 437-8, 442-3
organizar (arreglo), 283
perfeccionamiento (cambio), 280-2
pradera (empezar), 281-2
Pensamiento de sombrero amarillo, 129-31, 298, 309, 373, 431, 441
Pensamiento de sombrero blanco, 128-30, 373, 431
Pensamiento divergente, 98-9, 233-4
Pensamiento lateral, 28-9, 44-5, 66-7
abanico de conceptos, 195-204, 433-4
alternativas, 181-93, 277-8, 433-4
aplicación de, 275-99

aporte al azar, 257-65, 277-9, 437
como fuente de creatividad, 93
concepto(s), 205-14, 432-5
cuestionamiento creativo, 161-79, 277-8, 432-3
definición, 95-6, 425
foco, 145-60, 277-8, 432-3
movimiento, 223-39, 435, 437-9
para determinar foco, 147-8
para situaciones específicas, 283-98
pausa creativa, 139-44, 431
posibilidades a considerar cuando la herramienta no funciona, 275
provocaciones, 215-22, 239-56, 435-7
seis sombreros para pensar, 127-37, 298-9, 431
sensibilización, 267-73, 279, 439-40
técnicas, 333
tipos de, 279-83
uso general de, 276-8
y creatividad, 97-9
y creatividad natural, comparación, 387, 426-7
y percepción, 96-8
Pensamiento organizador, 283
Pensamiento proactivo, 142-4
Pensamiento reactivo, 142-3
Pensamiento vertical, 96, 218-9
Percepción limitada, 102-7
Percepciones, 35, 40-1, 73-4, 77-8, 223, 293, 296-7, 426-7
límites de, 102-7
lógica de, 93, 108
papel de, 101-3
pensamiento lateral y, 96-8
Pereza, 422-3
Perfeccionamiento, 115-9, 152-3, 284-6, 441
Perfeccionamiento continuo, 53-4, 116-7, 339-40, 365, 369-71
Períodos breves de foco, 368
Perstorp Corporation, 83

PET (Positive Emission Tomography), 69-70
Planificación, 296-7, 443-4
PMI, 105-7
Po (Operación provocativa), 76-7, 80-1, 215, 325, 337, 435, 439-40
base lógica, 239-41
definición, 240-1
Pocock, Michael, 351
Polarizaciones, 177-9, 285-6, 293, 296
Posición de retroceso, 417-8
Practicidad, 388-9
Prescindir de, 170
Préstamo, 85-6
Problemas, definición, 118-20
Problemas, encontrar, 119-20
Problemas, evitar, 121-2
Problemas, resolver, 110-1, 118-22, 152-3, 276-7, 285-7, 343, 369-70, 441-3
Proceso de tratamiento, 409, 451
Proceso individual, 79-81, 325-30
formatos para, 397-402
ventaja de, 397-8
Productos del tipo "yo también", 85-6, 121-2, 384-5, 420
Profesores, 365, 377
Programa CoRT, 105-7
Programa piloto, 419
Programas de calidad, 51-4, 369-70
Programas de reducción de costos, 51-4, 369-71
Programas de satisfacción del cliente, 339-40
Provocaciones, 44-5, 73-4, 76-8, 80-1, 90-1, 130-1, 215-22, 337, 435-8
que surgen, 435-7
como proceso de dos etapas, 222
definición, 216-7, 239
distorsión, 252-4
e hipótesis, 220-2
exageración, 249-52
fuentes de, 240-2
inversión, 248-50
método de la huida, 241-6, 436-7

método del puente, 245-56
movimiento en, 222
pensamiento de deseos, 253-5
plantear, 239-56
propósito de, 219-21, 247
Provocar confusión, 379-81
Proyectos, 291-3, 345-6, 443-4
Prudential Insurance, 49-52, 127, 132-3, 252, 351, 429
Punto interesante, 233-5
Punto sensible de ideas, 155-7
Puntos fijos, 285-6, 294-5, 370-1, 433-4, 441
   conceptos, 192-3
   definición, 191-3
   grupos, 192
   propósito, 191-2
   semejanza 192

Racismo hemisférico, 69-71
Rebeldía, 66-70
Recompensas, 124, 368
Recursos, 204, 415
Recursos humanos, departamento de, 362-5
Red, 362-3
Redes nerviosas, 36
Red Telephone Company, 29-32
Rediseño, 121-2
Registros magnetofónicos, 405
Reglamentaciones, 413-4
Remontar un barrilete, 419
Restricciones del mundo real, 309, 311-2, 451
Resultado, 321-4
Resultado privado, 324
Resultado público, 324
Resultado razonable, 111-2
Resultados, 139
Retroceder, 207-9, 296-7
Revisión de rutina, 155-6
Riesgo, 103-4, 409, 419-20

Salida, 119-20
Seis zapatos para la acción, 127-37, 298-9, 339-40, 352-4, 386, 395, 420, 431, 441
   categorías, evitar, 133-4
   como juego, 133-4
   ego y desempeño, 132-3
   pensamiento positivo y creativo, 132-4
   negatividad persistente, 132-3
   uso ocasional de, 133-4
   uso sistemático de, 135-7
Seminarios, 338, 351
   tiempo para, 389-93
Seminarios internos, 338, 351
Sensibilización, 338, 352-3
Sentimientos, 128-9
Sesión interrumpida, 327-9
Sesiones creativas regulares, 375-7
Shell Oil, 351
Shinto, Hisashi, 127
Simplicidad poderosa, 395
Simplicidad, 116-7
Síntesis, 109
Sistema de evaluación de puntos, 421-2
Sistema de información activo, 35, 62-3
Sistema de información autoorganizado, 37-41, 93-5, 98-9, 426-7
Sistema de información pasivo, 37-8, 62-3
Situaciones estancadas, 290-2
Smith, Phil, 351
Sombrero azul, pensamiento de, 131-2, 431
Sombrero negro, pensamiento de, 129-30, 294-5, 298, 317, 319, 373, 431, 441
Sombrero rojo, pensamiento de, 128-30, 431
Supuestos, 175-6, 243, 285-6, 296
Sur/petencia, 53-5, 121-2, 425
Sur/petencia 54-5, 121-2, 359-60, 370-1, 384-5

Talento natural, 33, 65-7, 253-4, 256, 377, 426-7

Tanner, David, 124, 216-7, 352-3, 361
Tarea, fijar, 119-20, 154
Tareas, 287-9, 442-3
Técnica de circunstancias, 231-4
Técnica del aporte al azar, 257-65, 277-9, 289, 291-2, 298, 437-8
   en el pensamiento de pradera, 281-2
   naturaleza abierta de, 263-4
   principio general de, 265
   situaciones útiles para, 261-3
   trampas que evitar, 262-4
Técnica de los aspectos positivos, 231, 439
Técnica de minuto a minuto, 229-31, 232-3, 439
Técnica del filamento, 271-3, 279, 281-2, 287-9, 290-1, 298, 439-40, 443-4
Técnicas de sensibilización, 267-73
   estratales, 267-70, 272, 279, 439
   propósito de, 267
   técnica del filamento, 271-3, 279, 439-40
Tecnología, cambio de, 171-2
Temor, 422-3
The Mecanism of Mind, 37-8
Tiempo, disciplina, 319
Tiempo, secuencia
   continuidad de, 170-2, 432-3
   trampa, 46-8, 426-7
Tomar notas, 405, 411
Tormenta de ideas, 77-80, 216-7, 294-5, 325, 334, 375-6, 406, 427-8
Tradición, 85-6
Tratativas, 387

Uberrot, Peter, 33
Una sola respuesta correcta, 71-2

Valor, 121-3, 235, 298, 368, 384-6, 412-3
Valor, cambio de, 171-3
Valor, conceptos de, 213, 303-4, 435
Valor del canal, 373
Valores integrados, 54-5, 121-2
Valor, monopolios, 54-5
Valores restantes, 27-33
Verdad, 109
Verificabilidad, 318, 419, 454
Verificación previa, 147-8, 318
Video tapes, 338, 352-3
Voluntad, 381

Watt, Robert Watson, 240-1
Wessman, Gunnar, 83, 351
Whim, 156-7, 345-6